機械学習教本

Machine Learning

柴原一友／築地 毅／古宮嘉那子
宮武孝尚／小谷善行 [共著]

森北出版

●本書のサポート情報を当社Webサイトに掲載する場合があります.
下記のURLにアクセスし,サポートの案内をご覧ください.

https://www.morikita.co.jp/support/

●本書の内容に関するご質問は,森北出版 出版部「(書名を明記)」係宛
に書面にて,もしくは下記のe-mailアドレスまでお願いします.なお,
電話でのご質問には応じかねますので,あらかじめご了承ください.

editor@morikita.co.jp

●本書により得られた情報の使用から生じるいかなる損害についても,
当社および本書の著者は責任を負わないものとします.

■本書に記載している製品名,商標および登録商標は,各権利者に帰属
します.

■本書を無断で複写複製(電子化を含む)することは,著作権法上での
例外を除き,禁じられています.複写される場合は,そのつど事前に
(一社)出版者著作権管理機構(電話03-5244-5088, FAX03-5244-5089,
e-mail:info@jcopy.or.jp)の許諾を得てください.また本書を代行業者
等の第三者に依頼してスキャンやデジタル化することは,たとえ個人や
家庭内での利用であっても一切認められておりません.

まえがき

　ニュースで，人工知能 (AI)，機械学習，ビッグデータ，データマイニングなどの機能をキーワードにした製品やサービスをよく目にするようになってから久しい．しかもそれは，自動車，スピーカー，株式取引，エアコン，在庫管理，ゲームアプリなど，実に広範囲にわたっている．

　ニュースの文面からは，まるで万能な存在であるかのように思わせられるが，その実態についてほとんど触れられることはない．せいぜい，表面的に理解できるくらいの平易な説明にとどまっている．もっと深い実態が知りたいというのは，多くの人が望むことであろう．本書はそんな人のために執筆された本である．

　本書は，世間一般の機械学習解説書や AI 解説書と，下記の点で一線を画している．

- 高度な数学なしに本質的な理解を得られる
- 若手研究者から開発者まで幅広く読める
- 機械学習による問題解決の「道標」を得られる

　機械学習や AI がどんな考え方で何をしているか，そして何ができて何ができないのか．その本質を知るためには，数学で解説された専門書や学術論文を紐解かなければならない．しかし，若手研究者や，数学から離れて久しい技術者といった，「高校レベルの数学すら不安がある人々」にとって，その壁は高い．受け手の知識が十分でなければ，数学的な記述から本質を正しく理解することはできないだろう．

　さらに，最近一世を風靡している AI や AI を形作る機械学習は，各種技術の集合体である．これらの技術の個々に特化した良書は数多く出版されているが，「どの技術を使えばよいか」という判断を導く「道標」まで示した書籍は多くない．

　本書は，そのようないままで救えなかった読者層への助けとなるべく執筆されている．本書の工夫として，まず，第 1 章と第 2 章で，機械学習を学ぶにあたり，基礎となることがらを広く浅く理解してもらう．次に，第 3 章から第 11 章までの各種技術についての解説を，可能な限り高度な数学的説明を排除しつつ，[発想→モデル→実装]というわかりやすい順序で構成した．

　まず，ある技術がどのような「発想」に基づいているのかを掘り下げることで，技術に対するイメージをつかんでもらう．そのうえで「モデル」がどのように形作られているのか，具体的な理論を学んでもらう．さらに，統計解析向きのプログラミング

言語である R を利用して，自分の手で「実装」することで，その技術が自分の道具として扱えることを感じてもらう．いくつかの章では，その後に「発展的な話題」にも触れ，さらなるレベルアップを図ってもらう．このような段階的な構成を経ることで，読者が無理なく本質的な理解を得られることに留意した．

　筆者らは，ビジネス活用や研究開発の場で，機械学習研究や AI 開発に実際的にかかわってきている．この知見を踏まえ，基本的な考え方から応用，ディープラーニングや Deep Forest などに至るまで，機械学習の本質を平易に解説することに努めた．本書を通読することで，機械学習研究や AI 開発を円滑に行い始めるレベルにまで達することができる．

　本書により機械学習の本質をつかんだ読者は，今後はその時々で必要な専門書に挑戦してもらいたい．本書の読者であれば，向き合っている課題においてどのような専門知識が必要であるかを自ら判断できるようになるし，高度な専門書から重要なポイントを見いだせる素養も身についているはずである．

　世間では「AI によって仕事が奪われる」という煽り文句も散見されるが，機械学習の本質を理解できれば，AI を使いこなす側になれる．この本によって，読者が通り一遍でない深い眼力をもち，機械学習や AI を使いこなすための素養を身につけられることを願っている．

2019 年 9 月

著　者

　本書で紹介する R の実装例のスクリプトおよび関連データは，下記の URL からダウンロードできます．
　　https://www.morikita.co.jp/books/mid/085451

目　次

1	**1**	**機械学習序論**
1	1.1	人工知能 (AI) とは何か　〜強い AI と弱い AI〜
1	1.2	データから新しい価値を生み出す　〜データマイニング〜
2	1.3	AI を形作る技術　〜機械学習と統計学〜
3	1.4	機械学習の枠組み　〜問題と解答〜
4	1.5	教師あり学習と教師なし学習
5	1.6	教師あり学習と教師なし学習以外の学習
6	1.7	機械に任せられないこと
7	1.8	本書のあらまし
9	**2**	**データマイニングの基本**
10	2.1	データマイニングの流れ
15	2.2	視覚的にみる機械学習の考え方
17	2.3	学習するモデルの定式化
17	2.4	学習することの難しさ　〜次元の呪い〜
18	2.5	よい学習とは何か　〜汎化性能と過学習〜
21	2.6	人の直観も学習に組み込める　〜ベイズ理論〜
22	2.7	教師あり学習の概観
23	**3**	**回帰分析**
23		**発　想**
23	3.1	「よい直線」でデータを表現する
24	3.2	誤差を科学する
26		**モデル**
26	3.3	「よい直線」の求め方
26	3.4	最小二乗法のイメージ
27	3.5	最小二乗法による単回帰分析
28	3.6	複数の説明変数を扱う回帰分析　〜重回帰分析〜
29	3.7	過学習・未学習の防止
30	3.8	説明変数を取捨選択する際のテクニック　〜ステップワイズ法〜

iv 目　次

30　3.9　説明変数を複数扱う際の注意点　～多重共線性～

31　3.10　最小二乗法を用いた回帰分析の特徴

32　**実　装**

32　3.11　R での重回帰分析の実行例

36　3.12　R でのステップワイズ法の実行例

37　3.13　学習データと検証データの比較

38　**発展的な話題**

38　3.14　分類問題にも対応する回帰分析　～ロジスティック回帰分析～

39　3.15　ロジスティック回帰分析における分類

39　3.16　確率の推定と直線

40　3.17　「よい曲線」の求め方　～交差エントロピー～

42　4　ニューラルネットワーク

42　**発　想**

42　4.1　脳を模倣する　～ニューロンと形式ニューロン～

44　**モデル**

44　4.2　ニューロンの仕組み　～線形和と伝播関数～

47　4.3　ニューロンによる判定のイメージ

49　4.4　ニューロンを学習する　～最急降下法～

52　4.5　ニューロンを用いた推定

53　4.6　隠れ層の役割

55　4.7　ニューラルネットワークの特徴

56　**実　装**

56　4.8　R でのニューラルネットワーク (nnet) の実行例

62　5　ディープラーニング

62　**発　想**

62　5.1　乗り越えたいニューラルネットワークの欠点　～過学習と勾配消失問題～

63　**モデル**

63　5.2　学習を小分けにするテクニック　～AutoEncoder～

67　5.3　勾配消失問題に強い伝播関数　～ReLU～

69　5.4　過学習を抑制するテクニック　～Dropout～

70　5.5　最急降下法の改良　～確率的勾配降下法など～

71　5.6　隠れ層での勾配消失を抑制する　～Batch Normalization～

72　5.7　ディープラーニングの特徴

目　次 | **v**

73	**実　装**
73	5.8　R でのディープラーニング (mxnet) の実行例
82	**発展的な話題**
82	5.9　その他のディープラーニング技術を概観する

6　サポートベクターマシン　　88

88	**発　想**
88	6.1　未知のデータに強いモデルを作る　～マージン最大化と分離超平面～
90	**モデル**
90	6.2　SVM の定式化
93	6.3　SVM によって分離超平面を求めるイメージ
97	6.4　同じ解へとたどりつく「双子」の問題　～双対問題～
104	6.5　SVM で複雑なモデルを実現する　～カーネルトリック～
108	6.6　SVM の特徴
109	**実　装**
109	6.7　R での SVM (kernlab と e1071) の実行例

7　ベイズ理論　　114

114	**発　想**
114	7.1　経験則や直観を活用する
116	7.2　確率には 2 種類ある　～主観確率と客観確率～
118	7.3　得られた証拠で考えを修正する　～逐次合理性とベイズの定理～
119	7.4　ベイズの定理の直観的なイメージ
121	**モデル**
121	7.5　ベイズの定理の応用例　～単純ナイーブベイズ～
124	7.6　ベイズ理論の特徴
126	**実　装**
126	7.7　R での単純ナイーブベイズ (klaR) の実行例
131	**発展的な話題**
131	7.8　ベイズ理論を使って機械学習を理解する　～SVM を題材として～
134	7.9　より高度なベイズ理論の応用について

8　決定木学習　　136

136	**発　想**
136	8.1　分類のルールを決定木で表す

vi　目　次

138　8.2　質問のしかたや順序によって決定木の形は変わる

モデル
140　8.3　決定木学習の手法
143　8.4　過学習を抑制するテクニック　〜枝刈りと交差検定〜
145　8.5　説明変数の作り方と欠損値の取り扱い
145　8.6　決定木学習の特徴

実　装
147　8.7　R での決定木学習 (C5.0) の実行例

発展的な話題
150　8.8　決定木の性能を高める方法　〜アンサンブル学習〜

153　9　勾配ブースティング

発　想
153　9.1　ブースティングとはどんな手法だったのか
154　9.2　ブースティングの問題点　〜指数損失関数が抱える問題〜

モデル
156　9.3　勾配ブースティングの考え方
158　9.4　勾配ブースティングの特徴

実　装
159　9.5　R での勾配ブースティング (XGBoost) の実行例

発展的な話題
165　9.6　最近の研究での展開　〜スタッキングと Deep Forest〜

169　10　クラスター分析

発　想
169　10.1　似たモノ同士グループ分けする
170　10.2　なぜクラスター分析をするのか
171　10.3　似たモノ同士　〜データ間の距離〜

モデル
172　10.4　クラスター分析手法は 2 種類ある

実　装
177　10.5　R でのクラスター分析（kmeans と hclust）の実行例

発展的な話題
182　10.6　EM アルゴリズム

目 次　vii

183	10.7　その他のクラスター分析　〜LDA〜

11　主成分分析
186

発　想
186

186　11.1　データをわかりやすく縮約する

モデル
188

188　11.2　主成分分析の直観的な理解

191　11.3　多変量を縮約する

実　装
198

198　11.4　R での主成分分析 (pca) の実行例

付録 A　学習以前の課題　〜データ参照〜
205

205　A.1　データ参照が適しているのはどんな場合か

206　A.2　学習データを参照して答えを得る

207　A.3　データを離散化，縮約してから参照する方法

207　A.4　すべての問題について事前に計算しておく方法

208　A.5　過去の出力結果を再利用する方法　〜キャッシュ手法（表参照形式）〜

210　A.6　キャッシュ手法のテクニック　〜ハッシュ法〜

付録 B　教師あり・教師なし学習以外の機械学習の枠組み
211

211　B.1　目的に応じた報酬を定めて試行錯誤させる学習　〜強化学習〜

212　B.2　正解を一部のデータにだけ与えている学習　〜半教師あり学習〜

214　B.3　外部情報から正解を自動付与したうえで行う学習　〜遠距離学習〜

215　B.4　弱分類期を組み合わせる学習　〜アンサンブル学習〜

215　B.5　対象とする問題と似たデータを流用する学習　〜転移学習〜

221　**参考文献**

223　**索　引**

1

機械学習序論

　人工知能 (AI)，機械学習，統計学，データマイニング，…．これらの単語は，昨今の AI ブームも手伝って，単語の意味を明確に切り分けられずに使われるようになってきているが，もともとの意味は微妙に異なる．

　ここでは，それぞれの単語の意味をできる限り切り分けて正しく理解しながら，それぞれをつなぎあわせていき，人工知能と機械学習，データマイニングを概観しよう．

1.1 ▶ 人工知能 (AI) とは何か　〜強い AI と弱い AI〜

　まず，一番重要な概念となるのが**人工知能 (AI)** である．これは「コンピュータによる知的な情報処理システムの設計・実現」を指す．端的にいえば，「人間の知能を模倣するシステムや技術の総称」である．

　一口に模倣といっても，そのレベルには差異がある．世間一般の人が AI に抱くイメージは，SF 系のアニメやドラマに出てくるロボットのように，「まるで人間かのような意識や精神，感情をもっている」というレベルであろう．このレベルの模倣を，**強い AI** という．一方で，「ゲームなどの特定の分野や問題について，人間に匹敵する，あるいは超越する問題解決能力をもつ」というレベルの模倣を，**弱い AI** という．

　昨今の AI ブームにおいても，実際に実現できているのは弱い AI であり，強い AI はそもそも実現の目処すら立っていないのが実情である．いまの AI には人間のような意識や精神，感情はなく，あたかももっているかのように表面的に模倣するのが精一杯なのである．

　本書ではこれ以降，とくに断らない限り，AI と表記するときは弱い AI のことを指す[†]．

1.2 ▶ データから新しい価値を生み出す　〜データマイニング〜

　一口に AI を使うといっても，そこにはさまざまな題材がある．

[†] AI の定義は時代によって移り変わる傾向がみられるため，ここで述べた定義は現在の一般的な定義である点に注意しよう．古くは電卓やオルゴールも，人を模倣できるため，AI と表現されていた．

2 | 1 機械学習序論

よく取り上げられる題材としては,

- 売上予測:来月の売上を予測する.
- レスポンス予測:ある商品を推奨したら購入してくれる人を推定する.
- スパムフィルタ:あるメールがスパムメールであるかを推定する.
- 音声認識:音声データからその発話内容を推定する.
- 画像認識:画像に描かれた内容を当てる.

といった,決められた「正解を当てる」ことである.

　これらの題材を扱う中で,これまで人が知らなかった新しい事実がみえてくることもある.与えられたデータから人にとって未知だった新しい傾向や特徴を発見すること,つまり,新しい知識や価値を採掘(マイニング)することを,**データマイニング**という.

　多くの場合,AI を用いることでデータマイニングが行われるが,AI が常にデータマイニング,つまり人にとって新しい事実を発見しているわけではないことに注意しよう.人が行っている動作を模倣することもまた,AI の機能となっている.ただ,多くの場合,人がまだ得ていない新しい価値を見いだすことが重要となるため,ここでは「データマイニング」という観点で AI を掘り下げていく.

1.3 ▶ AI を形作る技術　〜機械学習と統計学〜

　では,データマイニングはどのようにして行うのか,また AI はどのようにして作るのか.その技術の鍵となるのが,**機械学習**と**統計学**である.

　機械学習とは,「明示的にプログラムすることなく,学習する能力をコンピュータに与える手法」のことである.端的にいえば,「データを与えることで,与えられた問題を解決する能力をコンピュータに自動で学習させる方法」である.

　たとえば,家の購入者のデータを使って学習し,新しく家を購入しやすい人をコンピュータに発見させる手法などがあげられる.つまり,機械学習は問題を解決するのが主目的であり,真実を明らかにすることは必須ではない.極論をいえば,1 月生まれの人が家を購入しやすいと判断したとして,それが真実からずれていようが,結果的に家を購入しやすい人を発見できるようになれば,それでよいのである.

　一方で,統計学は,与えられたデータの性質や規則性・不規則性を見いだす,つまり,データの裏にある真実を明らかにする学問である.たとえば,家を購入した人のデータから,「年収が高いほど家を購入しやすい」という関係が真実なのかを見極めようとするのが,統計学の一例である.

　上述のように,機械学習は真実が明らかにならなくてもかまわないが,真実が明らかになれば,より精度よく課題を解決できるだろう.そこで,統計学の力によって真実

を明らかにできるような形で機械学習をするという，両方の考え方を混ぜ合わせた**統計的機械学習**も，近年では広く研究されるようになってきている．本書でおもに考えるのは，統計的機械学習も含んだ機械学習による問題解決法である．

1.4 ▶ 機械学習の枠組み　〜問題と解答〜

AI システムは，対象とする問題についての情報を入力として受け取り，その解答，つまり AI による判定結果を出力として返す．実世界で動き回る AI システムで考えれば，入力が環境であり，出力が行動となる．

入力は，問題によって形や大きさも異なる．たとえば，ある顧客が家を購入しそうかを判断したいときは，入力は一人ひとりの顧客のデータとなる．また，ある文書がスパムメールかどうかを判断したいときは，一つひとつの文書が入力となる．過去の取引履歴データなどのように，時系列上で関連しているデータ列を考えることもある．

出力は，図 1.1 のように，大別して二つある．一つは，カードの利用金額や利用回数などといった，数値を出力する場合である．もう一つは，家を購入するか否かやレビュー結果のような，良い／普通／悪いといった，数値でない場合である．前者のような出力を考える問題を**回帰問題**といい，後者を**分類（識別）問題**という．

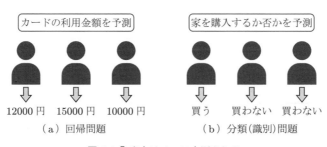

図 1.1 ▌ 出力は二つに大別される

ただし，分類問題の出力は数値でないと表現したが，連続的な数値（評価値や確率）を比較して分類をすることも多い．たとえば，家を購入する確率を AI システムが推定し，50％を超えるなら「家を購入する」と判断する方法などである．そういう観点でみれば，回帰問題と分類問題は別個のものではない．

ここまでの話では入力と出力という表現を使ってきたが，これらは通常あまり用いない．入力であれば**説明変数**や**従属変数**，**素性**，特徴，属性など，出力であれば**目的変数**，独立変数，**教師信号**，**ラベル**など，さらに入力の値そのもの（たとえば，説明変数「年齢」でいえば，48 歳という値）は**素性値**，特徴値といったいい方をする．これらは，用いる手法が機械学習か統計学なのか，扱う問題が回帰問題か分類問題なの

かによって使い分けされることが多い．本書では混乱を避けるため，（専門的な視点でみれば誤っている面もあるが）可能な限り，入力は説明変数，出力は目的変数という言葉に統一する．

1.5 ▶ 教師あり学習と教師なし学習

　機械学習のより厳密な定義として，Tom M. Mitchell の定めた定義がある．これは要約すると，「与えられた課題に解答する AI システムが，（データなどから得られた）経験を用いることで，解答の質を改善できること」である．つまり，過去のデータを経験として活かし，解答の性能を向上させるのが機械学習である．

　機械学習は，経験として与える過去のデータの形式によって，**教師あり学習**と**教師なし学習**に分けられる．

　教師あり学習とは，端的にいえば，データが問題文とそれに対する解答を組にした形で与えられる場合を指す（図 1.2）．正解が書いてある問題集（**事例データ**）を用意して学習し，その関係性（**モデル**）についての学習成果を得ることで，新しく入力された説明変数（問題文）に対して正しい目的変数（解答）を出力できるシステムを作る．

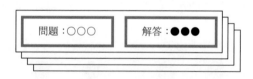

図 1.2 ▎教師あり学習の問題集

　たとえば音声認識なら，音波の波形情報（問題文）と，その音波が意味する言葉（正解）の組が問題集となる．また，「年収と年齢をもとに，将来 1 年間に家を購入するかどうかを予測する」際に使う問題集であれば，年齢と年収が問題文となり，未来一年間に家を買うかどうかが正解となる．

　正解を当てたい問題における，さまざまなケース（上記の例でいえば，さまざまな音声や人物）を網羅した問題文と正解の組を用意し，その関係性を学習するのである．このように，問題集として何を用意するかによって用途が変わるため，1 種類の教師あり学習でさまざまな用途に対応できる．また，教師あり学習は，問題に対する正解がわかっている状態で学習を始められるため，経験を効率的に蓄積しやすいという利点がある．

　これに対し，教師なし学習は，解答が付与されていない問題文だけのデータが与えられる場合を指す．解答が直接与えられていないため学習は難しくなるが，人にとって未知だった新しい傾向や特徴を発見する可能性が高いため，それを主目的とするデー

タマイニングに有用である.

教師なし学習の代表的なものには,以下の手法などがある.

- クラスター分析:たとえば購買履歴データから顧客の趣味嗜好の差異をとらえて,いくつかのパターンに自動分類する際に用いられる.
- 主成分分析(次元削減):データの背景にある法則性をとらえて情報を縮約する技術である.
- 生成モデル推定:データを生み出した背景にあるモデルの性質や特性を推定する手法である.
- パターンマイニング:大量なデータの中に潜んでいる,頻出して現れる特徴的なパターンをみつけ出す手法である.

このように,教師なし学習は教師あり学習とは違い,用途にあわせて手法を選ぶ必要がある.そのため,用途と併せて理解することが重要となる.

本書では,よく使われるクラスター分析と,主成分分析について述べる.また,生成モデル推定でよく使われる基本的な手法である EM アルゴリズムについても,クラスター分析の中で例を交えながら触れる.

教師あり学習と教師なし学習の差は,端的にいえば「正解がデータとして与えられているか否か」である.これは一見すると大きな違いにみえるが,正解が明示的に与えられているか暗黙的に与えられているかという差があるだけで,実は本質的にあまり差異はない.これは,多くの場合,人は暗黙的に自分がほしいと思う「正解」を想定しながら教師なし学習を使っているためである.実際,教師なし学習の性能を評価する際に,正解が付与されたデータを用いることもある.

教師あり学習と教師なし学習を別々のものとしてとらえることも多いが,「機械学習の考え方の基本は教師あり学習にあり,教師なし学習はその特殊なケースである」ととらえることもでき,またそのほうが理論を深く理解しやすい.

そこで本書では,教師あり学習を主軸に据えて説明を行っていき,その後で,教師なし学習の考え方について触れていく.この流れに従うことで,たとえば教師なし学習の一つである主成分分析が,教師あり学習の回帰分析と同じように,「よい直線」を引くという考え方で構成されていることを感じられるだろう.

ちなみに,おもに教師あり学習として近年脚光を浴びているディープラーニングも,自己組織ニューロという教師なし学習の考え方が発端となっている.これも,教師あり学習と教師なし学習を別々なものとして理解しないほうがよい理由の一つである.

1.6 ▶ 教師あり学習と教師なし学習以外の学習

機械学習は,基本的には教師あり学習と教師なし学習に大別できるが,それ以外の

ケースも存在する．たとえば，ごく一部のデータにしか正解が付与されていない場合は，教師あり学習と教師なし学習の中間的な手法，**半教師あり学習**が有効となる．

基本的に，機械学習は利用できるデータが多ければ多いほど性能が高くなる．そのため，正解が付与されたデータの量が不十分なときは，正解がついていないデータも併せて使う（半教師あり学習）ことで，性能向上が期待できる．教師あり学習，教師なし学習，半教師あり学習の学習段階の枠組みの違いを図 1.3 に示す．半教師あり学習も，基本的な考え方は教師あり学習の手法にある．

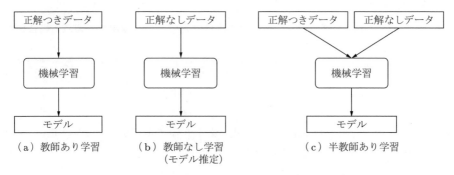

図 1.3 学習段階の枠組みの違い

ちなみに，（正解がついているかいないかを問わず）使えるデータ量が等しい場合には，「正解」という情報を多く含んでいるほうが高性能になると期待される．そのため，半教師あり学習の中には，何らかの方法で正解が付与されていないデータに正解を付与することで，性能向上を図る手法もある．

さらに特殊な状況として，機械学習に用いるデータと，正解を推定したいデータの性質が異なる場合もある．たとえば，自動翻訳において，機械学習用に与えられたデータがカジュアル場面での対話事例だったのに対し，正解を推定したい（翻訳したい）文章がビジネス場面での対話である，といった場合である．この場合，**転移学習**という，両者のデータに差異があることを踏まえた学習を使うことで，性能向上を図ることがある．

そのほかにも，AI が自動的に試行錯誤を行ってデータを収集し性能を高めていく**強化学習**などがある．

1.7 ▶ 機械に任せられないこと

機械学習するうえで重要なポイントとして，AI が「解答の質が改善」したかを判断するために，「解答の質」を判断する評価基準が必要になる点があげられる．この評価基準は，人があらかじめ設計する必要がある．つまり，AI が推定結果をどの程度正

しいと評価するかは，（機械的に計算できるくらい明確な形で）人が定めなくてはならない．

たとえば，会社をよりよくする AI を作ろうと考えた場合，会社がどうなればよいのか，ということを人があらかじめ設計しなくてはならない．収益が向上すればよいのか，残業時間が少なくなればよいのか，業務の効率が上がればよいのか，働いている人の離職率が減ればよいのか，…．「正しい」という指標は立場や哲学的な面も絡み，多種多様である．この点を人が指し示さなければならないところが，現在の機械学習による AI が弱い AI となっている一因ともいえよう．

ちなみに，この評価基準は**損失関数**などとよばれる．この点について，第 3 章などでさらに詳しく触れていく．また，損失関数は教師あり学習で使われる用語であるが，たいていの教師なし学習においても，損失関数に類する評価基準（「暗黙的な正解」にどれだけ近いのかを示す基準）が設定されていて，教師あり学習に類似した考え方を使って学習を行っている．ただし，「暗黙的な正解」との差異を明示することは容易ではないため，損失関数のようなわかりやすい形で示せるとは限らない．

1.8 ▶ 本書のあらまし

本書は以下の四つに大別される．

本章と第 2 章は概論である．本書の中心的部分である教師あり学習をおもな題材として，データマイニングの基本的な流れと理解しておくべきポイントや考え方を述べる．

第 3〜9 章は教師あり学習のまとまりである．各章でそれぞれ，回帰分析，ニューラルネットワーク，ディープラーニング，サポートベクターマシン，ベイズ理論による方法，決定木学習，勾配ブースティングを論じる．

第 10，11 章は，教師なし学習のまとまりで，それぞれクラスター分析と主成分分析について論じる．

最後に付録として，機械学習以外の AI についての補足と，半教師あり学習や強化学習，転移学習などの枠組みの概説を行う．

近年では，R や Python などの言語を使うことで手軽に AI や機械学習を実現できるようになった．使うだけであれば誰でもできるようになった反面，しくみや特性を理解せずに使ってしまっているケースも少なくないと思われる．AI や機械学習という「道具」について，細部の動きまで知る必要はないが，基本的なしくみをとらえることで主要な特性を感覚的に把握することは，AI を使いこなす上で重要であろう．

第 3〜11 章の各論では，プログラミングの詳細には立ち入らず，AI や機械学習の本質を踏まえた解説に重点をおいた，R による機械学習実行例を付与している．仮に R で機械学習を読者が実施しなくても，どんな感じで機械学習が行えるのかを概観でき

るよう努めている．なお，本書では R を Windows 上で実行した結果を記載している．

本書の構成としては，第 3 章までを通読することで，本書の中心である教師あり学習についての基礎的な理解が得られる．その先は，どこからでも読めるように配慮しているため，まず興味のあるところ，必要のあるところの章を読むのもよいだろう．全体を通読することで，この分野の姿を理解し，学習的知能工学の素養を身に着けることができる．

2 データマイニングの基本

　本章では，データマイニングや機械学習において行われる基本的な流れや，重要なポイントについて概観する．本章を読むことで，次章以降を読み進めるうえで必要な大枠を把握することができる．

　まず，教師あり学習の流れを図 2.1 に示す．教師あり学習で解答を得る手順は，二つのフェーズに大別される．まず，**学習フェーズ**で，用意された正解が書いてある問題集（事例データ）を入力とし，後述する回帰分析や決定木といった学習アルゴリズムを使って，学習成果となるモデルを得る（**モデル構築**）．次の**実行フェーズ**で，解きたい問題を入力とし，得られたモデルを実行（使用）することで，解きたい問題に対する解答を得ることができる．

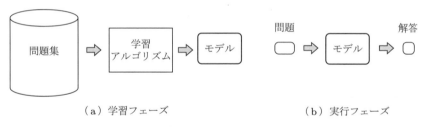

図 2.1 ▮ 教師あり学習の流れ

　教師なし学習についても同様の流れが用いられるが，事例データに正解が書かれていない点が大きく異なる．また，教師なし学習はモデルを得ること自体が学習の目的となるケースが多いため，実行フェーズを行わないことも多い．ただし，教師あり学習でも，実行フェーズを行わずに作成されたモデルを解釈して価値のある知識を得ることを目的とするケースがあり，それについては，第 8 章の「実装」にて実例を交えて触れる．

　データマイニングや機械学習を実際に行う際は，これらのフェーズだけでなく，その前後において，学習を行いやすくするためのデータの前処理や，得られた解答をどう評価し利用するかを考えるといった過程が必要となる．本章では，それら一連のプロセスを概観しながら，理解しておくべき重要なポイントを説明していく．なお，以降では教師あり学習を例にとって説明していくが，教師あり学習以外の手法を用いる場合についても，おおよそ同じことがいえる．

2.1 ▶ データマイニングの流れ

データマイニングの基本的な流れを示したものとして，Usama M. Fayyad らが示したKDDプロセスがある[1]．その流れを図にしたものを図2.2に示す．

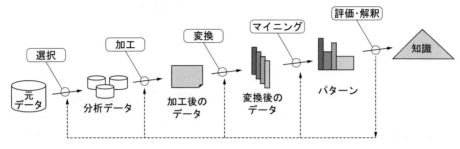

図2.2 ▍KDDプロセス

KDDプロセスでの流れの大枠を以下に示す．ただし，状況に応じて手戻りが発生するため，このステップを何度も繰り返すのが一般的である．

- 0　対象分野の理解，前提条件，分析の目的と目標の明確化
- 1　選択：分析にあったデータ群の抽出，サンプリングの実施
- 2　加工：データクリーニング
- 3　変換：有効なデータ項目の洗い出し，合成変数の生成
- 4　マイニング：学習アルゴリズムの選択と，学習フェーズ（モデル作成）の実施
- 5　評価・解釈：実行フェーズや，知識としての評価・解釈の実施

プロセスの中で本書がとくに掘り下げているのが，学習フェーズにあたるステップ4である．近年では，RやPythonなどを使うことで，データがあれば誰でも容易にモデル作成ができるようになったが，高い成果を得るためには，目的やデータの環境に応じて，正しい学習アルゴリズムを選択する能力が不可欠となる．

また，データマイニングにおいては，ステップ4までの過程，いわば事前準備も重要とされる．つまり，いかにして目的とするモデル作成に適した問題集を用意するかが，データマイニングの肝となる．そのためには，モデル作成で用いる学習アルゴリズムの特性を把握したうえで，目的とする分析に適した問題集の作成をすることが重要となる．

これらのことを踏まえ，次章以降で学習アルゴリズムについて触れていく中では，適切なアルゴリズムの選択やデータの前処理ができるようになることを目指し，各アルゴリズムの意味を概念的に理解することに重点をおいて説明していく．

以下では，KDDプロセスの各ステップについて概観していく．

2.1 データマイニングの流れ | 11

◎ 0 対象分野の理解，前提条件，分析の目的と目標の明確化

ビジネスの現場では，目的が不明確な状態で始まるケースも少なくない．まず何を目的とするのか，その際の制約は何か，目的と制約を踏まえたうえで，データマイニングで目指す目標を明確にする必要がある．

とくに，ビジネスでは費用対効果が見合うかが重要になる．規模によってはデータマイニングで時間と費用をかけて行うより，アルバイトを雇って人力で行ったほうが安いこともありうる．作業を始める前に，対象となる分野についての理解を深め，目的を正しく定めることが大切である．

◎ 1 選択：分析にあったデータ群の抽出，サンプリングの実施

次に，データマイニングでの目標に対して必要なデータを抽出する．データはあればあるほどデータマイニングの性能向上が見込めるが，データマイニングにかかる手間が，その性能向上に見合わないことも多い．データマイニングの目標を見定めたうえで，目標達成に不必要なデータを削ったり，多すぎるデータはサンプリング（一部分を抜き出す）などの対処を行ったりすることが重要となる．

◎ 2 加工：データクリーニング

データが最初から分析できる形になっているケースは少なく，何らかの不備をもっていることが多い．データが抜け落ちている（**欠損値**），年齢の項目に 999 といった異常な値が入っている（**異常値**），年収が 50 億円といった，異常とはいい切れないが，ほかのデータの傾向からは大きく外れた値が入っている（**外れ値**）などが起こりうる．生じている不備が少数なら取り除くなどの方法で対処したり，数が多いならこれらを是正したりするなど，データマイニングできる形に整備するのがデータクリーニングである．

その際には，なぜ不備が発生したのかを調べることが重要になる．データがシステム上でうまく連携されなくて欠損したのか，任意回答項目なので回答してもらえなくて欠損したのかでは，扱いが異なる．また，単に「999」と入力ミスしただけなのか，「999」が特殊な意味をもつコードなのかによっても異なる．これらの違いを把握しながら，データのもつ意味に沿う形で修正していく．

また，外れ値は異常ではないが，一部の学習アルゴリズム（回帰分析，ニューラルネットワーク，SVM など）は外れ値に弱く，期待した成果が得られないことがある．使うアルゴリズムに合わせて，データの除外や**ビン化**（年収 300 万円以下，300 万円～1000 万円，1000 万円以上といった形でまとめること）などを行うことも必要である．

12 2 データマイニングの基本

なお，各データ項目は大別して以下の三つの性質に分けられる．学習アルゴリズムによっても，それぞれの加工の方針は異なる．

- 名義尺度：数値として解釈することができない変数
  例）性別，血液型
- 順序（・間隔）尺度：数値として解釈したとき，値の大小関係（順序関係）は成り立っているが，「2 は 1 の 2 倍である」といった比率の関係性は成り立っていない変数
  例）順位，アンケート評価 [1：好き，2：ふつう，3：嫌い]，温度
- 比例尺度：値の大小関係（順序関係）だけでなく，比率の関係性なども成り立っている変数
  例）年齢，距離，身長

本書で扱うモデルの多くは比例尺度を前提としているため，それ以外の尺度を扱いたい場合は（順序尺度はビン化したうえで）**ダミー変数**に変換するのが一般的である．これは，性別であれば $a = $ [1：男性，0：女性] という変数におきかえたり，血液型であれば三つの変数 $a = $ [1：A 型，0：A 型以外]，$b = $ [1：B 型，0：B 型以外]，$c = $ [1：O 型，0：O 型以外] でおきかえたりする方法である．

ダミー変数に変換せずに名義尺度を扱えるモデルとしては，第 7 章の単純ナイーブベイズや第 8 章の決定木（および決定木をベースとして用いる，第 9 章の勾配ブースティング）があげられる．とくに，決定木は値の大小関係を使ってモデルを構築するため，順序関係を自然に考慮しながら順序尺度を扱うこともできる．

文書などの情報を扱いたい場合も，何らかの方法で数値化して扱うことが多い．たとえば，主要な単語をいくつかピックアップし，各単語が何回出現したかを入力として扱ったりする．ピックアップした単語（索引語）が $a = $「人民」，$b = $「政治」だとした場合，「人民の人民による人民のための政治」という文書は $a = 3$，$b = 1$ として扱える（出現回数のかわりに，各単語が出現する割合を用いたり，何らかの基準で文書における各単語の重要度を計算して用いたりすることも多い）．これらの数値は文書の主要な特徴を表すことができ，数値が似通っていれば文書の内容も似通っていると推測できる．このような方式を**ベクトル空間モデル**という．

◉ 3 変換：有効なデータ項目の洗い出し，合成変数の生成

正解を当てるために必要となる問題集を作り上げる部分である．問題集の作成に際しては，その問題を解くうえで必要なポイントを押さえた問題文（説明変数）を作ることが重要となる．そのために，明らかに必要のない情報は削ったり，役立ちそうな合成変数（年齢×性別などのように二つ以上の要素を掛け合わせた変数）を用意したり

して，質のよい問題集を作り上げていく．

教師あり学習の問題集を作る際，分析の目標が「未来の予測」である場合は注意が必要となる．そもそも正解は未来にならないとわからないので，正攻法では問題集の正解を準備すること自体ができない．そこで，過去のある時点を「仮想的な現在」と設定し，その前後を過去（仮過去）と未来（仮未来）として問題集を作成する．この問題集を使って学習し，そのモデルを「本物の」過去データに適用すれば，未来が予測できる．この流れを図 2.3 に示す．

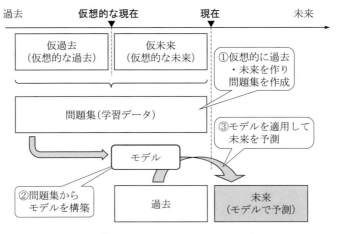

図 2.3 ▎未来予測をするモデル構築の手順

たとえば，いまから 1 年前を「仮想的な現在」としたなら，「仮想的な過去」（仮過去）は 1 年よりも前，「仮想的な未来」（仮未来）は 1 年前から「（本当の）現在」までの期間として設定できる．これなら，「仮未来」は「（本当の）現在」からみれば過去のことなので，正解はすでにわかっている．

このとき，「仮過去」の作り方には注意が必要である．「仮過去」には，「仮想的な現在」時点では判明していない情報（「仮想的な現在」以降に判明する情報）が含まれていてはならない．これは理論的に考えれば当然のことなのだが，実際に行うことは難しいケースもある．

例として，企業が保有する顧客名簿について考えてみよう．顧客名簿には，住所や電話番号などが記載されている．しかし，顧客が引っ越しをしたら住所は変わるので，情報の更新が必要になる．このとき，住所を上書きで更新してしまっている場合，引っ越し前の住所は上書きされてわからなくなってしまう．もし，ある顧客が引っ越ししてから 1 年経ってないのなら（つまり，「仮想的な現在」時点ではまだ引っ越していないなら），「仮過去」の問題文作成には引っ越し前の住所が必要となる．もしそれがで

14 2 データマイニングの基本

きないなら，厳密な「仮過去」が作れないため，何らかの妥協が必要となる．

「仮過去」が厳密に作れないと，何が問題なのだろうか．そもそも，未来を予測するのが難しいのは，未来に起こる情報を一切得られないという制約によるところが大きい．しかし，「仮過去」が厳密に作れないと，知ることができないはずの「仮未来」の情報が「仮過去」の中に混ざり，未来が予測しやすくなってしまう．

したがって，この誤った問題集を片手に実際の「過去」から「未来」を予測しようとすると，「仮過去」，「仮未来」のときと同じように（本当の）未来を予測することはできなくなる．これは**リーク**とよばれる現象であり，未来予測においてもっとも注意すべき問題である．

また，「仮過去」と「仮未来」の状況が安定しているかも重要な点である．特殊な状況（営業戦略の大転換，大規模な自然災害など）が生じていると，その特殊な状況を反映した問題集となり，汎用的には使えなくなってしまう．前述のように，データに対するこうした事前準備がとても重要である．

◉ 4 マイニング：学習アルゴリズムの選択と，学習フェーズ（モデル作成）の実施

上記のデータ整備が終了してようやく，学習アルゴリズムを適用できる．対象とする問題の種類は，求めたい正解の種類に応じて，以下の三つに大別できる．

- **回帰問題**：求めたい正解が数値としての意味をもつ問題
  例）売上金額の予測，必要となる在庫数の予測
- **二値分類問題**：二つのグループに分ける（またはその確率を求める）問題
  例）スパムメールか否かを判定する，倒産する確率を判定する
- **多値分類問題**：三つ以上のグループに分ける（またはその確率を求める）問題
  例）ある単語の品詞を判定する，画像に書かれた数字を判定する

次章以降で説明する各種学習アルゴリズムが対応できる問題について，表 2.1 に示す．灰色の部分が本書でおもに扱っている内容である．

教師なし学習もまた，教師あり学習の代わりとして用いることができる．KDD プロセスの流れも何ら変わることはないし，学習アルゴリズムを適用してマイニングすることに変わりはない．ただし，教師なし学習は正解が（明示されて）ないため，回帰問題・二値分類問題などのように，正解の種類によって区分けすることは通常行われない（よって，教師なし学習については表 2.1 に含めていない）．そのかわり，第 1 章でも触れたとおり，特定の目的に応じて手法が選択される．本書で扱う「クラスター分析」，「主成分分析」は，それぞれ「似たもの同士をグループ分けする」，「多変量の

表 2.1 ▌各種学習アルゴリズムの対応する問題

	回帰問題	二値分類問題	多値分類問題
第 3 章：回帰分析	重回帰分析など	ロジスティック回帰分析	多項ロジスティック回帰分析
第 4 章：ニューラルネットワーク 第 5 章：ディープラーニング	すべてに適用可能（損失関数の変更により対応）		
第 6 章：サポートベクターマシン (SVM)	SVR	SVM	1 対 1，1 対多 SVM
第 7 章：ベイズ理論	すべてに適用可能（単純ナイーブベイズ）		
第 8 章：決定木学習	回帰木（決定木）	決定木	
第 9 章：勾配ブースティング	すべてに適用可能（損失関数の変更により対応）		

データをわかりやすく縮約する」という用途に応じて使用するとよい．

◉ 5 評価・解釈：実行フェーズや，知識としての評価・解釈の実施

最後に，得られたモデルの内容を評価・解釈して未知の知識を獲得する．ここでは，作成したモデルを解析し，正解に繋がる要素を発見・解釈したり，モデルを新しいデータに当ててみたりする．こうして得られた知識を踏まえて再分析したり，得られたモデルを運用して価値を生み出したりしていくのである．

2.2 ▶ 視覚的にみる機械学習の考え方

ここからは，第 3 章以降で示していく学習アルゴリズムとの関連にも触れながら，おもに教師あり学習を例にとって，KDD プロセスのステップ 4 のマイニングで行うモデル構築の基本的な考え方を示していく．

モデル構築のもっともシンプルな方法は，「解きたい問題とまったく同じものを問題集から探す」ことである．これは学習というより，答え方を決めただけに近いが，モデル構築の一種といえる．もちろん，問題集の中に一言一句同じ問題文がないと答えられないが，問題集を大量に用意できれば答えられる可能性が高い．一方で，あまりに大量の問題集になると，目的の問題文を探すことにも時間がかかってしまう．これを効率的に行う方法が付録 A で説明するデータ参照であり，速度を重視するゲーム研究（ゲーム木探索など）でよく使われる．

しかし，どんなに大量の問題集を用意しても，この世界に存在するあらゆる問題をカバーできないケースがほとんどである．この場合はどうしたらよいか．

方法としては，与えられた問題文に「近い」問題文を問題集から探して用いる方法があげられる．例として，年収と年齢をもとに，未来 1 年間に家を購入するかどうかを予測する二値分類問題を考えてみよう．このとき，問題文（説明変数）は年収と年齢，正解（目的変数）は家を購入したか否かである．

図 2.4 (a) は，横軸を年収，縦軸を年齢にとったグラフであり，白丸や黒丸は，問題集に記述された人の情報を示している．白丸は未来に家を購入した人であり，黒丸は家を購入しなかった人を意味する．たとえば，点 X は年収 100 万，年齢 20 歳の人であり，未来 1 年以内に家を購入しなかったことを表している．

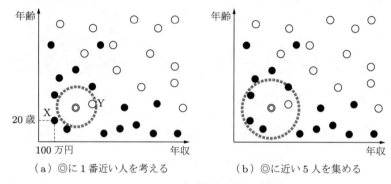

(a) ◎に 1 番近い人を考える　　(b) ◎に近い 5 人を集める

図 2.4 「k-近傍法」による予測

ここで，◎の人が未来に家を購入するかを予測してみよう．この点に一番近いのは点 Y である．点 Y の人は家を購入していることから，◎の人も家を購入すると予測するのは自然な考え方だろう．

ただし，この方法は偶然に大きく左右される．もっとも近い一人だけで判断しているので，その人がレアケース（たとえば，資産家の息子だったときなど）だった場合，妥当な予測結果とはいいがたい．これを緩和するには，もっとも近い一人だけではなく，より多くの人の情報を集めて判断すればよい．図 2.4 (b) のように◎に近い人を 5 人集めた場合，家を購入しなかった人が 5 人中 4 人を占めるので，家を購入しないと予測すればよいことになる．この方法は **k–近傍法**とよばれる．

k–近傍法では，5 人がもつ目的変数（家を購入するかどうか）を等しく扱っているが，人それぞれで重要度（**重み**）を変えることも工夫の一つとして考えられる．たとえば，◎に近い人ほど重要視する，などである．また，「近い」という度合をどう定義するか，という点にも工夫の余地がある．数値の違いだけでは，「近い」度合はうまく測れない．年収が 20 万増えることと，年齢が 20 歳増えることは同じではないからである．

k–近傍法は非常にシンプルな学習方法であるが，教師あり学習の多くは，大枠としてこの考え方をベースにし，さまざまな工夫を加えた学習を行っている．

2.3 ▶ 学習するモデルの定式化

さてここで，理解を深めるために記号を用いて学習を定式化してみよう．説明変数を X とし，ここから目的変数 Y を推定したいとする．その推定結果を Y' とすると，これは数式で $Y' = f(X)$ と書ける．f は X を入力とする関数であり，その出力値が推定結果 Y' となる．この関数 f を，問題集を使って調整するのが学習である．以降は，学習に用いる問題集のことを**学習データ**とよぶ．

なお，先ほどまでは「予測」という言葉を用いていたが，これは未来を推定する際に用いる単語である．一方で，学習は現在や過去を推定してもかまわないため，未来の推定に限らない場合は「推定」という言葉を使っていくことにする．

推定結果を導く関数 f がモデルである．学習手法によってモデルの構造（骨組み）は変わるため，その性能や特性にも違いがある．本書では各モデルの違いに焦点を当てて説明することで，問題にあったモデルの選択ができることを目指す．

モデル f の内部には，学習に際して調整される数値が含まれている．k–近傍法の例でいえば，推定結果を出すために使う人数や，どの人をどのくらい重要視するかという度合（重み）などがこれにあたる．学習は通常，これらの値を調整することで実現される．

学習は一般的に，説明変数 X に対する推定結果 Y' と，その正解である目的変数 Y とが一致するように調整する．よって，$Y = Y' = f(X)$ を目指すことになる．もちろん，学習データの中には Y と Y' がうまく一致しないケースも出てくるが，そのずれ方ができる限り小さくなるように調整していく．この調整方法にも，さまざまな方法が提案されている．

まとめると，学習の各手法では，用いているモデル f と，その調整方法に差異がある．次章以降の各モデルの説明では，これらについてどのような方法を用いているのかについての要点を触れる．

2.4 ▶ 学習することの難しさ　〜次元の呪い〜

先ほど，学習データにおいて Y と Y' を一致させるようにモデルを調整することが学習であると説明したが，厳密には不正確である．本当に目指したいのは，未知の問題に正しく答えられることであって，学習データに対して正しく答えられることではないからである．両者は一見同じことのように思えるが，実はそうではない．

そもそも，収集したデータには偏りがある（誤差が含まれる）ことが多い．たとえば，先ほどの家を購入するかどうかを予測する問題において，40歳の（本当の）購入確率が10%だったとしよう．このとき，得られた学習データを集計してみても，必ずしも

10%になるとは限らない．10%に近い数値になることは予想できるが，5%や15%になることは十分起こりうるのである．

誤差を含んだ偏った学習データに正解できるように学習を行っても，未知のデータに対応する（理想的な）学習は実現できない．未知のデータも含めた性能のことを**汎化性能**という．モデル構築では，汎化性能を上げることが最重要となる．

汎化性能を上げるもっともシンプルな方法は，データを増やすことである．統計の性質により，大量のデータを集めれば誤差の幅を狭められる．1000人のデータからでは8%～12%の範囲になりうる購入確率も，10万人のデータを集めれば9.8%～10.2%の範囲にまで誤差を抑えることができる．つまり，理想に近いデータを得ることができる．

現代はビッグデータの時代なのだから，データを大量に収集することは容易に思える．しかし，実際にはデータの数だけでなくデータの項目数も増えてしまうことで，新たな問題が生じてくる．

教師あり学習の推定では，調べたいデータに「近い」学習データの答えを用いると述べた．先の例でいえば，年齢や年収が近い人の答えを用いるイメージである．しかし，さらにデータを増やしていくとどうなるか．1日の行動パターンや移動経路，サービスの利用状況など，さまざまな情報を集めるにつれ，その人と「近い」人を探すことは困難になる．なぜなら，ほぼ同じ年代で同じ年収であり，同じ行動パターンや移動経路を使って同じサービスを利用している人など，そうはいないからである．年齢や年収程度なら同じ人もいるだろうが，情報は増えれば増えるほど，「近い」人がいなくなる．この場合，学習に必要なデータ数が飛躍的に増えてしまい，データがいくらあっても足りない状況に陥る．これを**次元の呪い**という．教師あり学習では，次元の呪いをどう克服するか，というのも重要な課題となっている．たとえば，第6章で示すSVMは，次元の呪いを限定的ながら克服することで，高い汎化性能をもつ手法である．

2.5 ▶ よい学習とは何か　～汎化性能と過学習～

次元の呪いにより，学習データが足りない可能性は常にある．よって，学習データは誤差を含む偏ったデータとなる可能性が高い．その前提で，どうモデル構築をすれば汎化性能を高められるだろうか．再び，年齢や年収をもとに家を購入するかを予測する例で考えてみよう．

いま，家を購入するかどうかを予測する二つのモデルを構築したとしよう．図2.5は与えられた学習データをもとに作られた二つのモデルでの判断結果を示している．どちらのモデルも，グラフ上に引かれた点線の右上にいる人については「家を購入する」，左下にいる人については「購入しない」と予測しているとする．さて，(a) と (b)

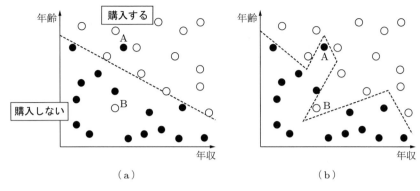

図 2.5 汎化性能の比較用モデル

のどちらのモデルのほうが，汎化性能が高いだろうか．

最初に断っておくが，この図をいくら眺めても，汎化性能が高いか低いかを正しく判断することはできない．図に示されている学習データは起こりうるデータの一部でしかなく，未知のデータの状況はまったくわからないからである．だが，その制約下で汎化性能の良し悪しを判断しなくてはならないならどう考えるか，という話である．

学習データに対する正解率だけでいえば，図 2.5 (b) のほうが優れている．だが，このモデルは未知のデータに対しても優れているのだろうか．ここで問題となるのは，周辺の状況とは違っている二つの点 A，B である．先に述べたように，データは偏りをもちうる．学習データにレアケースが含まれてしまうことも少なくない．点 A，B が仮にレアケースであるとすれば，レアケースのデータ（ノイズ）を正しく分類しようと敏感に反応している図 (b) よりも，レアケースを分けることに執着しすぎていない図 (a) のモデルのほうが，未知のデータに対しても有効な可能性は高いと考えられる．

モデル構築では，不必要にモデルを複雑な形にはせず，必要最低限のシンプルな形で構築するのがよいとされている．この考え方は**オッカムの剃刀**とよばれ，モデル構築の基本理念となっている．図 2.5 の例でいえば，図 (b) のように（必要性の薄い）複雑な線を描くよりも，図 (a) のようなシンプルな直線で表現するほど，一般的には汎化性能が高くなりやすい．逆に，図 (b) のように複雑にしすぎると，学習データには強いが未知のデータに弱いモデルになりやすい．この現象を**過学習**という．

モデルを簡単にすれば過学習は避けられるが，逆に簡単にしすぎるとレアケース以外のデータまでも分けられなくなってしまうため，結果的に汎化性能が悪くなってしまう．これを**未学習**という．たとえば，図 2.6 のような，年収だけをみて判断するという簡単すぎるモデルについて考えてみよう．このモデルでは，年収が高くても年齢が低いと家を購入しないという層（図の右下に位置する人々）を正しく判別すること

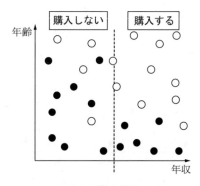

図 2.6 ▎未学習

ができていないことがわかる．よって，汎化性能も悪くなってしまう．モデル構築では，問題や学習データにあった「適切な複雑さ」を設定することが重要になってくる．

しかし，最初に述べたとおり，学習データだけをみて，どのモデルの汎化性能が優れているかを正確に判断することは難しい．図 2.5 にしても，図 (b) のモデルのほうが優れていないといい切る根拠はない．

汎化性能を確かめる一般的な方法としては，**検証データ**を用いる方法があげられる．そのイメージを図 2.7 に示す．まず，収集された全データを学習データと検証データの二つにあらかじめ分けておく．そして，学習データを使ってモデル構築をした後で，検証データを使って性能を確かめるのである．検証データはモデル構築に使っておらず，モデルにとって未知のデータとなるため，検証データでの性能は汎化性能に近しくなる．

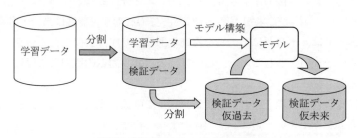

図 2.7 ▎検証データによる性能評価

もし，学習データでは性能が高いのに検証データでは性能が低くなっているなら，過学習が発生していると考えられる．もちろん，検証データは（あらゆる可能性を網羅した）本当の未知のデータではないため，必ず過学習を発見できるわけではないが，過学習を防ぐうえでは有効な方法である．

オッカムの剃刀に基づくモデル構築は，本書で説明する回帰分析（第 3 章）や SVM

（第6章），決定木（第8章）などでも使われている．第4章に示すニューラルネットワークは回帰分析をさらに複雑にした形となっているため，過学習を起こしやすい手法とされる．そこで，オッカムの剃刀などに基づいて，汎化性能を上げる方法を積み上げて生まれたのが，第5章で示すディープラーニングである．

最近では，汎化性能を向上させる新たな方法として**アンサンブル学習**が注目されてきている．これは，学習データをもとに数多くのモデルを構築して多数決をとることで，汎化性能を向上させる方法である．一人ひとりの判断は間違う可能性があったとしても，多角的な視点をもつ複数の人々で多数決をとれば，未知の問題にも安定した答えが出せるというイメージである．アンサンブル学習では多角的な視点をもつ多数のモデルを構築する必要があることなどから，決定木との相性がよい．この点については第8章で触れる．また，アンサンブル学習の考え方を使って発展し，高い性能を得られるようになった方法として，第9章で示す勾配ブースティングがある．

2.6 ▶ 人の直観も学習に組み込める　〜ベイズ理論〜

これまでに述べた方法は，結局のところ学習データに縛られている．学習データが十分に集まって，そこではじめて学習ができるようになる．一方で現実世界では，いままでにない新たな課題に直面することも多く，ほとんどデータがないことも多い．つまり，未知のデータだらけの状況といえる．それでも人は経験則や直観を頼りに，対応する力をもっている．そんな経験則や直観といった学習データ以外の情報をモデル構築に用いることはできないのだろうか．

ベイズ理論は，直観や経験則を「数学的に表現して」取り込むことで，数学的でありながら現実問題への応用力を備えた理論である．ベイズ理論の誕生は古く1740年代までさかのぼり，実は前述してきた回帰分析などの近代統計学よりも早い．実際のところ，近代統計学はベイズ理論を基盤として構築されているといっても過言ではない．

ところが，近代統計学はベイズ理論から離れる方向に動いていった．近代統計学は不確実な要素を多く含む現実問題を，厳密な数学として扱うことを目指していた面があった．数学として扱えれば，そこには正しい答えがある．つまり，現実の問題に正しい答えを返せるようになるのである．そのため，直観や経験則のような，人によって異なるあやふやな情報は排除しようという立場が基本となっている．いかに「数学的に表現して」いるとはいえ，経験や直観に左右されうるベイズ理論は「数学らしくない」と糾弾され，ほとんど日の目をみることはなかった．

しかし，近年になってベイズ理論が脚光を浴びるようになった．さまざまな要因が考えられるが，コンピュータ技術やベイズ理論の発達により，現実問題へ数多く実践され，実際に成果を上げたという点がなにより大きいだろう．

22 | 2　データマイニングの基本

　近年，新しい技術（マルコフ連鎖モンテカルロ法）により，非常に柔軟性の高いベイズ理論の学習が可能になった．これにより，複雑な仮説に基づく生成モデルで学習できるようになったことも，ベイズ理論の発展へと繋がっている．また，ベイズ理論は，統計学全体をとらえる視点とも表現される．従来の統計学による手法も，ベイズ的視点でとらえることによって，その理解を深める手助けになる．第7章ではベイズ的な解釈でSVMを解釈することで，手法の理解を深められるよう試みている．

2.7 ▶ 教師あり学習の概観

　以降の章で触れる教師あり学習を「性能」，「過学習のしにくさ」，「処理時間の短さ」，「必要とするデータ件数の少なさ」，「直観的な理解のしやすさ」，「外れ値に対する強さ」，「名義尺度を扱えるか」の7点で評価したものを表2.2に示す．評価はA，B，Cの三つを基準としており，Aなら優れておりCであれば苦手としている．なお，この表は各教師あり学習手法の基本的な使用方法における性質を簡易に表したものであり，学習の設定によっても評価は変わりうる．あくまで各手法を選択する際の目安として活用してほしい．これらの性質に関する詳細は，以降の章で順次触れていく．

表2.2 ▎ 教師あり学習の比較

	性能	過学習	処理時間	データ数	理解	外れ値	名義尺度	主な用途
回帰分析	B	A	A	B	B	C	C	リスク判定・マーケティング戦略
ニューラルネットワーク	A	C	C+	C+	C+	C	C	画像処理・自動翻訳
ディープラーニング	A+	C+	C	C	C	C	C	
SVM（カーネルトリック）	A	A	C+	B	C+	C	C	研究分野
ベイズ理論 （単純ナイーブベイズ）	B	B+	B	A	A	B	A	スパムメールフィルタ
決定木学習	C	B	A	B	A+	A	A	不正検知ルール
勾配ブースティング （決定木ベース）	A	A	B	B	C+	A	A	機械学習コンペ

3

回帰分析

　本章では回帰分析を説明する．この後の章で登場するニューラルネットワーク，SVM などは，回帰分析による学習の考え方がベースとなっている．つまり，回帰分析は多くの教師あり学習の基本といえる．本章を読むことで，回帰分析だけでなく，教師あり学習のベースとなる考え方も学ぶことができるだろう．

　第2章でも少し触れたが，回帰分析は回帰問題（数値を予測する問題）と分類問題（どのグループに所属するかを決定する問題）のどちらにも使用できる．本章では，回帰問題を解くための単回帰分析と重回帰分析をおもに紹介する．発展的な話題として，分類問題を解く手法の一つであるロジスティック回帰分析を紹介する．

発　想

3.1 ▶ 「よい直線」でデータを表現する

　回帰という言葉にはさまざまな意味があるが，機械学習の分野での回帰分析は，「二つの情報の間にある関係をモデル化（数式化）する」ことを示す．二つの情報の例として，ある日の最高気温とその日のビールの売り上げや，作物に与える肥料の量と，成長した作物の平均的な大きさなどがあげられる．

　図3.1の点は，肥料の量 (x) と作物の大きさ (y) の組み合わせをプロットしたものである．図3.1の肥料の量と作物の大きさには，直線的な関係がみられる．よって，直線を定義する1次関数の式 $(y = wx + b)$ を使えば，肥料の量と作物の大きさの関係がおおまかに表せると考えられる．つまり，この式の x に肥料の量を代入することで，対応する作物の大きさ y がおおまかに推定できる．この直線（の式）$y = wx + b$ が，回帰分析におけるモデルである．

　したがって，回帰分析の目的は，「よい推定」ができる「よいモデル＝よい直線」を求めることだといえる．

　では，「よいモデル＝よい直線」とはどのようなものだろうか．図3.1には三つの直線があるが，この中では実線が，うまく作物の大きさを予測できる「よい直線」だと感

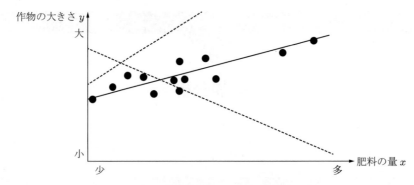

図 3.1 ▎作物の大きさと肥料の量

じるだろう．一方，破線ではうまく作物の大きさを予測できないと思えるだろう．このように感じる理由についてまずは掘り下げる．

3.2 ▶ 誤差を科学する

「よい直線」だと感じる理由を考える第一歩として，まずはなぜ直線が一意に定められないのかを考えよう．もし，すべてのデータが直線の上に乗るならば，それが最善の直線だといえる．しかし，図 3.1 の例では，どのように直線を引いてもすべての点が直線にちょうど乗ることはない．これには**誤差**が影響している．何かを計測しようとする場合，正確な値を求めることは難しい．たとえば，身長の測定値は体のちょっとした姿勢の変化などで微妙に変化してしまう．このように，「何らかの不明な要素によって，測定するたびにランダムに生じるずれ」のことを**偶然誤差**という．

ドイツの数学者ガウスは偶然誤差の法則性について研究し，偶然誤差について三つの仮説をおいた．

1 （絶対値が）大きな誤差より，小さい誤差のほうが発生しやすい
2 （絶対値が）とても大きな誤差はほとんど発生しない
3 誤差がプラス方向にずれるのと，マイナス方向にずれるのとは同じくらいの割合で発生する

この三つの仮説は**誤差の三公理**とよばれる．偶然誤差がこの誤差の三公理に従うとした場合，その分布の形は図 3.2 のような**正規分布**（ガウス分布）になる．図の横軸は生じる誤差の大きさ，縦軸はその発生確率を示している．正規分布が誤差の三公理に従っていることがわかるだろう．

さてここで，「収集したデータは偶然誤差の影響を受けている」と仮定しよう．すると，データは正規分布に従って発生した偶然誤差により値がずれ（理論上は一つの直線に乗る関係性であっても），一つの直線に乗らなくなる．偶然誤差は正規分布に従う

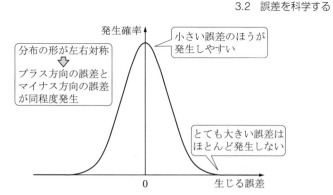

図 3.2 ▎正規分布

ため,小さな誤差は頻出するが,大きな誤差はほとんどない.また,プラスの誤差もマイナスの誤差も同程度存在する.つまり,真の関係性を示す「よい直線」を中心として,データはおおむね小さなずれ幅でプラス方向にもマイナス方向にも同じくらい現れやすい,ということになる.理解の参考として,図 3.1 の実線に正規分布を当てはめたイメージを図 3.3 に示す.

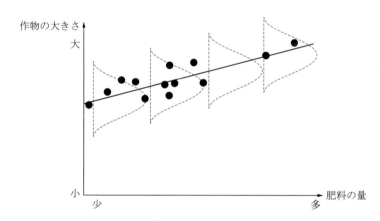

図 3.3 ▎直線と正規分布の関係

これを踏まえると,図 3.1 の実線に対する各点のずれは,正規分布に従っているようにみえる.逆に破線は,上方向にずれたデータは一つもなかったり,直線から大きく離れた点も多く存在したりしているため,「誤差がプラス方向にずれるのと,マイナス方向にずれるのとは同じくらいの割合で発生する」,「大きな誤差より,小さい誤差の方が発生しやすい」という点で誤差の三公理に反している(=偶然誤差によるずれを逸脱している).このことから,感覚的にも「よくない直線=よくないモデル」と感じたわけである.

26 | 3 回帰分析

データのずれが偶然誤差による（正規分布に従う）と考えると,「よい直線」のあり方がみえてきたであろう. このアイディアをもとにした「理論的な」直線決定（モデル構築）手法については, 以下の「モデル」で述べる.

モデル

3.3 ▶ 「よい直線」の求め方

最初に, 第1章や第2章で触れた基本的な単語についておさらいし, 回帰分析の意味でどう表されるかをみていこう. まず, 一つ目は**説明変数**という言葉である. 説明変数は推定をするために用いる情報のことを指す. これは, $y = ax + b$ の数式でいう x にあたる. 前節の例では,「肥料の量」が説明変数となる. 二つ目は**目的変数**という言葉である. 目的変数は予測したい情報のことを指す. これは $y = ax + b$ の数式でいう y にあたる. 前節の例では「作物の大きさ」が目的変数となる.

では, ここから回帰分析の説明に入っていこう. まず, 回帰分析とは「よい直線」を引くことであった.「よい直線」とは説明変数（肥料の量）と目的変数（作物の大きさ）の関係をうまく表す直線（モデル）である. 詳しくは後述するが,「関係をうまく表す」を具体的に書くと,「モデルによる推定値と**実測値**（正解の値）との差が, できる限り小さくなる」である. つまり, 推定値と実測値の差違を数値的に評価する方法が必要となる.

モデルによる推定値と実測値の差の大きさを評価する関数（指標）を**損失関数**という. 第1章でも触れたとおり, 損失関数は人が与える「解答（推定結果）の評価基準」である.

損失関数はモデルの推定値と実測値の二つを入力とし, 差の大きさを数値化して出力する関数である. 一般的には, 差が小さければ小さいほど, より小さな値を返すように設定される. よって, 損失関数の出力を最小化することは, もっともよいモデルをみつけることにつながる. この損失関数の最小化が回帰分析の, ひいては多くの教師あり学習における学習方法となっている.

3.4 ▶ 最小二乗法のイメージ

ここではよい直線を求める基本的な手法の一つである最小二乗法を扱う.

言葉だけではわかりづらいため, 図3.4に最小二乗法のイメージを示す. 点が各データ（実測値）を示し, 横軸が説明変数, 縦軸が目的変数を示している. 実線のグラフは, 説明変数から目的変数を推定するモデルであり, 破線が実測値と推定値の差であ

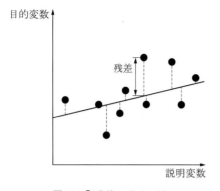
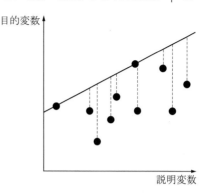

図 3.4 ▌ 残差のイメージ   図 3.5 ▌ 点を通る場合の残差

る．ここで，実測値と推定値の差を**残差**とよぶ．つまり，残差が小さい直線（モデル）は説明変数と目的変数の関係を正確に表現している．この残差の合計が最小になるように直線を引くのが最小二乗法である．

仮に，図 3.5 のように，ある 2 点（ある二つのデータ）だけを通る直線を引くと，その 2 点だけは残差が 0 になるが，残りの点は図 3.4 と比較して，ほぼすべての点で残差が大きくなり，残差の合計は大きくなる．よって，最小二乗法では，図 3.4 の直線と比べたとき，図 3.5 のような直線を「よい直線」だとは評価しない．

3.5 ▶ 最小二乗法による単回帰分析

一つの説明変数から目的変数を推定する回帰分析を**単回帰分析**という．

これまでは簡単のため，最小二乗法を「残差の合計が最小になるように直線を引く」と説明した．しかし，正確には「残差の **2 乗**の合計が最小になるように直線を引く」である．

つまり，最小二乗法は，残差の 2 乗の合計を損失関数とし，それを最小化する直線を求める手法である．

残差の二乗で最小化を考える理由は，「残差が大きくなるにつれて相対的にペナルティを大きくするため」である．例として，残差が 1 と 5 であった場合，残差の 2 乗は 1 と 25 と，大きく開きが出る．これにより大きな残差ほど極端に許容されづらくなる．これは，残差を誤差とみなして考えると，誤差の三公理の「（絶対値が）大きな誤差より，小さい誤差のほうが発生しやすい」と「（絶対値が）とても大きな誤差はほとんど発生しない」に対応している．

最小二乗法では以下の式を満たすパラメータ w, b を求めることで，前述したようなよい直線の式（＝よいモデル）を得ることができる．

$$\min\left[\sum_{i=1}^{n}\{y_i - (wx_i + b)\}^2\right] \tag{3.1}$$

ここで，学習データが n 件あるとして，y_i, x_i を i 番目の学習データの実測値および説明変数とする．$wx_i + b$ はモデルの推定値（すなわち直線の式）を表している．つまり，推定値と実測値の差（残差）は $|y_i - (wx_i + b)|$ である．

残差を 2 乗した値 $\{y_i - (wx_i + b)\}^2$ を**二乗誤差**という．全 n 件の学習データについての二乗誤差を合計し $(\sum)$，それをできる限り最小化せよ $(\min)$ というのが，式 (3.1) の意味である．数式の中で，$\min[\cdots]$ で囲まれた数式が，損失関数である．

最小二乗法は，誤差が正規分布に従うことを前提とした手法である．つまり，現在のデータの傾向から大きく離れたデータはほとんど存在せず，逆にわずかな誤差をもつデータは頻出するとみなす．この前提に従い，最小二乗法ではわずかな点に対して残差を小さくするよりも，データ全体が真の値を示す「よい直線」から離れすぎないことを優先して評価する．つまり，最小二乗法においてはわずかな残差は許容されやすいが大きな残差は許容されづらくなっている．

3.6 ▶ 複数の説明変数を扱う回帰分析 ～重回帰分析～

◉ 複数の説明変数を扱う

ここまでは，説明変数が一つだけの単回帰分析を紹介した．しかし，回帰分析では説明変数を複数使うこともできる．一つの情報だけでなく複数の情報を用いることで，推定の精度を高められる．説明変数を複数扱う回帰分析のことを**重回帰分析**とよぶ．重回帰分析においても，最小二乗法でパラメータを求めることができる．

以降は，重回帰分析特有の部分に焦点をあてて詳しく述べる．

◉ 単回帰分析との違い

単回帰分析では，一つの目的変数と一つの説明変数の関係を直線の式で表現できた．しかし，重回帰分析では直線ではなく，次のような高次元な式で表現される．

$$\min\left[\sum_{i=1}^{n}\{y_i - (w_1 x_{i1} + w_2 x_{i2} \ldots + w_j x_{ij} \ldots + w_k x_{ik} + b)\}^2\right]$$

ここで，説明変数は k 個あるとし，$(x_{i1}, x_{i2}, x_{i3}, \ldots, x_{ik})$ を i 番目の学習データにおける k 個の説明変数としている．また，w_j は，j 番目の説明変数 x_{ij} の係数を示している．この係数のことを**偏回帰係数**とよぶ．重回帰分析では説明変数ごとにパラメータが存在する．w_j や b は単回帰分析と同様に最小二乗法で求めることができる．

モデル
3.7 過学習・未学習の防止 | 29

ちなみに，説明変数が二つの場合は，直線ではなく3次元上の平面になる．高次元と書くと難しく感じるかもしれないが，数式にすればパラメータと説明変数が増えるだけのことである．

◉ 各変数の重要度とスケール感の統一を担う重み 〜偏回帰係数〜

重回帰分析の「重み」である偏回帰係数について説明しよう．例として，重回帰分析により

$$作物の大きさ = 0.0911 \times 日照時間 + 0.27 \times 肥料の量 + 0.437$$

のモデルが得られたとする．この「0.0911」と「0.27」が偏回帰係数である．

重みは各変数の重要度を示すと第2章でも述べているため，「偏回帰係数が大きい肥料の量のほうが，作物の大きさに与える影響が大きい」と思うだろう．しかし，それだけでは判断できない．なぜならば，日照時間の単位と肥料の量ではスケール感が異なるためである（肥料を10g増やすのは容易だが，日照時間を10時間増やすのは難しい）．つまり，各説明変数の重要度を比較するためにはスケール・単位の統一が必要である．

スケールの統一方法の一つが**標準化**である．標準化は全学習データの説明変数の値をあらかじめ調整しておくことで容易に実施できる（具体的には，各説明変数から学習データの平均値を引いた値を，学習データの標準偏差で割ればよい）．標準化した説明変数を使って求めた偏回帰係数を**標準偏回帰係数**とよぶ．標準偏回帰係数であれば，目的変数への各説明変数の影響力を比較できる．

3.7 ▶ 過学習・未学習の防止

重回帰分析は使う説明変数の数を増やすことができる．使う情報は多ければ多いほどよいと感じるかもしれない．しかし，説明変数を増やしたところで，未知のデータに対する推定に役に立たなければ意味がない．

さらに，第2章でも触れたとおり，学習データは（未知のデータと比べて）偏ったデータとなっている可能性がある．したがって，学習データに対する正解率を高めすぎると，レアケースに強く影響されてしまい，それによりほかの大半のデータに対する正解率を悪化させる懸念がある（過学習）．

過学習を防ぐためには，モデルを複雑にしすぎない（シンプルにする）ことが重要となる．モデルをシンプルな形にすると，レアケースに執着しすぎなくなる．結果として未知のデータに対する有効性（汎化性能）を上げることができる．

重回帰分析においては使う説明変数の数を減らせばシンプルなモデルとなる．しか

30 3 回帰分析

し，説明変数を減らしすぎると，学習データにすら正解できなくなり（未学習），未知のデータにも対応できない．過学習を起こさずかつ未学習を防ぐには，適切に説明変数を取捨選択する必要がある．

3.8 ▶ 説明変数を取捨選択する際のテクニック　～ステップワイズ法～

説明変数を取捨選択する手法の一つに**ステップワイズ法**（変数増減法）がある．これは，採用・除外する説明変数を一つずつ増減させながら，モデルを改善する手法である．

表 3.1 に，ステップワイズ法の一例を示す．まず，ステップ 1 で肥料の量が説明変数に採用（○）されたとする．このとき，説明変数は一つしか採用していないため，精度は低いままである．しかし，過学習（説明変数が多くなりすぎて，モデルが複雑になる）の危険性は低い．

表 3.1 ▌ステップワイズ法

	肥料の量	日照時間	降水量	平均気温	モデルの精度	過学習の可能性
ステップ 1	○	×	×	×	×	×
ステップ 2	○	×	×	○	△	×
ステップ 3	○	○	×	○	○	○
ステップ 4	○	○	×	×	○	×

次にステップ 2 で，モデルを改善するために，新たに平均気温が採用されたとする．精度は改善され，△になった．

さらにステップ 3 で，新たに日照時間を採用することでモデルの精度はさらに十分な○になった．一方，3 変数が使われているため，相対的に過学習の危険性が多めと判断されている．

これを受けて，ステップ 4 では説明変数を除外することを検討している[†]．その結果，平均気温を除外し，肥料の量と日照時間だけを採用してもモデルの精度は高いままであることがわかった．これにより，不要な説明変数を減らして過学習の危険性を低くしつつ，未学習を防ぐこともできている．

3.9 ▶ 説明変数を複数扱う際の注意点　～多重共線性～

説明変数を複数使う際の注意点として，非常に似通った説明変数を使わないようにすることがあげられる（たとえば，年齢と数え年など）．非常に似通った説明変数が複

[†] 正確には，どのステップでも採用と除外の両方を検討している．ここではステップ 4 ではじめて除外が採択されているだけである．

数あると，どちらにどのくらい重み（モデルに対する重要度）を割り振るべきかが判断できなくなる．これにより，最適なモデルを「たった一つ」得る方法がわからなくなる．これを**多重共線性**という．

多重共線性によって，回帰分析でモデル構築ができなくなったり，できても信用できない結果になったりする．そもそも，無用な説明変数を加えることは，過学習につながるため，似通った変数はあらかじめ一つに絞っておくことが望ましい．

3.10 ▶ 最小二乗法を用いた回帰分析の特徴

「モデル」の最後に，最小二乗法を用いた回帰分析にはどんな長所や短所があり，どんな用途に有効か，どんな点に注意するべきかを述べる．

最小二乗法を用いた回帰分析の長所は，誤差が正規分布に従うデータであれば，比較的高速かつデータが少ない場合でも精度を得やすい点にある．また，ステップワイズ法などで適切に変数を取捨選択することで過学習を比較的容易に抑えることができる点も利点である．つまり，最小二乗法を用いた回帰分析は手軽に教師あり学習を試すことができる手法といえる（これは，最小二乗法を用いた回帰分析に限らず，回帰分析全般にいえることである）．

一方，最小二乗法の短所として，「誤差が正規分布に従う」という前提がある．つまり，誤差の三公理，「大きな誤差より，小さい誤差のほうが発生しやすい」，「とても大きな誤差はほとんど発生しない」，「誤差がプラス方向にずれるのと，マイナス方向にずれるのとは同じくらいの割合で発生する」に従わないデータに対しては，最小二乗法が想定どおりの性能を発揮しない可能性がある．たとえば，ほかのデータの傾向からは大きく外れた値である**外れ値**が含まれると，この前提は崩れる．

図3.6における上二つの点が外れ値である．この図は本来であれば破線が引かれる

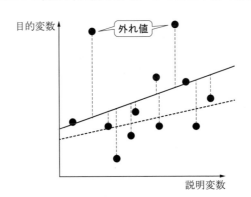

図 3.6 ▮ 外れ値を含む最小二乗法

べきデータである．しかし，外れ値を含んだ状態で最小二乗法を使用すると実線が引かれてしまう．

正規分布では，外れ値のようにほかのデータの傾向と異なる大きく外れた値はまず起こり得ないととらえる．そのため，最小二乗法では外れ値が飛びぬけて離れすぎないように直線を引こうとしてしまう．（最小二乗法に限らず）イレギュラーである外れ値を意識しすぎることは，第2章でも言及した過学習にもつながる．

また，外れ値とは別に，誤差が正規分布にならない場合にも注意が必要である．たとえば，目的変数が「0」か「1」の二値しかとらない場合や，正／負で誤差の出やすさに差がある場合などは，最小二乗法が有効に機能しなくなる．

最小二乗法が適切でないケースでは，より一般化した**一般化線形モデル**の枠組みで考える必要がある．その枠組みのすべてを説明することは本書のレベル内では難しいので，目的変数が「0」か「1」の二値しかとらない場合の**ロジスティック回帰分析**についてだけ，3.15節以降で紹介する．

一方，最小二乗法を用いた回帰分析の短所は，外れ値を含むデータや誤差が正規分布以外の分布に従うデータでは期待通りの性能を示さない点である．外れ値を含むデータを扱う際にはあらかじめ外れ値を除外する必要がある．誤差が正規分布以外の分布に従うデータでは，その分布を特定，もしくは仮定したうえで，一般化線形モデルの枠組みで考える必要がある．

実　装

3.11 ▶ R での重回帰分析の実行例

ここでは R のサンプルデータである iris データ（20世紀のイギリスの統計，生物，遺伝学者である Sir Ronald Aylmer Fisher が作成したあやめのデータ）を利用して，花びらの長さに対する回帰分析を行う例を扱う．

R では，直線を求める単回帰分析や重回帰分析は lsfit もしくは lm という関数で行うことができる．lsfit も lm も直線を求める回帰分析を行う関数である．これらはデータの渡し方や内部の実装が異なっているだけである．したがって，データ構造や扱いやすさでどちらを選択するかを決めればよい．

iris データには複数の種類のあやめのデータが含まれている．まず，iris データの構造について簡単に説明する．iris データには各あやめの情報（がく片，花びらの長さ，幅，あやめの品種）が含まれている．以下の入力でデータの中身を確認できる．

実 装

3.11 Rでの重回帰分析の実行例 | **33**

```
iris
```

出力結果の一部を以下に示す.

```
    Sepal.Length Sepal.Width Petal.Length Petal.Width   Species
1            5.1         3.5          1.4         0.2    setosa
2            4.9         3.0          1.4         0.2    setosa
3            4.7         3.2          1.3         0.2    setosa

<中略>

148          6.5         3.0          5.2         2.0 virginica
149          6.2         3.4          5.4         2.3 virginica
150          5.9         3.0          5.1         1.8 virginica
```

1行目はがく片の長さ (Sepal.Length) が 5.1, 幅 (Sepal.Width) が 3.5 であり, 花びらの長さ (Petal.Length) が 1.4, 幅 (Petal.Width) が 0.2 である種類 (Species) が setosa のあやめであることを示している. このように, 1 行に一つずつあやめのデータが格納されているのがわかる.

あやめの種類が違えば, 花びらの幅, がく片の長さ・幅と花びらの長さの関係も大きく異なる. そのため, まずは iris データから一つの種類のあやめのデータだけを取り出しておく.

```
input.data <- subset(iris,Species=="versicolor")
```

このコマンドで input.data に Species (種類) が versicolor のあやめのデータだけが格納される. ここで, あやめの種類を一つ (versicolor) だけ絞ったので, あやめの種類は花びらの長さの推定には役に立たなくなった. そこで, input.data からあやめの種類を示す変数 Species を削除する.

```
input.data2 <- input.data[, colnames(input.data) != "Species"]
```

このコマンドで, input.data2 に Species が取り除かれたデータが格納される.

次に, このデータを学習用と検証用の二つに分割する. 第 2 章で触れたように, 学習用データはモデル構築に使用し, 検証用データは作成したモデルの汎化性能を確認するために使用する. ここでは全 50 個のデータが input.data2 に格納されている. そのデータの偶数行を学習用, 奇数行のデータを検証用に分割する.

34 | 3 回帰分析

```
n <- (1:50)*2
train <- input.data2[n,]
test <- input.data2[-n,]
train <- na.omit(train)
test <- na.omit(test)
```

まず，n <- (1:50)*2 でデータ数を指定する．*2 としている理由は，偶数行，奇数行でデータを分けるためである．train <- input.data2[n,] で偶数行を train（学習データ）に，test <- input.data2[-n,] で奇数行を test（検証データ）に振り分ける．最後に，na.omit で振り分けの際に発生した NA（欠損項目）を除去する．

それでは，train を使用して花びらの長さを推定するモデルを重回帰分析（lm 関数）で作成しよう．

```
result <- lm(train$Petal.Length~., train)
```

このコマンドで，result に重回帰分析の結果が格納される．lm 関数では「入力データ$目的変数～説明変数」と記述する．ここでは入力データを「train」，目的変数を「Petal.Length」，説明変数を「.」としている．「.」は，指定したデータセット（train）に含まれる（目的変数以外の）すべてを説明変数として扱うという意味である．

重回帰分析の結果を表示するサンプルを以下に示す．

```
print(result)
```

得られる出力は以下のとおりである．

```
Call:
lm(formula = train$Petal.Length ~ ., data = train)

Coefficients:
 (Intercept)   Sepal.Length   Sepal.Width   Petal.Width
    0.20794       0.44284        -0.07591       1.23843
```

print にて結果を格納した変数 result を指定することで，使用した線形モデルの形式や，各説明変数の偏回帰係数が表示される．また，コマンド summary（要約）で lm による回帰分析結果の要約を表示できる．

実　装
3.11　R での重回帰分析の実行例　**35**

```
summary(result)
```

得られる出力は以下のとおりである.

```
Call:
lm(formula = train$Petal.Length ~ ., data = train)

Residuals:
     Min       1Q   Median       3Q      Max
-0.30669 -0.15687 -0.05259  0.18465  0.51715

Coefficients:
             Estimate Std. Error t value Pr(>|t|)
(Intercept)  0.20794    0.65811   0.316  0.75514
Sepal.Length 0.44284    0.14925   2.967  0.00735 **
Sepal.Width -0.07591    0.24824  -0.306  0.76277
Petal.Width  1.23843    0.35992   3.441  0.00245 **
---
Signif.codes:  0 '***' 0.001 '**' 0.01 '*' 0.05 '.' 0.1 ' ' 1

Residual standard error: 0.2525 on 21 degrees of freedom
Multiple R-squared:  0.7418,    Adjusted R-squared:  0.7049
F-statistic: 20.11 on 3 and 21 DF,  p-value: 2.214e-06
```

　数多くの情報が示されているが，よく使う主要な情報に絞って説明する．Residuals には残差の情報が示されている．表示されている情報としては，残差の最小値 (Min)，中央値 (Median)，最大値 (Max) などである．Coefficients には各説明変数の重み w や切片 b (Intercept) の推定値 (Estimate)，有意差検定 (Pr(>|t|)：どのくらいその変数が目的変数の推定に有効か) などが表示されている.

　右端に「*」がついている説明変数があるが，これは目的変数の推定に対する有効度合を示している．「*」が二つある Sepal.Length と Petal.Width が有効であると判断されている.

　また，下のほうにある R-squared は**決定係数**とよばれるものである．これは，回帰分析により得られたモデルが，どのくらい学習データにうまく当てはまるかを表した指標である．決定係数は 0 から 1 までの値をとり，よいモデルであるほど 1 に近づく．なお，決定係数は採用された説明変数が多いほどよい数値となる傾向がある．そのため，重回帰分析では説明変数の多さも考慮した Adjusted R-squared（修正済み決定係数）で評価するのが一般的である．この例の場合，Multiple R-squared（修正前

36 | 3 回帰分析

の決定係数）は 0.7418 であり，`Adjusted R-squared` は 0.7049 である．

3.12 ▶ R でのステップワイズ法の実行例

さて，回帰分析の要約をみると，このモデルには有効でない説明変数 `Sepal.Width` が含まれている．有効でない説明変数が含まれるデメリットについては「説明変数を複数扱う際のテクニック」で述べた．また，その回避法として変数選択手法のステップワイズ法についても説明した．

では，実際にモデルの改善を目的として R でステップワイズを実行してみよう．そのサンプルコードを以下に示す．

```
result.step <- step(result,scope=list(upper=~. , lower=~1))
```

R でステップワイズ法を実行するには，`step` 関数に説明変数をすべて入力したときの重回帰分析の結果を与え，`scope` に採用する変数の上限と下限を `list` 形式で指定すればよい．ここでは，変数の上限 (`upper`) にはすべての説明変数「`.`」を指定しており，変数の下限 (`lower`) として定数項（1）を指定している．つまり，このステップワイズ法においては，すべての説明変数が採用される可能性から，一つの説明変数も採用されない可能性まで検討することになる．

変数が選別された結果として得られた `result.step` の要約を

```
summary(result.step)
```

で確認すると，以下のとおりとなる．

```
Call:
lm(formula = train$Petal.Length ~ Sepal.Length + Petal.Width, data =
    train)

Residuals:
     Min       1Q   Median       3Q      Max
-0.30555 -0.17142 -0.04807  0.17530  0.51360

Coefficients:
             Estimate Std. Error t value Pr(>|t|)
(Intercept)    0.1627     0.6279   0.259  0.79794
Sepal.Length   0.4252     0.1348   3.154  0.00460 **
Petal.Width    1.1915     0.3188   3.738  0.00114 **
```

実 装
3.13 学習データと検証データの比較 **37**

```
---
Signif.codes:  0 '***' 0.001 '**' 0.01 '*' 0.05 '.' 0.1 ' ' 1

Residual standard error: 0.2473 on 22 degrees of freedom
Multiple R-squared:  0.7407,    Adjusted R-squared:  0.7171
F-statistic: 31.41 on 2 and 22 DF,  p-value: 3.57e-07
```

作成されたモデルから有効性の薄かった `Sepal.Width` が除外されていることがわかる．また，決定係数を確認すると `Multiple R-squared`（修正前の決定係数）は0.7407であり，`Adjusted R-squared`（修正済み決定係数）は0.7171である．ステップワイズ法を使用しない場合と比べると，説明変数が減少したために修正前の決定係数はわずかに低くなっている．しかし，説明変数の数を考慮した修正済み決定係数はわずかであるが上昇している．過学習の防止という観点からは説明変数は少ないほうが望ましい．つまり，より少ない説明変数で（若干ではあるが）決定係数が高い修正済み決定係数となるモデルが得られたため，ステップワイズ法は効果を発揮していることがわかる．

3.13 ▶ 学習データと検証データの比較

最後に，学習データでのモデルによる推定結果と検証データでの推定結果を比較する．決定係数では学習データと検証データの性能を比較できない．そこで，元データの花びらの長さ（実測値）と予測値の差（残差）の分布を比較する．もし，過学習をしているモデルであれば，検証データの残差は非常に大きなものとなる．逆に，適切に学習ができていれば，残差の分布は 0 を平均とした正規分布に近い形となる．つまり，多くのデータにおいて残差が小さくなる．

まず，以下のスクリプトで学習データと検証データに重回帰モデルを適用し，予測値を得る．その後データフレームに変換し，誤差を計算する．

```
train.result <- predict(result.step,train)
test.result <- predict(result.step,test)

train.err <- data.frame(PREDICT=train.result)
test.err <- data.frame(PREDICT=test.result)
```

`train.result <- predict(result.step,train)` で作成したモデルを用いて，花びらの長さを予測している．そして，予測値が格納された `train.result` を `train.err <- data.frame(PREDICT=train.result)` でデータフレームに変換している．

なお，train は学習データであり，test は検証データである．
最後に残差を計算し，それぞれヒストグラムを表示する．

```
train.dif <- train.err$PREDICT-train$Petal.Length
test.dif <- test.err$PREDICT-test$Petal.Length
hist(train.dif)
hist(test.dif)
```

図 3.7 と図 3.8 が学習データ，検証データそれぞれの残差分布を表したヒストグラムである．図 3.7，図 3.8 ともに残差が 0 近辺のものが頻出しており，大きな残差はほとんど発生していない．したがって，ステップワイズ法を用いて構築したモデルは，過学習を起こしていない適切なモデルだといえる．

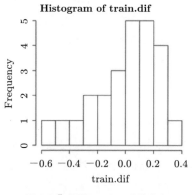

図 3.7 ▎学習データの残差分布

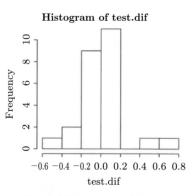

図 3.8 ▎検証データの残差分布

発展的な話題

3.14 ▶ 分類問題にも対応する回帰分析　〜ロジスティック回帰分析〜

発展的な話題として，分類問題を解く手法であるロジスティック回帰分析について説明する．ロジスティック回帰分析は，ある事象が起こるグループと起こらないグループに分類する回帰分析手法である．

ロジスティック回帰分析でも，説明変数に関しては単回帰分析・重回帰分析と同様である．大きな変化点としては，目的変数が「ある事象が起こるグループ」に入る／入らないの 2 種類の値しかとらない点である．そこで，これを数式として扱うために，「入る」を「1」，「入らない」を「0」というように数値でおきかえる（ダミー変数）．ロジスティック回帰分析では，事象が起こるグループに属する場合を 1，それ以外を 0

と定めたダミー変数を目的変数にすることが多い．

3.15 ▶ ロジスティック回帰分析における分類

ロジスティック回帰分析で作成されたモデルでは，「ダミー変数で1とされたグループに属する確率」が推定される．しかし分類問題は，多くの場合は確率を求めたいわけではないので，出力自体は確率であっても，1か0かの否かの二値に丸めてしまえばよい．たとえば，確率が0.5（50%）を超えるか否かの二択で分類するなどが考えられる．

3.16 ▶ 確率の推定と直線

ここでは，図3.9のデータを学習データとして，分類問題をとくモデルを作成する例で説明していく．この図をみると，グループ1に属する確率が1か0しかないのがわかる．学習データでは，どのグループに属しているかがわかっているためである．つまり，目的変数は二値である．したがって，誤差が正規分布にはならず，最小二乗法では上手くいかない．

図3.9では，一見，直線を正しく引けている（正しく推定できている）ようにもみえる．しかし，四角で囲った点をみてほしい．ロジスティック回帰分析は確率を推定するため，出力される値は0から1までの範囲になる．しかし，直線を引いてしまうと，灰色の範囲では確率がマイナスとなってしまったり，1を超えてしまったりする．

また確率は，50%付近では説明変数の変化の影響を大きく受け，0%や100%に近づくにつれて，説明変数の変化の影響が小さくなっていくという性質がある．直線を用いた推定では，説明変数の大きさに応じて直線の傾き（説明変数の影響度＝モデルに

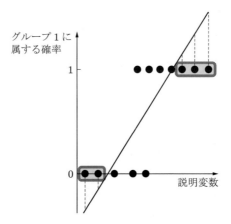

図 3.9 ロジスティック回帰分析に使うデータと最小二乗法でのモデル例

対する重要度）を変化させることができない．

3.17 ▶ 「よい曲線」の求め方 〜交差エントロピー〜

では，直線のかわりに何を使えばよいのか．確率を推定するロジスティック回帰分析では，図 3.10 のような**ロジスティック曲線（シグモイド関数）**を用いる．

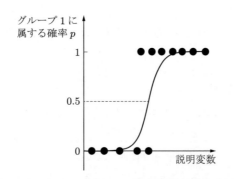

図 3.10 ▎ロジスティック曲線（シグモイド関数）

ロジスティック曲線（シグモイド関数）の式を以下に示す．

$$P = \frac{1}{1 + e^{-(w_1 x_{i1} + w_2 x_{i2} + \cdots + w_k x_{ik})}} \tag{3.2}$$

ロジスティック曲線は，中央付近（確率が 0.5 の付近）では，説明変数がわずかに変わるだけで，敏感に確率（縦軸）が変化する．逆に，両端では説明変数の変化に対して鈍感となる．これは先ほど述べた確率の特徴に合致している．さらに，確率の最大が 1，最小が 0 になることも守ることができる．

ロジスティック回帰分析が推定するのは確率であるため，式 (3.2) や図 3.10 では出力される値（縦軸）を P (probability) と表現している．これは，グループに属する確率を意味している．また，e はネイピア数とよばれる定数であり，約 2.7 である．e の指数部は，各説明変数 x とその係数 w で構成されている．この部分は，重回帰分析の式で現れたものと同じ形をしている．この式で表現されるグラフが，図 3.10 に示したロジスティック曲線である．

では，ロジスティック回帰分析ではどのようにして，説明変数と目的変数の関係を説明する「よいロジスティック曲線」を求めるのか．単回帰分析，重回帰分析では二乗誤差（の総和）を損失関数として直線を求めた．一方，ロジスティック曲線を求める際には，一般的に**交差エントロピー**を損失関数として用いる．なお，交差エントロピーはロジスティック回帰分析に限らず，分類問題を解く際によく用いられる．

交差エントロピーも二乗誤差と同様に，推定値と実測値が近ければ近いほど小さな

発展的な話題

3.17 「よい曲線」の求め方 ～交差エントロピー～ | **41**

数値をとり，逆に離れれば離れるほど大きな数値をとる．二乗誤差との差異は，実測
値や推定値として確率を扱うことを念頭に作られている点である．ロジスティック回
帰分析で用いる交差エントロピーの式を以下に示す．

$$E = \sum_{i=1}^{n} \{-p_i \log q_i - (1 - p_i) \log(1 - q_i)\}$$

ここで，E は交差エントロピーである．また，p_i が i 番目の学習データの実測値を示
しており，q_i がロジスティック曲線で推定された推定値となる．交差エントロピーの
一般形はもっと複雑な形をしているが，今回は二値分類であるため，シンプルな形で
表現できる．

　交差エントロピーは実測値と推定値が一致するほど 0 に近くなり，離れるにつれて
数値が大きくなる．したがって，交差エントロピーを最小にすることは，よいロジス
ティック曲線（モデル）をみつけることと同義である．

4

ニューラルネットワーク

　人間の脳をそのまま実装すれば，優れた機械学習を実現できるのではないか，という発想を形にしたのがニューラルネットワークである．人間の脳には未知の部分が多く残されているが，その基本構造はニューロン（神経細胞）の繋がりで構成されている．1943年，Warren S. McCulloch と Walter J. Pitts は，ニューロンをモデル化した形式ニューロンを発表した．誕生した新しいモデルは長い歴史の中でさまざまな改良が試みられ，近年ディープラーニングという名前で世間を賑わせている．

　ディープラーニングではさまざまな技術が盛り込まれているが，その基本部分は大きく変わってはいない．ここではディープラーニング技術のベースとなったニューラルネットワークの基本的な考え方について触れていこう．

発想

4.1 ▶ 脳を模倣する　～ニューロンと形式ニューロン～

　人の脳内でニューロンはどのように活動しているのか．実際は非常に複雑な挙動をしているが，**形式ニューロン**ではそれを非常にシンプルな形でモデル化している．

　まずは，脳内におけるニューロンの構造イメージを図 4.1 に示す．

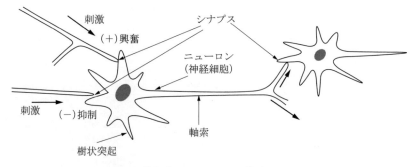

図 4.1 ▌ 脳内のニューロンの構造イメージ

4.1 脳を模倣する 〜ニューロンと形式ニューロン〜

ニューロンは細胞の一種であるが，通常の細胞とは少し異なる形状をしている．**軸索**とよばれる，周囲に情報を送るための突起をもっており，ほかのニューロンから伸びている**樹状突起**という枝のような部分と接合している．その接合部位を**シナプス**という．

ニューロンは，周囲のニューロンからシナプスを介して情報を受け取る．その情報はおもに**興奮系**と，(興奮系の効果を抑える)**抑制系**の二つに大別される．ニューロンは，受け取った情報によって一定以上の興奮状態に達すると**発火現象**を起こし，自身の軸索を介してほかのニューロンへと，自身の情報を伝達していく．

この説明だけではイメージしにくいので，具体的なイメージでおきかえて簡単に表現してみよう．まず，「ご飯を食べたい」欲求を司るニューロンがあったと仮定する．「ご飯を食べたい」と考えるうえでは，「お腹がすいているか」や「気分の良し悪し」といった要素が絡むだろう．このことは，「お腹がすいている」ことを司るニューロンや，「気分が悪い」ことを司るニューロンが，シナプスを介して「ご飯を食べたい」ことを司るニューロンと繋がっていると表現できる（図 4.2）.

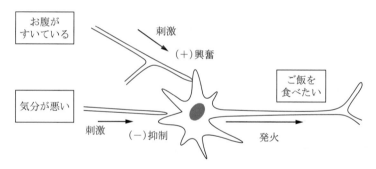

図 4.2 ■「ご飯を食べたい」ことを司るニューロンのイメージ

さてここで，「お腹がすいている」ニューロンが発火したとしよう．これはつまり，「お腹がすいている」状態になっていることを意味する．このとき，「お腹がすいている」ニューロンの軸索を介して繋がる「ご飯を食べたい」ニューロンに，興奮物質が送られると考えられる．「お腹がすいている」ことは「ご飯を食べたい」という欲求に対し，プラス（興奮系）にはたらく要素だからである．

さらに，「気分が悪い」ニューロンも発火していたとしたらどうなるか．このときは，「気分が悪い」ニューロンの軸索を介して繋がる「ご飯を食べたい」ニューロンに抑制物質が送られると考えられる．「気分が悪い」ことは「ご飯を食べたい」という欲求に対し，マイナス（抑制系）にはたらく要素だからである．

隣接するニューロンから興奮系や抑制系の情報が送られてきたとき，「ご飯を食べた

い」ニューロンは，得られた情報を総合して，「ご飯を食べたい」のかを判定する．これは，得られた興奮系，抑制系の情報を足し合わせたとき，一定以上の興奮に至るかで判定できる．

一定以上のプラス情報を受け取って興奮に至った場合，「ご飯を食べたい」ニューロンは発火現象を起こす．すなわち，「ご飯を食べたい」状態となる．この結果情報は軸索を通してほかのニューロンへと伝えられていき，後続する「食事をとるべきか」などの判定をするために使われていく．

前述のとおり，これは非常にシンプル化されたモデルであり，実際の脳内を正しく模したイメージではない．そのかわり，非常に理解しやすいモデルになっている．これを模してモデル化されたのが図4.3に示す形式ニューロンであり，次節以降で詳しく解説する．

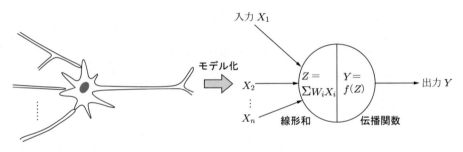

図4.3 ▌形式ニューロン

モデル

4.2 ▶ ニューロンの仕組み ～線形和と伝播関数～

では，このしくみを具体的なモデル，ニューラルネットワークへと落としこんでみよう．ニューラルネットワークで用いるニューロンは，図4.4に示すように，大別して二つの処理で構成される．入力された情報を足し合わせて現在の興奮状態を算出する**線形和**の部分と，算出された興奮状態から発火するかを決定する**伝播関数**（伝達関数）の部分である．

線形和部分は，入力された情報に重み（興奮系なのか抑制系なのか，またその分量・度合を表現する要素）を掛けて足し合わせることで，興奮状態の度合を算出する部分である．数式として算出するためには，情報を数値化して扱う必要がある．そこで，「お腹がすいている」かの情報を，「直近の食事からの経過時間」でおきかえてみよう．こうすると，「8（時間）」というように，数値で表すことができる．また，「気分が悪

4.2 ニューロンの仕組み 〜線形和と伝播関数〜

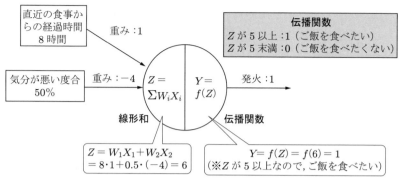

図 4.4 形式ニューロンの仕組み

い度合：50%（= 0.5）」というような形で，数値化することも可能である．もし，気分が悪いか良いかの2通りしかない場合は，気分が悪い場合を1，気分が良い場合を0とおけばよい．

これらの数値化された入力情報から，シナプスを介して興奮系か抑制系かの情報を受け取ることを考えてみよう．「お腹がすいている」=「直近の食事からの経過時間」は興奮系（数値が大きいほど，「ご飯を食べたい」に繋がる）なので，重みはプラスの値となると考えられる．本来，最適な重みは学習で定めるが，ここではイメージを理解するだけなので，適当に重みを1と設定してみよう．

また，「気分が悪い度合」は抑制系（数値が大きいほど，「ご飯を食べたくない」と判断される）なので，重みをマイナスの値で設定すればよい．ここでは −4 と設定してみよう．すると，現在の興奮状態 (Z) は，各入力に重みを掛けて足し合わせた以下の式で表せる．これが線形和部分の結果となる．

$$Z = 8 \cdot 1 + 0.5 \cdot (-4) = 6$$

次に，伝播関数は現在の興奮状態 (Z) の値を受けて，発火すべきか (Y) を判定する部分となる．もっともシンプルな判定方法は，閾値を定め，その閾値を超えるなら発火するとして1を，超えないなら発火しないとして0を出力することである．ここで，仮に閾値を5としてみよう．この場合，現在の興奮状態は6であり，閾値を超えているので，発火する（1を出力する）ことになる．

伝播関数の閾値は，対象とする問題ごとに決めなくてはならない．そうしたくない場合は，常に1が入力される「定数項」を入力情報として新たに用意し，その重みとして「閾値 ×(−1)」（このケースであれば −5）を設定すればよい（図 4.5）．新たな式は以下の形となる．

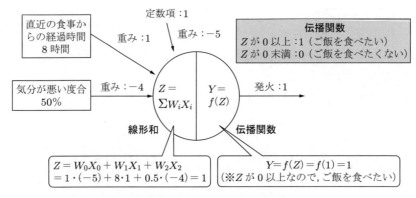

図 4.5 ▎定数項を導入し，伝播関数の閾値を 0 にした場合

$$Z = 1 \cdot (-5) + 8 \cdot 1 + 0.5 \cdot (-4) = 1$$

こうすると，常に現在の興奮状態 Z から閾値に相当する値を減らすことができるようになるため，伝播関数の閾値を 0 に固定することができる．

定数項の便利な点は，学習する際に「重みだけを調整すればよい点」である．定数項の重みによって，伝播関数の閾値もまた調整できるからである．

また，伝播関数にもさまざまな種類がある（図 4.6）．

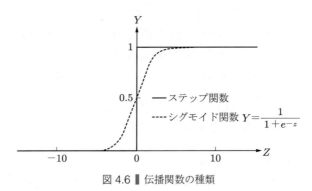

図 4.6 ▎伝播関数の種類

形式ニューロンで当初用いられていたのは，閾値を境として 0 か 1 のどちらかを出力する**ステップ関数**（ヘヴィサイドの階段関数）である．これはいわば，「ご飯を食べたい」か「ご飯を食べたくない」か（0 か 1 か）の二択で答えを出すことに相当する．

一方で，二択ではなく度合的な回答（ご飯を食べたい度合は 60%，など）をしたいことも多いだろう．そこで用いられるのがシグモイド関数である．第 3 章のロジスティック回帰分析の話で触れたように，シグモイド関数は確率や割合を出力することができる関数である．これを伝播関数に設定すると「商品を購入する確率」や「疾患が発生

する確率」などを表現できる．

伝播関数を変えることで，ニューロンはさまざまな回帰分析を表現することができる．たとえば，伝播関数を設定せず，線形和の結果 Z をそのまま Y として出力した場合（つまり，$Y = Z$ とした場合），出力 Y は以下の式で表現される．

$$Y = Z = \sum_i W_i X_i = W_0 X_0 + W_1 X_1 + W_2 X_2$$

これは，重回帰分析の式とまったく同じである．つまり，伝播関数を設定しないニューロンは重回帰分析と等しい．また，伝播関数にシグモイド関数を設定して Z から Y への変換をした場合は，以下の式で表せる．

$$Y = \frac{1}{1 + e^{-Z}} = \frac{1}{1 + e^{-(W_0 X_0 + W_1 X_1 + W_2 X_2)}}$$

これはロジスティック回帰分析とまったく同じである．よって，ニューロンは回帰分析と非常に関連性が深い．

4.3 ▶ ニューロンによる判定のイメージ

図 4.5 の例で作成したニューロンによる判定を図示化すると，図 4.7 になる．

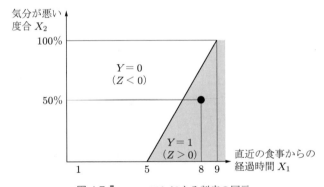

図 4.7 ┃ ニューロンによる判定の図示

図 4.7 は，横軸に直近の食事からの経過時間，縦軸に気分が悪い度合をとっている．よって，ニューロンへ入力された情報（データ）は，この図上のどこかの点として表せる．例で用いた（直近の食事からの経過時間：8 時間，気分が悪い度合：50％）であれば，図の黒丸の位置となる．

灰色の領域が先の例で $Y = 1$，つまり興奮状態 Z が閾値 0 を超えて，ご飯を食べたいという判定が行われる範囲である．黒丸はこの領域に含まれているので，ご飯を食べたいと判定される．

この図からわかるように，ニューロンは入力情報を用いて図示された空間を直線で分割し，二分された領域のどちらに属するかで判定している（伝播関数としてシグモイド関数を用いた場合も，伝播関数の出力値を滑らかにしただけなので，基本的には同じである）．

第8章で扱う決定木は（1回の分岐で）縦か横の直線でしか分割できない．これに対しニューロンは，一つでも空間を斜めに（つまり，複数の要素を総合して）分断できる．つまり，複数の入力を同時に加味して判定できる．

ただし，これだけでは判定力が十分とはいえない．非常に簡単な問題でも，うまく分類できない場合がある．その例が図4.8である．

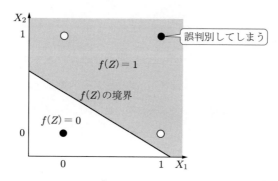

図4.8 ▍ 直線で分類できない例

これは，黒丸と白丸が二つずつしかない簡単な例である．この空間に直線を引いて，うまく黒丸だけ，白丸だけに二分割できないだろうか．これは残念ながらどうやっても無理である．図4.8のように，どれか一つは必ず違う領域に混ざってしまう．

これを解決するためにはどうすればよいのか．ニューラルネットワークでは，ニューロンを階層的に複数組み合わせることで，この問題を解決している（図4.9）．

なぜこれでうまくいくのだろうか．前述のように，一個のニューロンは1本の直線を引く．つまり，複数のニューロンを組み合わせれば，複数の直線を引くことができる．そこで，図4.9のように二つのニューロンを用意することで二つの直線を用意し，その二つを合成するニューロンを用意して層を重ねるように繋げてやることで，二つの直線を使って判定できるようになる．これによって，1本の直線だけでは解決できない問題が解決できる．

ニューラルネットワークの構成例を図4.10に示す．ニューラルネットワークでは，最後の合成を行うニューロンを**出力層**，その前の準備となる直線を引くニューロンを**隠れ層**とよぶ．この表現に合わせるため，入力情報の部分は**入力層**とよばれる．一般的なニューラルネットワークはこの三層で構成される．図4.9も，図4.10と同じ構成と

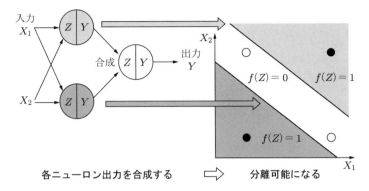

図 4.9 ▍多層構造による解決

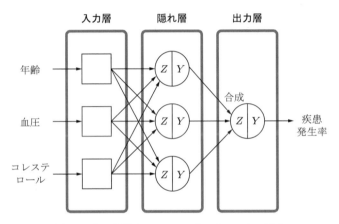

図 4.10 ▍一般的なニューラルネットワークの構成

なっているのがみてとれるだろう．

　なお，このニューラルネットワークは，年齢，血圧などの身体情報をもとに，未来における疾患発生率を予測するモデルを想定している．出力層での伝播関数としてシグモイド関数を用いれば，入力情報の複雑な組み合わせを使って，疾患発生率のような確率的な予測が可能になる．

4.4 ▶ ニューロンを学習する　〜最急降下法〜

　この節では，用意したニューラルネットワークでどうやって学習するのかについて説明していく．伝播関数は定数項の重みで調整できるので，学習で調整するべきは線形和部分で用いる重みだけとなる．重回帰分析のようなシンプルな構造なら計算式で重みを求めることもできるが，ニューラルネットワークはさまざまな構造になりうるため，単純に計算式で求めることは難しい．

50 | 4 ニューラルネットワーク

では，ここで問題をシンプルにとらえ直そう．学習によって成したいことは，入力データに対する出力の推定値が，正解と合致することであった．ニューラルネットワークは線形和（重みと入力データで作られる数式）と伝播関数の組み合わせであり，これらはすべてあわせて一つの数式として表現できる．

そこで，ニューラルネットワークに用意されているすべての重みを W，入力データを X，その正解を A とした場合，学習の目的は次の値 E を最小化する，という表現におきかえることができる．

$$E = \|A - f(W, X)\|^2 = (A - f(W, X)) \cdot (A - f(W, X)) \tag{4.1}$$

ここで，$f(W, X)$ が，重み W を設定したニューラルネットワークにデータ X を入力した際の推定値を表している．前述のとおり，$f(W, X)$ は重み W と伝播関数を用いて構成された複雑な数式となる．式 (4.1) が何を意味しているのかを詳しくみていこう．学習の目的からとらえると，推定値 $f(W, X)$ と正解 A との差 $A - f(W, X)$ が小さくなればよい．ただし，$A - f(W, X)$ はプラスにもマイナスにもなりうる点に注意が必要である．学習の目的から考えると，この値はできる限り 0 に近くなってほしい．つまり，$A - f(W, X)$ の絶対値を最小化したい．

これは，第 3 章の回帰分析で示した損失関数と同じ要望である．回帰分析の際は，2 乗することで，この要望を解決していた．ニューラルネットワークでも同じ考え方を用いているわけである．第 3 章にならい，E のことを二乗誤差とよぼう．

ではどうやって（重み W を調整して）この二乗誤差 E を最小化すればよいか．これを一足飛びに解決することは難しいため，少しずつ解決する方法をとる．つまり，最初は重み W を適当に設定し，そこから徐々に正解へと近づけていくのである．

二乗誤差 E を図示化してみよう（図 4.11）．ここでは重みが 2 種類（W_1 と W_2）で構成されているとして，二乗誤差 E を高さの軸に，重み（W_1 と W_2）を縦軸と横軸にとって表現している．

二乗誤差 E は推定値 $f(W, X)$ を含んでいるため，重み W が変わることで値が変化するが，その中にもっとも二乗誤差 E が小さい場所が存在する．いいかえれば，その位置が学習の目的地であり，そのときの W の値を求めることが今回の目的となる．

まず，初期位置として重み W を適当に設定しよう．当然ながら，目的地とは離れた位置になるだろう．ここから重み W_1 や W_2 を少しずつずらしながら（つまり，位置を移動しながら），目的地へと到達することを試みる．

まず大前提として，「目的地の位置や方向はまったくわからない」ことに注意しよう．それがわかるなら苦労はしない．わかるのは，自分のいる位置と，そのごく周辺だけに限られる．ちょうど図 4.11 の右図のような状況である．さて，この図の状況で W_1

4.4 ニューロンを学習する 〜最急降下法〜

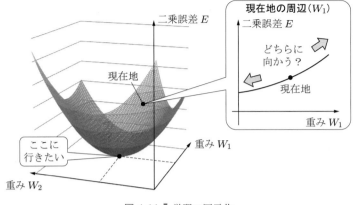

図 4.11 ┃ 学習の図示化

軸方向にプラスかマイナスのどちらかに動こうと考えた場合，どちらに動いたほうがよいだろうか．

　この図の例でいえば，マイナス方向（左方向）が正解と考えるのが妥当であろう．なぜなら，マイナス方向に坂は下っているからである．下り続けた先にもっとも深い場所，つまり目的地があると考えるのは自然であろう．このようにニューラルネットワークでは，いまいる位置の傾斜（**勾配**）を調べて，できる限り下る方向へと動きながら，目的地を目指す．これを**最急降下法**という（なお，傾斜は二乗誤差 E を（偏）微分することで求めることができる）．

　最急降下法のほかにも，傾斜に対するより深い情報（傾斜の「傾斜」）も駆使する方法（ニュートン・ラフソン法）など，さまざまなアルゴリズムが提唱されているが，基本的な考え方は最急降下法と同じである．

　なお，最急降下法を用いても，二乗誤差 E の最小値にたどり着けるとは限らない．たとえば，二乗誤差 E が図 4.12 のような形になっていた場合，初期位置によっては，もっとも小さな E（大域的最小点）にたどり着けず，最小値のようにみえてしまう場所（局所的最小点や鞍点）で留まってしまう[†]．そのため，ニューラルネットワークの学習は，さまざまな重みの設定を初期値に設定して何度も試行することで，優れた性能を達成できる可能性がある．

[†] 近年では，ある仮定の下では局所的最小点はなく，鞍点しかないという研究結果もあるが[2]，すべてのニューラルネットワークで成立するかは，まだわかっていない．

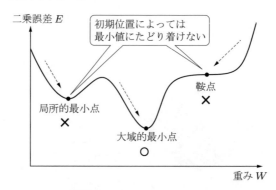

図 4.12 局所的最小点・鞍点と大域的最小点

4.5 ▶ ニューロンを用いた推定

重み W を学習できたとき，その結果を用いて推定がどのように行われるのかをみてみよう．例として，前述の図 4.8 で示したデータを学習した結果を図 4.13 に示す．なお，ここでは伝播関数としてシグモイド関数を用いており，黒丸なら 0，白丸なら 1（に近い値）を出力するように学習されている．

このニューラルネットワークを使って推定結果を算出してみよう．$X_1 = 0$, $X_2 = 0$ を入力すると，図 4.14 のようになる．この例の最終的な結果は 0.08 であり，0 に近い

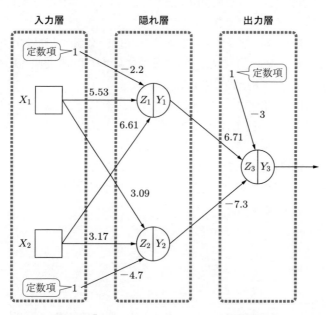

図 4.13 ニューラルネットワークの学習結果例

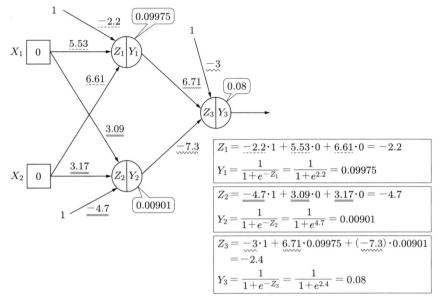

図 4.14 ▍ 入力が $X_1 = 0$, $X_2 = 0$ の場合の推定結果

小さな値となっている．$X_1 = 0$, $X_2 = 0$ の場合は黒丸 $(= 0)$ なので，正解をうまく推定できていることがわかる．

このほかの入力についても計算してみてほしい．黒丸と白丸をうまく推定できていることが確認できるだろう．

4.6 ▶ 隠れ層の役割

さてここで，先ほど計算したニューラルネットワークの隠れ層の結果に着目してみよう．4.3 節で，ニューラルネットワークでは，隠れ層のニューロン一つで直線を 1 本作り出し，出力層でそれらを合成していると述べた．それが実際に行われていることを確認してみよう．

図 4.15 では上の隠れ層の結果を並べている．図の左下（入力が $X_1 = 0$, $X_2 = 0$ の場合）だけ，上の隠れ層の出力が 0.09975 と 0 に近く，それ以外の三つは 1 に近い値になっている．つまり，上の隠れ層は左下とそれ以外を分ける形で直線を引いていることがわかる．

図 4.16 ではそれに加えて，下の隠れ層の直線を図に載せている．図の右上（$X_1 = 1$, $X_2 = 1$ の場合）だけ，出力が 0.82635 と 1 に近い値になっており，それ以外の三つは 0 に近い値になっている．よって，下の隠れ層は右上とそれ以外を分ける形で直線を引いていることがわかる．

4 ニューラルネットワーク

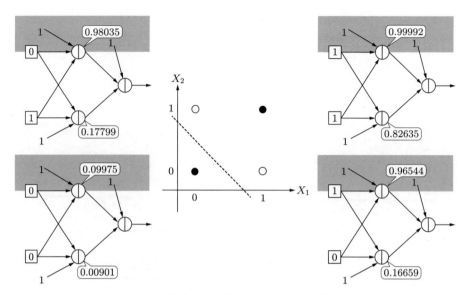

図 4.15 ▎上の隠れ層によって引かれた直線

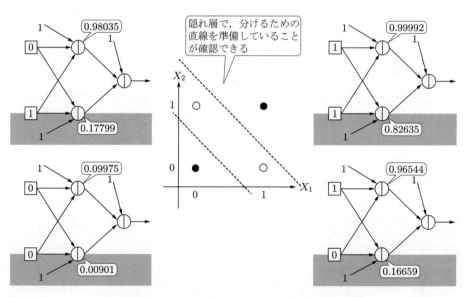

図 4.16 ▎下の隠れ層によって引かれた直線も併せた場合

よって，前述のとおり隠れ層が黒丸と白丸を分離するために必要な二つの直線を作り出していることが確認できる．ディープラーニング技術などによって複雑になった隠れ層はもっと理解しにくい形になることも多いが，区分するための直線を大量に用意しているのだと理解しておくと解釈しやすいだろう．

余談だが，推定は，隠れ層の出力を算出した後，次にその値を使って出力層の出力を算出する，というように段階的に計算している．実は学習においても，出力層について計算した結果を使って，次に隠れ層についての計算を行う，というように段階的に計算できる．これは推定値と正解との誤差が，あたかも（推定時とは）逆方向に伝播していくようにみえることから，**誤差逆伝播法（バックプロパゲーション）**とよばれる．

4.7 ▶ ニューラルネットワークの特徴

ここでは，ニューラルネットワークにはどんな長所や短所があり，どんな用途が有効か，どんな点に注意するべきかを述べる．

ニューラルネットワークの長所は，隠れ層を用意することによって複雑な形状に空間を切り分けられる点である．隠れ層が一つしかない場合は，直線をひとつしか用意できないため，普通の回帰分析と大差なくなってしまう．隠れ層に含まれるニューロンの数を増やすことで，さまざまな入力情報を組み合わせた複雑な推定が可能になる．

一方で，隠れ層の数が多すぎると，イメージとしては図4.17(a)のような複雑な形状を作り出しやすくなり，今度は第2章で述べた過学習の危険が増す．つまり，未知のデータに対してうまく推定できなくなってしまう．オッカムの剃刀の考え方に基づき，隠れ層の数を適正に設定することで，図(b)のようによりシンプルな形状を作ることが，実用上では重要となる．

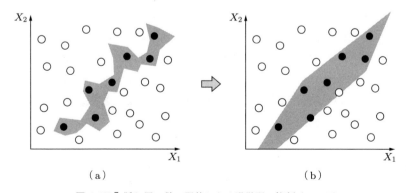

図4.17 ▌隠れ層の数の調整による過学習の抑制イメージ

また，隠れ層の数を減らす以外に，不必要な重みを0にして使わないようにする方法もある．もちろん，意味もなく繋がりを消すことは好ましくない．できる限り合理的な考え方や仮説に沿って，重みを減らすことが好ましい．たとえば，データの入力の段階で，推定にまったく必要ないと思われる項目をあらかじめ削ると，合理的に重みの数を減らせる．また，重みの絶対値をいたずらに大きくしすぎないように制約を設ける方法も有効である．これにより有効性の低い重みは0に近くなり，過学習の抑制が期待できる．これを**荷重減衰**という．

上記以外の長所としては，回帰，二値分類，多値分類などさまざまなタイプの推定が可能な点があげられる．既に述べたとおり，出力層の伝播関数を設定しなければ重回帰分析になり，シグモイド関数を使えばロジスティック回帰分析になる．出力層の構成や伝播関数を変えれば，回帰分析や後述するSVMなどでは対応が容易ではない多値分類などにも容易に対応できる．

過学習以外の短所としては，モデルの内容が理解しにくい点があげられる．決定木などに比べはるかに判定方法が複雑なため，判定の結果が人間の感覚として合致しているかを確認することが難しい．したがって，性能を出しにくい難しい課題に対して，判定基準がわからなくてもよいからとにかく性能を重視したい場合に使うことをお勧めする．

学習するうえで気をつけるべき点としては，あらかじめ入力データを適切に調整しておくことである．まず，入力は数値として用意する必要がある．次に，値の大きさを調整する必要がある．たとえば，年収と年齢の入力を用いた以下のような線形和があったとしよう．

$$Z = W_1 \times 年収（3,000,000円）+ W_2 \times 年齢（35歳）$$

このように，年収のような大きな値と年齢のような小さな値を一緒に入れてしまうと，線形和の結果 Z に対する年収の影響が大きくなりすぎてしまう．学習が進めば重み W_1 が W_2 よりもはるかに小さな値へと調整されると考えられるが，そこに進むまでに大幅な時間がかかってしまう．そこで，あらかじめ年収の値を変換し，値が大きくなりすぎないように調整しておくことが重要である．これは第3章の回帰分析と同様の注意点であり，回帰分析と同様に標準化などの対応がよく使われる．

実　装

4.8 ▶ R でのニューラルネットワーク (nnet) の実行例

ここでは第3章と同様に，Rのサンプルデータである iris データを利用して，花弁

実 装

4.8 Rでのニューラルネットワーク (nnet) の実行例 **57**

(Petal) やがく片 (Sepal) の幅 (Width)・長さ (Length) からあやめの種類 (Species)
を推定する例を扱う.

まず，ニューラルネットワークのライブラリである nnet を用意する．nnet は以下
のコマンドで使用できるようになる.

```
install.packages("nnet")
library(nnet)
```

使用する際には library で指定しておく．なお，1行目はインストール用であるた
め，2回目以降は実行しなくてよい.

まず，データの事前準備として，iris データを学習データと検証データに分割して
おく．iris データは 150 件のデータであるため，そのうち 20%のデータを検証デー
タとし，残りを学習データに使うこととする．これは，5 の倍数の行のデータを検証
データに割り振ることで実現できる.

```
n <- 1:30*5
test <- iris[n,]
train <- iris[-n,]
```

まず 1 行目で，n に 1 から 150 までのうち，5 の倍数の番号列を作成している．そ
して，該当する番号列のデータを test（検証データ），n に該当しない番号列のデー
タを train（学習データ）として振り分けている.

データが準備できたので，学習を行う．学習に用いる関数は nnet であり，記述方
法は回帰分析の場合とほぼ同じである.

```
nn <- nnet(Species~., data=train, size=8)
```

回帰分析の場合と異なるのは，size というパラメータがある点である．これは，隠
れ層の数を指定するパラメータであり，ここでは 8 個の隠れ層を指定している．上記
のコマンドを実行すると，以下のような結果が出力される.

```
# weights:  67
initial  value 172.323096
iter  10 value 29.190222
iter  20 value 7.463147
iter  30 value 4.987719
```

58 4 ニューラルネットワーク

```
iter  40 value 4.550271
iter  50 value 2.647641
iter  60 value 1.335401
iter  70 value 0.230343
iter  80 value 0.015084
iter  90 value 0.003160
iter 100 value 0.001909
final   value 0.001909
stopped after 100 iterations
```

　最初の「# weights:　67」が，今回のニューラルネットワークで用いられた重みの総
数を示している．それ以下の行が，学習の過程を示している．「initial　value 172.
323096」は，最初に (initial) 適当に設定した重みを用いて計算した二乗誤差 E に
相当する値である（誤差の評価方法は問題設定によっても変わるため，二乗誤差で計
算されているとは限らない点に注意）．

　以下の行では，iter が 10 進むごとに誤差 E の値がどう変わっていくのかが示され
ている．iter とは，最急降下法などによって重みを更新したサイクル数を意味してお
り，iter が増えるほど重みの更新が進んだことを示している．経過をみるとわかるよ
うに，誤差 E を表す value の値が学習の経過によって小さくなっていくことがわか
る[†]．

　最後の行で，100 回の iter で学習を止めた旨が出力されている．これは，nnet が
デフォルトでは 100 回までしか学習サイクルを実行しないためである．最大の実行回
数を変更したい場合は，maxit というパラメータを用いる．

```
nn <- nnet(Species~., data=train, size=8, maxit=1000)
```

すると，以下のような出力が得られる．

```
# weights:  67
initial  value 239.289097
iter  10 value 32.747356
iter  20 value 7.265310
 （中略）
iter 180 value 0.000125
iter 190 value 0.000118
iter 200 value 0.000101
```

[†]　なお，nnet では最急降下法ではなく，傾斜の傾斜（二階微分）も活用した BFGS という手法を用いている．

実 装

4.8 R でのニューラルネットワーク (nnet) の実行例 | **59**

```
final   value 0.000100
converged
```

今回は最終行で収束 (converged) と表示されている．その前の数行をみると，
iter 190 では 0.000118，iter 200 では 0.000101 であり，ほとんど誤差 E が変
わらなくなっている．これにより学習が収束（ほぼ目的地へとたどり着いた）と判断
され，学習が打ち切られたのである．

なお，出力結果は実行するたびに異なる．これも，学習開始時に重みを適当に設定
していることに由来している．実際，上記の例でも maxit を設定したケースとしてい
ないケースとで initial value の値が異なっていることがわかる．

また，収束時の誤差 E も実行ごとに変化する．これは最急降下法の説明で述べたよ
うに，学習の開始位置によってたどり着く場所が変わりうることに起因する（この理由
以外にも，誤差 E があまり変化せず「収束」したと誤判定して学習を止めてしまうこ
ともありうる）．つまり，何度か実行することで性能が変わる可能性が十分あるので，
（回帰分析や決定木とは違い）性能向上のためにはさまざまな試行が求められる．

学習したモデルを使って実行フェーズを実施し，推定結果を得たい場合は，回帰分
析などと同様に predict を用いる．ここでは，事前に用意した検証データ (test) に
対して，推定結果を取得している．

```
result <- predict(nn,test)
```

これにより，以下のようなデータが得られる．

```
        setosa    versicolor      virginica
5   1.000000e+00 1.264637e-20  5.111038e-49
10  1.000000e+00 4.256628e-20  3.771569e-50
15  1.000000e+00 1.264534e-20  5.110927e-49
 （以下略）
```

これはあやめの種類 (Species) である setosa，versicolor，virginica の種類
推定結果であり，それぞれの種類である確率が格納されている．データ 5, 10, 15 は，
setosa である確率がほぼ 1 (1.000000e+00)，つまりほぼ 100％であることを意味し
ており，versicolor や virginica である可能性はほぼ 0（後ろに付与されている
e-16 や e-100 は，これが非常に小さな値であることを意味している．）となっている．

それぞれの入力に対し，もっとも確率の高い種別を取り出したい場合は，

60 | 4 ニューラルネットワーク

type="class"を指定すればよい.

```
result <- predict(nn,test,type="class")
```

これにより，以下のような形式で得られる.

```
[1] "setosa"     "setosa"     "setosa"     "setosa"     "setosa"
[6] "setosa"     "setosa"     "setosa"     "setosa"     "setosa"
(以下略)
```

これは，1 行目に 1～5 番目の，2 行目に 6～10 番目のデータに対する推定結果を表示している．あやめのデータは，先頭のほうはすべて setosa と推定されていることがわかる．では，どのくらい正解しているのかを

```
table(result,test$Species)
```

と入力して確認してみよう．得られる出力は以下のとおりである.

```
result       setosa   versicolor   virginica
  setosa       10         0           0
  versicolor    0        10           2
  virginica     0         0           8
```

これは，表側を推定結果，表頭を正解とおいたクロス表である．推定結果 (result) が 2 件だけ virginica を versicolor と推定してしまっているが，それ以外は正解していることがわかる．ニューラルネットワークがモデルとして高い表現力をもっていることがわかるだろう．簡単な比較として決定木 (C50) で同じ推定をした結果も確認しておこう（スクリプトの詳細は第 8 章参照）．そのためには以下を入力すればよい.

```
library("C50")
tr <- C5.0(x=train[,-5], y=train$Species)
result <- predict(tr,test)
table(result,test$Species)
```

得られる出力は以下のとおりであり，ニューラルネットワークのほうが優れていることがわかる.

実　装
4.8　R でのニューラルネットワーク (nnet) の実行例 | **61**

result	setosa	versicolor	virginica
setosa	8	0	0
versicolor	2	10	3
virginica	0	0	7

5

ディープラーニング

　近年の人工知能ブームの立役者といえるのがディープラーニングであろう．ディープラーニングとは，単純にいってしまえば3層が基本形であったニューラルネットワークの層をさらに増やす（深くする）ことで，より表現力の高いモデルを構築できるようにしたものである．3層のニューラルネットワークでも十分な推定が可能だったが，さらに深くすることで性能が上がるケースがあることは知られていた．しかし，隠れ層の増加は，過学習を引き起こしやすくなる．さらに，勾配消失問題という課題も合わさり，うまく学習することすらできないことが多かった．長い歴史の中で，過学習や勾配消失問題を回避する工夫が研究者達によって提案されてきた結果，その集合体がディープラーニングとよばれているのである．

　よって，「これ」という技術の特徴があるのではなく，さまざまなテクニックの羅列で表現されるものといえる．ここでは，主要なテクニックに絞って触れていくことにするが，まずは，そもそもなぜ深い学習がうまくいかなかったのかから説明していこう．

発　想

5.1 ▶ 乗り越えたいニューラルネットワークの欠点　〜過学習と勾配消失問題〜

　層を深くした学習における課題は，過学習と**勾配消失問題**の二つに大別される．

　過学習は，ニューラルネットワークの第4章で述べたとおりである．層が深くなるということは，直線を組み合わせた図形をさらに組み合わせることになるため，判断の複雑さは飛躍的に上がってしまい，過学習が発生しやすい．もちろん，これによってより複雑な問題でも推定できる可能性は広がるのだが，うまく学習できないのでは絵に描いた餅である．そのため，大量に増えた重みの中で，不要な重みをいかに合理的に減らすかが課題となる．

　もう一つの課題である勾配消失問題とは何か．これは一言でいうと，層が深くなることで，出力層と入力層が離れすぎてしまい，入力層付近の学習がうまくできなくなってしまうことである．

学習は，出力層の出力結果と正解との誤差を頼りに行っていた．図5.1のように，出力層付近では，重みを少し変えれば出力結果を大きく変化させられるだろう．しかし，多くのニューロンを介して繋がっている入力層付近では，少し変えたくらいでは出力が変わらなくなりやすい．つまり，傾斜（勾配）がほとんど消失してしまっていて，どちらに進んだら学習できるのかがわからなくなってしまうのである．結果，大量の隠れ層をもったニューラルネットワークをいっぺんに学習しようとする場合，入力層付近がほとんど学習できず，深くした意味がなくなってしまうのである．

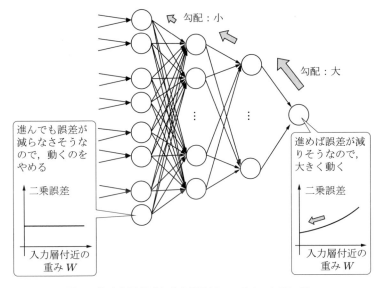

図5.1 ▌ 出力層付近と入力層付近での重みの勾配の違い

―― モデル ――

5.2 ▶ 学習を小分けにするテクニック　～AutoEncoder～

　勾配消失問題を解決できなければ，深い層での学習自体が成立しない．これを回避するための一案として考え出されたのが，「入力層に近いニューロンは，別の方法で個別に学習させる」という方法である．はるか遠い出力層から誤差を伝播させるのではなく，別の誤差情報を使って個別に学習すればよいという発想である．

　では，どんな誤差を使って学習すればよいのか．出力層には出力すべき「正解」があるが，隠れ層にはない．何らかの「正解」がなければ，「正解」と出力値のずれを意味する「誤差」は定められない．すなわち，これは「隠れ層の出力は何を正解とするか」という問いにいいかえられる．

そこで，隠れ層の出力は「入力」を正解としよう．つまり，各隠れ層は，入力情報を使って，入力情報を出力できるように学習しようという考えに基づき学習するとしたのが，ディープラーニングの黎明期を支えた技術である **AutoEncoder** である．

これだけでは何をいっているのかわからないので，学習の様子を順を追って説明しよう．図 5.2 (a) が最終的に学習したいニューラルネットワークである．しかし，入力層に近い隠れ層（たとえば，色塗りされた層）は，勾配消失問題によりうまく学習できない．そこで，まずこの色塗りされた隠れ層だけを学習する．そのために，入力層と当該隠れ層だけを取り出し，図 (b) のような隠れ層学習用の新たなニューラルネットワークを作成する．

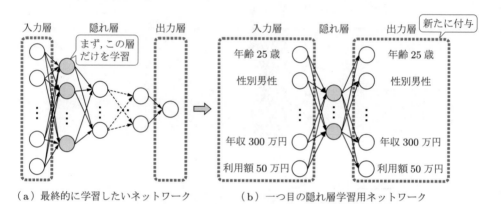

(a) 最終的に学習したいネットワーク　　(b) 一つ目の隠れ層学習用ネットワーク

図 5.2 ▍AutoEncoder による隠れ層の学習

このとき，この隠れ層学習用のニューラルネットワークの出力層を新たに付与し，その数を入力層の数と同じに設定する（第 4 章で述べたように，実際のところ入力層はただのデータであり，ニューロンは使われていない．一方で，ここで用意する出力層はニューロンを入力のデータ項目数の分，用意している点に注意しよう）．このニューラルネットワークを最急降下法などで学習するのだが，そのときの「正解」として，入力層として与えた情報をそのまま用いるのである．

ここまでの話を聞いたときに，この学習にどんな価値があるのか不思議に思う人も多いであろう．もちろん，入力をそのまま出力するのなら，何も難しいことはない．だが，ここで一つ制約をかけている．隠れ層の数は，入力層の数よりも少なく設定するのだ（別の制約をかけるケースもあるが，考え方自体は同じなので，隠れ層の数を少なくする制約の例で話を進める）．

これは例えていうなら，図 5.3 のように，ある大きさのデータを，それよりも狭いトンネルを通過させた後で，元の形に復元することに相当する．すると，元の大きさ

5.2 学習を小分けにするテクニック ～AutoEncoder～

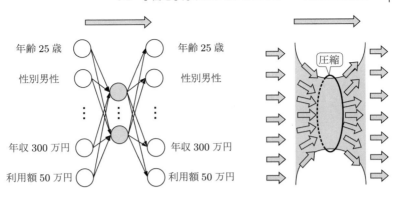

図 5.3 ▎AutoEncoder による圧縮のイメージ

のままでは絶対に通れないので，いくらかの情報損失は覚悟しなければならない．一方で，出力層ではできる限り元のデータへと復元しなければならないため，細かな情報の差異は犠牲にしつつ，要点を絞って圧縮する必要がある．

上記の例でいえば，一般的にみて年収が増えるほど利用額は増える，という関係性に着目すると，どちらかの値がわかればもう一方も（ざっくりではあるが）推し量ることができる．よって，年収の値だけで，利用額の大まかな傾向をとらえるには事足りるので，二つあった情報を一つに減らすことができる．このようにして，AutoEncoderでは「データの主要な特徴の傾向をまとめる」という学習を実現している．

こうして一つ目の隠れ層の学習が終了したら，次は（入力層からみて）二つ目の隠れ層を同様の方法で学習する．このとき，入力層や正解には，一つ目の隠れ層での出力結果を用いるのである．これにより，先の学習で圧縮された情報を，さらに圧縮することができる．これを繰り返していけば，膨大なデータから重要な特徴に絞って取り出すことができるようになる．この学習のことを事前学習（プレトレーニング）ともいう．

上記の方法で隠れ層の学習がすべて終了したら，最後に図 5.2 (a) に示した「最終的に学習したいネットワーク」に，学習した各隠れ層を当てはめ，本来の学習データと正解を使って通常の学習を行う．この学習をファインチューニングという．

AutoEncoder は，画像のように入力情報のデータが膨大で，その主要な特徴を要約するのが容易ではないケースで効果的と考えられる．たとえば，画像に対して AutoEncoder を使うと，各隠れ層で，直線や円などの主要な形状特徴が検出できるニューロンの誕生が期待できる．そのイメージを図 5.4 に示す．

Google が，AutoEncoder を使って YouTube からランダムに取り出した画像を事前学習にかけて，作られたニューロンを観察したところ，猫にだけ反応するニューロ

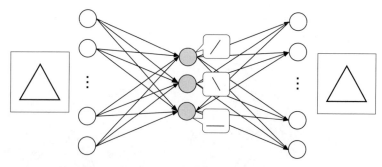

図 5.4 ▍図形の画像を AutoEncoder が圧縮するイメージ

ンが作られていることを確認したことは有名な話である[3]．もともと，人間の脳内にはおばあさんをみたときだけ反応する細胞があるという「おばあさん細胞仮説」が提唱されていた．Googleの研究は，その仮説が成立しうることを機械学習で実証してみせたのである（図 5.5）．

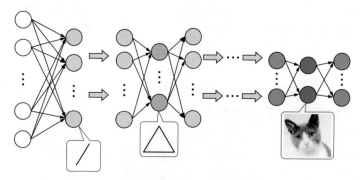

（a）AutoEncoder による事前学習

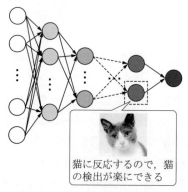

（b）最終的なネットワークでのファインチューニング

図 5.5 ▍事前学習とファインチューニングのイメージ

なお，AutoEncoder による事前学習は，情報を圧縮することでデータの主要な特徴を取り出すように学習しているため，最終的な目的に合致した学習ができるとは限らない点に注意が必要である．先の例では，年収と利用額はどちらか一方だけで事足りるという圧縮をしたが，もし最終的な目的が「未来における，年収に対する利用額の比率を推定する」であった場合，過去時点での年収に対する利用額の比率が，重要な特徴となりうるだろう．この場合，年収か利用額のどちらかだけを隠れ層で取り出していては，うまく推定することはできない．

AutoEncoder の強みは，事前学習において，正解データを必要としない点である．つまり，「教師なし学習」により，データの主要な特徴を自動的に取り出せるのである．人が試行錯誤することなく，画像から「猫」，「人間」といった（YouTube 上で）頻出する被写体の特徴を取り出せることで，結果的にその後の（猫を識別する，といった）「教師あり学習」にも活用できる可能性をもっているのである．

5.3 ▶ 勾配消失問題に強い伝播関数　〜ReLU〜

前述のとおり，AutoEncoder は勾配消失問題の解決方法とはなるが，教師あり学習に最適とはいいがたい．教師あり学習で活用するためには，通常の学習で勾配消失問題が起きないようにしたい．

その方法を考えるために，まずは通常の学習方法である最急降下法について振り返っておこう．最急降下法は誤差 E の傾き（勾配・傾斜）を使って学習する方法であった．図 5.6 のニューラルネットワークを例にとって考えてみよう．Z は各ニューロンの線形和，Y は各ニューロンの出力，A は正解を意味する（この表記については第 4 章の図 4.5 も参照してほしい）．Y_4 は最終出力であり，これが正解 A と合うように調整が行われる．

このとき，二乗誤差を用いた重み W_1 の更新に用いる傾きは，次の式で表せる（この式自体の導出には（偏）微分の計算が必要なため割愛する）．なお，ここでの伝播関数はすべて同じ F とし，線形和 Z が入力されたときの伝播関数の傾きを $F'(Z)$ と表現している．

$$W_1 での傾き = 2 \cdot (A - Y_4) \cdot F'(Z_4) \cdot W_3 \cdot F'(Z_3) \cdot W_2 \cdot F'(Z_2) \cdot Y_1$$
$$= 2 \cdot (A - Y_4) \cdot Y_1 \cdot \underline{W_3 \cdot W_2} \cdot \underline{F'(Z_4) \cdot F'(Z_3) \cdot F'(Z_2)} \quad (5.1)$$

- $A - Y_4$：正解 A とモデルの出力 Y_4 との差
- Y_1：傾きを求めたい W_1 の重みが掛け合わされる対象
- $\underline{W_3 \cdot W_2}$：$W_1$ からモデル出力 Y_4 までの経路上の重みの掛け算

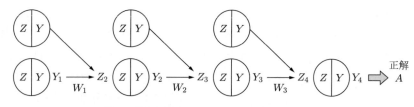

図 5.6 深層化されたニューラルネットワーク

- $F'(Z_4) \cdot F'(Z_3) \cdot F'(Z_2)$：$W_1$ からモデル出力 Y_4 までの経路上の伝播関数の傾き F' の掛け算

この式の中には正解とモデルの出力との差 $A - Y_4$ が含まれている．モデルの出力が正解に近づけば，この値が小さくなるので，W_1 での傾きが 0 になり，学習が終了するわけである．

逆に，学習の途中では，W_1 での傾きが大きく出やすいほど，目的地への方向がみつけやすくなる．さてここで，式の下線部分に注目してもらいたい．一つ目の下線は，最終出力 Y_4 から W_1 の矢印までに至る経路上の重み W の掛け算であり，二つ目の下線は，当該経路上の伝播関数の傾きの掛け算となっている．

ここでとくに重要となるのが二つ目の下線部分である．伝播関数に用いたシグモイド関数の形を図 5.7 に再掲した．シグモイド関数は入力値が 0 のときにもっとも傾きが急となり，0 から離れるほど傾きがなだらかになっている．数値でいうと，シグモイド関数は入力値が 0 のときに傾きが 0.25（つまり，横軸に 1 進むと，縦軸は 0.25 増加する）なので，傾きは入力値 Z に応じて 0 から 0.25 までの値をとる．

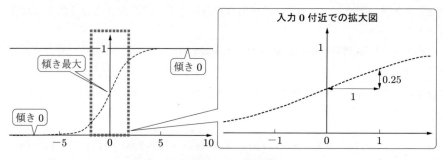

図 5.7 シグモイド関数

そこで，仮にシグモイド関数の傾きがすべて 0.25（とりうる最大の値）であったとしよう．最終出力までの間にあるニューロンが 1 個だけであれば，式の二つ目の下線部分は 0.25 となる．ではもし 5 個あったとしたらどうなるか．すると，$0.25 \cdot 0.25 \cdot 0.25 \cdot 0.25 \cdot 0.25 = 0.000977$ と大幅に小さくなってしまう．層が深く

なればなるほど，この値は小さくなる．よって，この値に掛け算して作られる，（更新したい重みである）W_1 での傾きも小さくなってしまい，値が 0 に近くなってしまう．これが勾配消失である．

　式の一つ目の下線で示されている重み W の掛け算が大きくなれば消失は避けられるだろうが，W が大きくなるように最急降下法で調整するには多くの時間を要するうえ，荷重減衰の考え方にも反する．不要な重みは小さいほど過学習が起こりにくいのだから，重みが大きくなってしまっては学習できても使い物にならなくなる．では伝播関数の傾きを大きくすればよいのではないかと思うかもしれないが，逆に今度は，層が深くなると傾きが膨大に増えてしまう問題が起こりうる（勾配発散）．

　伝播関数の傾きは 1 がよい．1 ならいくら掛けても 1 のままなので，層の深さによらず一律に扱えるため，調整がしやすい．この考えを活用しているのが ReLU である．

　ReLU とシグモイド関数のグラフを図 5.8 に示す．シグモイド関数は前述のとおり，傾きの最大は 0.25 と小さいが，ReLU は入力が 0 より大きい場合，傾きは常に 1 となっている．もう一つ重要なのは，入力が 0 より小さい場合，出力が 0 になるだけでなく，傾きも 0（平坦）となっている点である．伝播関数の傾きが 0 になるということは，これを最終出力までの経路上に含む重みの傾きも 0 になるということである（二つ目の下線の部分が 0 になってしまうため）．つまり，重みは更新されなくなる．これはつまり，そもそも伝播関数の出力自体が 0 に近づく（つまりは活用されない）方向へ学習されてきた経路であれば，学習対象から外してしまおうという考え方である．あまり活用されない重みの更新を止めることで，学習も効率化できる．ReLU を用いることにより，AutoEncoder などの事前学習を用いず，直接的に教師あり学習を実行できるようになったのである．

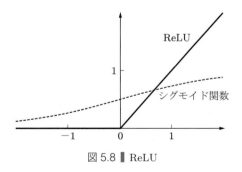

図 5.8 ■ ReLU

5.4 ▶ 過学習を抑制するテクニック　〜Dropout〜

　ニューロンは，一つひとつがロジスティック回帰分析と同等であり，直線を引いて分類していることを第 4 章で述べた．しかし，ディープラーニングによって隠れ層を

70 5 ディープラーニング

大量に増やしても，ニューロンそれぞれが別の直線を引くように学習されなければ，隠れ層を増やした意味がなくなってしまう．co-adaptation とよばれるこの問題を回避すべく考案されたのが，**Dropout** である．

Dropout とは，学習時に隠れ層のニューロンを一定確率で脱落 (dropout) させておく方法である．学習による重み更新のたびに脱落するニューロンは変わるため，同じ直線を学習してしまうニューロンが減らせるだろう，という発想である．最終的な推定を行う際には，すべてのニューロンを活用する．

Dropout は，各ニューロンを脱落させる確率 q をあらかじめ設定しておく必要がある．一般的な設定としては $q = 50\%$を用いることが多い．

Dropout はディープラーニングで有効な手法であることは示されていたが，その理論的な解釈は十分ではなかった．しかし近年の研究で，Dropout は近似的にアンサンブル学習の効果が生まれて過学習を抑制できることに加え，最急降下法を用いて学習を行うことで荷重減衰の効果も併せもつことがわかっている[4]．また，荷重減衰の効果は $q = 50\%$のときにもっとも強くなることも明らかになっている．過学習しやすいディープラーニングにおいては，荷重減衰を強めに掛けたほうがうまくいく可能性が高いため，Dropout での q の初期設定は 50%が望ましいと考えられる．

5.5 ▶ 最急降下法の改良 〜確率的勾配降下法など〜

通常の最急降下法は，重みを 1 回更新する際に，すべての学習データを用いて勾配を計算している．このため，データが多いと処理に時間がかかってしまう．全学習データを使って正確な勾配が計算できても，時間がかかってしまうのではありがたみが薄い．それよりも，多少精度が悪くても高速に学習を進められるほうが，メリットは大きい．

この考え方で最急降下法を改良したのが，**確率的勾配降下法** (SGD) である．これは，1 回の重み更新に使うデータを，学習データ全体ではなく，そこからランダムに抽出した一部に限定する方法である．よって，重みを更新するたびに，使われるデータセットが変わることになる．そのため，学習の安定性は犠牲になる可能性があるが，より早く学習サイクルを進めることができ，効率よく学習を進めることができる．なお，一定の条件下であれば，正しく学習できることも示されている．

確率的勾配降下法はディープラーニングで用いられるスタンダードな手法だが，問題点もある．図 5.9 の例で説明しよう．これは二乗誤差のグラフ（図 4.11）を上からみた図であり，図 (a) は円形のすり鉢型の構造を，図 (b) はそれを左右から潰して楕円形にした構造となっている．円の中心にいくほど二乗誤差が小さくなっている（奥行きが深くなっている）という関係性になっている．この状況下で，上下左右に移動

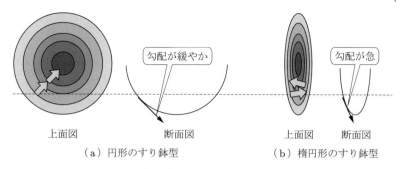

図 5.9 確率的勾配降下法の問題点

して重み W を調整しながら，二乗誤差を最小化する問題を考えよう．

ここで，図 5.9 (a) のケースであれば，上面図の矢印で示すような経路で，うまく中心に向かって学習が進むものとしよう．このとき，図 (b) の場合では，上面図での矢印で示したように，中心へと直接向かわず左右にジグザグに進んでしまうのである．これは，確率的勾配降下法，ひいては最急降下法が，より大きな傾きを重視して学習が進むことに起因している．

それぞれの断面図をみてほしい．図 5.9 (a) と図 (b) を比べたとき，図 (b) のほうが左右から潰されたことで，（上下方向の勾配が変化していないのに）左右方向の傾き（勾配）が急になっている．よって，図 (a) に比べて左右方向への移動が優先される（二乗誤差をより多く減らすことができると誤解してしまう）ことになるため，左右にジグザグ動きやすくなり，学習に時間がかかってしまうのである．

これを改善する方法としては，これまでの学習履歴を参照し，既によく移動している方向（先の例でいえば左右方向）に移動するのを控え，あまり移動したことのない方向への移動を優先することがあげられる．この考え方に基づいて，Adagrad, AdaDelta, RMSProp などの手法が提案されている．

5.6 ▶ 隠れ層での勾配消失を抑制する ～Batch Normalization～

第 4 章で，入力データの各項目の大きさは事前に揃えておくことが重要であると述べた．これは，隠れ層の入力でも同じことがいえる．これは，5.3 節で示した W_1 での傾きの式 (5.1) からもわかる．

$$W_1 \text{での傾き} = 2 \cdot (A - Y_4) \cdot Y_1 \cdot \underline{W_3 \cdot W_2} \cdot \underline{F'(Z_4) \cdot F'(Z_3) \cdot F'(Z_2)}$$

(5.1 再掲)

ここで重要なのは，（W_1 に対応する）出力値 Y_1 が含まれている点である．つまり，

出力項目 Y_1 の大きさによって W_1 での傾きの大きさが変わってしまうことになる．よって，各隠れ層の出力が大きく異なると，各重みの傾きが均一になりにくくなり，勾配消失問題や勾配発散問題へと繋がりやすい．この問題は，数式からもわかるように ReLU ではカバーしきれないと考えられる（ReLU が安定化させたのは，二つ目の下線部分であったことを思い出そう）．

　この問題を解決するためには隠れ層の各出力値を揃えることが必要になるが，隠れ層の出力はその前の層の結果によって変わるため，容易ではない．とくに，ディープラーニングでは確率的勾配降下法を用いることが多いため，隠れ層の出力値は，学習データからランダムに抽出したときの偏り方によっても変わってしまう．

　Batch Normalization は，簡単に表現すると，「隠れ層の出力をうまく揃える方法が事前に決定できないのであれば，その方法も同時に学習してしまおう」という方法である．これにより，勾配消失や勾配発散を避けられるため，学習を安定的に実施できるようになる．ディープラーニングでは，学習の速度（重みの修正量の大きさ）を学習率というパラメータで設定しているが，Batch Normalization を使えば，この学習率を大きく（速度を速く）設定してもうまく学習できるようになる．

　Batch Normalization は 2015 年に発表された手法であり，まだ日も浅いことから理論的な解明はあまり進んでいない[5]．しかし，学習の高速化はもとより，高性能化にも効果がみられるため，ディープラーニングの主要技術となっている．

5.7 ▶ ディープラーニングの特徴

　ディープラーニングは，単純に表現してしまえばニューラルネットワークをより多層化したものである．よって，その特徴は基本的にニューラルネットワークと同じである．

　ただし，多層化によりモデルが複雑化することで過学習は起きやすくなるため，先に述べたさまざまな手法を組み込んだり，多くの学習データを準備したりすることが重要となる．学習における問題点を改良する方法は日夜研究されており，さまざまな新しい手法が誕生している．数年前の知識はすでに古い考え方になっていることも少なくない．本書で最先端の話に触れることはできなかったが，本書で培った知見をもとにさまざまな手法を使いこなせるようになることを願っている．

実 装
5.8 R でのディープラーニング (mxnet) の実行例

5.8 ▶ R でのディープラーニング (mxnet) の実行例

ここでは，後述の kernlab ライブラリに含まれている電子メールのデータである spam を利用する．このデータには，各電子メールに対して，単語の出現頻度などの特徴を表す 57 項目と，スパムメールかそうでないかという情報が収められている．このデータを使って，あるメールがスパムデータか判定する例を扱う．

ディープラーニングを扱えるツールとしては Tensorflow や Chainer が有名であるが，本書ではより簡単にディープラーニングを試すことができる mxnet の使用例について触れる．mxnet は標準でインストールされていないので，はじめて使う場合はインストールしておく必要がある．インストール方法は公式サイトに記載されている (http://mxnet.io/).

2019 年 6 月時点では，R の最新版（3.6 系）に対応できていないため，旧版 (3.5.3) を用いる必要がある†．2019 年 6 月時点では以下のコマンドでインストールできる．

```
cran <- getOption("repos")
cran["dmlc"] <- "https://apache-mxnet.s3-accelerate.dualstack.amazonaws.
com/R/CRAN/"
options(repos = cran)
install.packages("mxnet")
```

実際に使用する際には library で mxnet を指定すればよい．

```
library(mxnet)
```

ここでは，前述のとおり，データとして kernlab ライブラリに含まれている spam を用いることにする．57 項目の特徴（57 変数）を使って，そのメールがスパムメールかどうかを判定しよう．spam データを使えるようにするには以下のコマンドを実行する．

```
install.packages("kernlab")
library(kernlab)
data(spam)
```

なお，最初の 1 行目はインストールであるため，1 回実行すれば以降は実行しなく

---

† R の過去バージョンは https://cran.r-project.org/bin/windows/base/old/ などで入手できる．

74 5 ディープラーニング

てよい.

ここではデータを学習用 (train) と検証用 (test) の 2 種類に分けて用いることにする. spam は 4601 件のデータなので,偶数番目のデータを学習用に,残りを検証用に振り分ける.

```
spamx <- data.matrix(spam)
train <- spamx[1:2300*2,]
test <- spamx[-(1:2300)*2,]
train.x <- train[,-58]
train.y <- train[,58]-1
test.x <- test[,-58]
test.y <- test[,58]-1
```

mxnet では入力データを行列形式にする必要がある. そのため,最初に data.matrix 関数で変換している. その変換の際にスパムであるかを示す 58 番目の変数が,スパムなら 2,スパムでないなら 1 となっているため,1 を引くことでスパムなら 1,スパムでないなら 0,という,よく使われる形式へと変換している. 最終的に,学習用の説明変数 (train.x) と目的変数 (train.y),検証用の説明変数 (test.x) と目的変数 (test.y) の 4 種類のデータを生成している.

次に,ディープラーニングの構造を設定する. 今回は隠れ層を 2 層もつ構造とし,伝播関数として ReLU を用いる. 併せて先に説明したディープラーニング技術である Batch Normalization と Dropout を使うことにする. コードは以下のとおりとなる. 今回使用したディープラーニングの構造は,後の図 5.11 に示しているので,そちらも参照するとよい.

```
# モデル構成
data <- mx.symbol.Variable("data")
bn0 <- mx.symbol.BatchNorm(data, eps=1e-06, fix.gamma=FALSE)
fc1 <- mx.symbol.FullyConnected(bn0, num_hidden=128)
act1 <- mx.symbol.Activation(fc1, act_type="relu")
bn1 <- mx.symbol.BatchNorm(act1, eps=1e-06, fix.gamma=FALSE)
dp1 <- mx.symbol.Dropout(bn1, p = 0.5)
fc2 <- mx.symbol.FullyConnected(dp1, num_hidden=64)
act2 <- mx.symbol.Activation(fc2, act_type="relu")
bn2 <- mx.symbol.BatchNorm(act2, eps=1e-06, fix.gamma=FALSE)
dp2 <- mx.symbol.Dropout(bn2, p = 0.5)
# skip-layer connection
lis <- list(bn0,dp2)
```

実 装
5.8 R でのディープラーニング (mxnet) の実行例 | **75**

```
lis$num.args = 2
cct <- mxnet:::mx.varg.symbol.Concat(lis)
# 出力の構成
fc3 <- mx.symbol.FullyConnected(cct, num_hidden=2)
softmax <- mx.symbol.SoftmaxOutput(fc3)
```

入力は mx.symbol.Variable で生成され，data という変数へと格納される．以降の構造は生成した変数を次の関数の引数（設定値）に入れる形で繋いでいく．上記の例でいえば，data ⇒ bn0 ⇒ fc1 ⇒ …といった形で繋がれている．途中で 3 回現れている mx.symbol.FullyConnected がニューロンを作成する関数であり，前 2 回が隠れ層用，最後の 1 回が出力層用である．パラメータ num_hidden で隠れ層に指定するニューロン数を指定でき，一つ目の隠れ層は 128 個，二つ目は 64 個に設定している．最後の出力層は 2 個に指定しているが，これは出力の種類数が 2 種類（スパムかそうでないか）なためである．もし出力が 5 種類あるなら，ここには 5 を指定する．

mx.symbol.Activation は伝播関数を指定する場所であり，act_type として ReLU(ReLU) を指定している．mx.symbol.BatchNorm は Batch Normalization を設定する関数である．ここでは eps と fix.gamma をパラメータとして設定している．eps は，アルゴリズムの中で数値を 0 で割り算することがないように，あらかじめ割る数に足しておく微小な値である．初期設定が比較的大きめ (0.001) なので，より小さな値 1e-06 (= 0.000001) に設定し直している．fix.gamma は Batch Normalization が行っている学習の一部を行わずに固定化するかを設定する項目であり，ここではあえて FALSE に設定することで，すべて学習するようにしている．mx.symbol.Dropout は設定項目 p として各ニューロンを脱落させる確率 q を設定することができ，ここでは 0.5 = 50%に設定している．

今回の構造では，入力である data に対しても Batch Normalization を行っている．その結果である bn0 を，二つ目の隠れ層の出力結果である dp2 と Concat 関数でくっつけている (cct)．これは skip-layer connection とよばれる．bn0 は隠れ層を通る経路でも dp2 に繋がっているが，その過程では説明変数を組み合わせた複雑な計算が行われている．一方で，そんな複雑な計算をさせず直接出力層に入れればよかった，という説明変数もありうるだろう．その接続を行っているのが，skip-layer connection である．これにより，不要な重み調整を避けて学習を効率化できる可能性がある．なお，第 4 章のニューラルネットワークで触れた nnet でも，skip = TRUE と設定することで skip-layer connection を実行できる．

ディープラーニングの構造が設定できたら，いよいよ学習である．学習は次のコー

76 5 ディープラーニング

ドで実施できる.

```
devices <- mx.cpu()
mx.set.seed(0)
set.seed(0)
logger <- mx.metric.logger$new()
model <- mx.model.FeedForward.create(
        softmax, X=train.x, y=train.y,optimizer="adagrad",
        ctx=devices, num.round=30, array.batch.size=100,
        eval.data = list(data=test.x,label=test.y),
        eval.metric=mx.metric.accuracy, learning.rate=0.07,
        initializer=mx.init.uniform(0.07),array.layout="rowmajor",
        epoch.end.callback=mx.callback.log.train.metric(1,logger))
```

1行目はディープラーニングの処理を 1CPU で行うと設定している部分である.
ディープラーニングはグラフィックボードに搭載されている GPU を使って実行する
ことでより高速に処理できるが,今回の簡易インストールでは CPU しか使うことは
できない.

2〜3行目は乱数生成のパターンを設定している.第4章のニューラルネットワーク
で述べたように,重みの初期化には乱数が用いられるため,学習結果は実行するたびに
変わる.しかし,場合によっては同じ結果を得たいこともあるだろう.これは,乱数
の生成パターンを事前に揃えることで実現できる.引数に指定した 0 は乱数のパター
ンを指定する数値であり,学習前にこの値を同じに設定し直しておけば,同じ結果を
得ることができる.

4行目は,学習途中の情報を保存する変数 logger を作成している部分である.

5行目以降が学習の実行を指示している部分である.5行目でよび出された関数
mx.model.FeedForward.create で学習が実行され,その結果が model に格納され
る.以降の引数で学習に用いる各種情報を指定している.

最初の引数 softmax は,前述部分で設定してきたモデル構成の最終的な変数,い
わばモデルの設計図である.次の X,y はそれぞれ,学習用の説明変数と目的変数
(ラベル情報)が入ったデータを指定している.optimizer は学習に使う手法を指定
しており,ここでは adagrad を用いている.ほかにも sgd(確率的勾配降下法)や
adadelta(AdaDelta),rmsprop(RMSProp)などが指定できる.

次の ctx は,1行目で作成した device を指定している.これは学習に用いる CPU
や GPU を指定する部分である.num.round が学習の繰り返し回数(epoch 数)であ
る.これは学習の一単位であり,重みの更新回数とイコールではない.

実　装
5.8　R でのディープラーニング (mxnet) の実行例　**77**

重みの更新回数は `array.batch.size` との兼ね合いで決まる．`array.batch.size`
は，1 回の重み更新（ミニバッチ学習）に用いる学習データの件数（バッチサイズ）を
指定している．たとえば，学習データが 1000 件で，バッチサイズが 100 件であれば，
$1000 \div 100 = 10$ 回のミニバッチ学習を終えることで，学習の 1 単位 (epoch) が終わ
るという関係性になっている．つまり，全学習データを一通りミニバッチ学習に用い
ると，学習の 1 単位が終わるという関係にある．

`eval.data` は，学習した結果を評価するための検証データを指定している箇所で
あり，`data` と `label` それぞれに説明変数と目的変数を分けて指定する．その次の
`eval.metric` は，性能評価をする際の計測方法を指定しており，ここでは正解率（正
しく分類できた割合）を示す `mx.metric.accuracy` を指定している．

`learning.rate` はディープラーニングの学習率を指定する箇所であり，0 から 1
までの値を指定できる．1 に近いほど速くなるが，学習が安定しなくなり，成果があ
まりでなくなってしまう．この値は小さな値を設定するのが一般的であるが，Batch
Normalization の有無や学習手法の設定に応じても変わるため，色々な値を試してみ
ることが望ましい．なお，学習手法に `adadelta` を指定した場合，学習率が自動的に
調整されるため，学習率を設定する必要はない．

`initializer` は重みの初期値の設定方法を指定する項目であり，ここでは
`mx.init.uniform` で 0.07 と設定することにより，$-0.07 \sim 0.07$ の範囲内でランダ
ムに設定される．前述のとおり，重みの値は大きすぎるのは好ましくないことなどか
ら，0 に近い値に設定するのが一般的である．

`array.layout` は入力されたデータの形式を指定しており，今回のデータのように，
行方向（横方向）に対象（今回でいえば各メール）についての情報が並べられている場
合は `rowmajor` を指定する．逆に列方向（縦方向）に並べられている場合は `colmajor`
を指定する．指定しなくてもある程度は自動判定して処理してくれるが，警告メッセー
ジも表示されるので設定したほうが無難である．

最後の `epoch.end.callback` は，epoch ごとにより出される処理を指定する．ここ
では実行結果のログを記録する `mx.callback.log.train.metric` を指定している．
一つ目の引数は `epoch.end.callback` で用いる場合は使われないため，適当に 1 を
設定している．二つ目には，4 行目で作成した `logger` を設定することで，学習の経
過情報が `logger` に書き込まれる．

これを実行すると以下のような出力が得られ，学習が終了する．

```
Start training with 1 devices
[1] Train-accuracy=0.881304349588311
```

```
[1]  Validation-accuracy=0.927083338300387
[2]  Train-accuracy=0.921304350313933
[2]  Validation-accuracy=0.925416668256124
[3]  Train-accuracy=0.92956521977549
[3]  Validation-accuracy=0.926666672031085
(中略)
[28] Train-accuracy=0.969130438307057
[28] Validation-accuracy=0.934999994933605
[29] Train-accuracy=0.966956524745278
[29] Validation-accuracy=0.935416663686434
[30] Train-accuracy=0.968260871327442
[30] Validation-accuracy=0.930416665971279
```

ここで，Train-accuracyとValidation-accuracyは，それぞれ学習データと検証データに対するモデル推定結果の正解率を表している．最初の段階では学習データで約88%，検証データで約92.7%となっており，全30epochの学習によって，それぞれ約97%と約93%に向上していることがわかる．正解率の各ベクターデータはそれぞれlogger$trainとlogger$evalに保存されているため，plotなどを用いて以下のようにすれば，図5.10のようにグラフ化することができる．

```
plot(1:30,logger$train,type="l",xlim=c(1,30),ylim=c(0,1),ylab="")
par(new=TRUE)
plot(1:30,logger$eval ,type="l",xlim=c(1,30),ylim=c(0,1),lty=2)
```

作成された図5.10は，横軸に学習の繰り返し回数（epoch数），縦軸に正解率をとっ

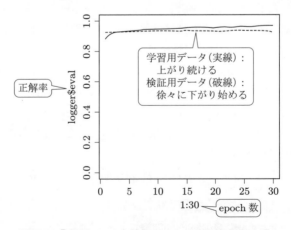

図5.10 ▍学習データと検証データの正解率のグラフ化

た折れ線グラフであり，学習データが実線，検証データが破線で描画されている．グラフの推移をみると，学習データは徐々に向上していくが，検証データはあまり変化していない．これは，既に学習が収束しており，逆に学習データに対する過剰な正解率の向上，つまり過学習の兆候が現れている懸念がある．まだ検証データの性能低下は軽微であるが，さらに学習を続けると性能が低下するおそれがあるため，今回は30epochで終了とした．

ちなみに，構成したディープラーニングのモデルは，作成した変数 model を使って以下で図示できる．

```
graph.viz(model$symbol)
```

図 5.11 が実行結果である．モデル構成のときのプログラムと比較して，対応関係を確認してみてほしい．skip-layer connection がどのように接続しているのかがわかるだろう．

学習した結果は model に格納されている．この model を使用して推定したい場合は，以下のように実行すればよい．

```
predl <- predict(model, test.x, ctx=devices,array.layout="rowmajor")
```

推定には関数 predict を用いる．第 1 引数は作成したモデル model を指定し，第 2 引数に推定対象となるデータ（今回は検証データ）を指定する．ctx と array.layout は前述のとおりである．

推定結果 predl には 1 行目に各メールがスパムでない（ラベルが 0 である）確率，2 行目にスパムである（ラベルが 1 である）確率が入っている．つまり，各メールデータの推定結果は列方向（縦方向）に保存されている．これを入力と同じ行方向に直すため，以下のように行列を転置する必要がある．

```
tpredl <- t(predl)[,2]
```

t が転置を行う関数である．加えて，tpredl には二つ目の「スパムである確率」だけを取り出している．

分類の性能を測る方法はいろいろあるが，ここではよく使われる AUC という指標を用いる．AUC は 0.5 から 1 の値をとる指標であり，1 に近いほど推定性能が高いことを表す（なお，本書ではその原理には踏みこまない）．AUC は，以下のように ROCR ライブラリを使うことで容易に計算できる．

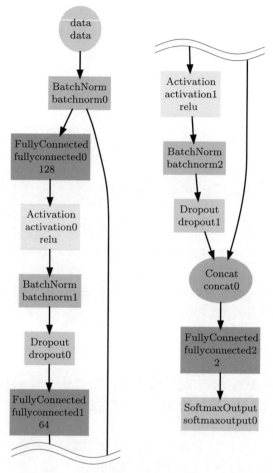

図 5.11 ディープラーニングのモデルの図示結果

```
install.packages("ROCR")
library(ROCR)
tpredlp <- prediction(tpredl,test.y)
aucp <- performance(tpredlp,"auc")
as.numeric(aucp@y.values)
```

1行目はインストールなので，1回だけ実行すればよい．推定結果の tpredl と正解を表す 0（スパムでない）か 1（スパムである）が入った test.y を用いて上記を実行することで，以下の出力が得られる．

```
[1] 0.9806542
```

AUC が 0.98 と得られ，非常に性能がよいことがわかる．

比較として，第 4 章でみた nnet でのニューラルネットワークと比べてみよう．

```
library(nnet)
train <- spam[1:2300*2,]
test <- spam[-(1:2300)*2,]
set.seed(0)
mdl <- nnet(type~.,data=train,size=16,maxit=1000)
pre <- predict(mdl,test)

library("ROCR")
pred <- prediction(pre,test[,58])
aucp <- performance(pred,"auc")
as.numeric(aucp@y.values)
```

2, 3 行目では，行列化した spamx ではなく元の spam から各データを取り出している．4 行目は nnet において乱数生成のパターンを設定する方法である．5 行目では，隠れ層を 16 とし，最大の実行回数を 1000 としている．スパムであるかを示す 58 番目の変数とつきあわせ，得られる出力 (AUC) は以下のとおりである．

```
[1] 0.9696206
```

ニューラルネットワークでの AUC は約 0.97 であり，ディープラーニングは nnet よりも性能が向上していることがわかる．

ディープラーニングで作ったモデルでどのくらい正確にスパムメールをはじくことができるだろうか．誤って通常のメールをはじかれてしまうと利用者はとても困るので，確実にスパムであると判断できたメールだけはじくようにするのが一般的である．そこで，仮にモデルが 99% スパムメールだと判断したメールだけをはじくとした場合の正解率でみてみよう．

```
# クロス表
x <- ifelse(tpredl >0.99 ,"spam*","nonspam*")
(tb <- table(x,test.y))
# 正解率
tb[2,2]/sum(tb[2,])
```

82 | 5 ディープラーニング

得られる出力は以下のとおりである.

```
# クロス表
          test.y
x                0      1
  nonspam* 1390    370
  spam*       4    537
# 正解率
[1] 0.9926063
```

クロス表をみると, $537 + 4 = 541$ 件がスパムメール (spam*) であると推定してお
り, うち 537 件がスパムメール (1) であった. 正解率は 99%であり, 高い推定性能が
得られていることがわかる.

発展的な話題

5.9 ▶ その他のディープラーニング技術を概観する

ディープラーニングは現在, 音声認識や画像認識, 自然言語処理やゲームなど, 幅
広い分野で活用されている. そして, いまだ発展し続けている技術であり, 今後も新
たな技術が誕生していくと考えられる. 第 4 章で, ニューラルネットワークは人間の
脳を非常にシンプルな形でモデル化したものだと述べた. しかし, 実際のニューロン
は時間経過による連続的な変化をともなうため, もっと複雑である. それらの複雑な
挙動をより正確に模倣しようというスパイキングニューラルネットワークの研究も進
められており, ディープラーニングの新たな技術として期待されている.

本書で紹介したディープラーニングはあくまで主要な一部分であり, これ以外にも
用途などに合わせ, さまざまな技術が存在する. 最後にそれらについて簡単に概観し
ていこう.

◉ DNN, CNN, RNN

本章で説明したディープラーニングは一般に **DNN** (Deep Neural Network) とよば
れる基本的な構成を用いており, 前の層の全出力が, 次の層の入力として使われるこ
とが多い. しかし, 不必要な重みが増えることは過学習の元となるため, 合理的な方
法で重みの個数を減らしたり, 重みを共有化して使い回したりできると, 性能向上が
期待できる.

たとえば, 視覚情報を認識する際, 人は情報すべてを一度に一つのニューロンには

発展的な話題

5.9 その他のディープラーニング技術を概観する **83**

入力せず，まずは小分けして各ニューロンに振り分けているのではないかと考えられている．小さな物体は視野の一部だけで判断できるし，大きな物体も小さな部分の組み合わせ（小さな部分をみるニューロンの出力が入力されるニューロン）で判断できるだろうから，最初からすべての視覚情報を一つのニューロンの入力として用いる必要はないというのは，合理的といえるだろう．

さらに，視野の一部を判断する各ニューロンでは，同じ重み情報を共有して使っても大きな問題は生じない．各ニューロンはみている位置が違うだけなので，何があるかを判断する方法（つまり，重み）は同じでも差支えないと考えられるためである．こういった合理的な理由を用いて，使用する重みの数を削減して行うディープラーニングを **CNN** (Convolutional Neural Network) という．CNN は画像認識でおもに使われ，物体の認識力で人間を超えるレベルに到達しているケースもある．

なお，人間の囲碁棋士に勝ち越した AlphaGo で用いられた DQN (Deep Q Network) は，CNN と，強化学習の一つである Q 学習を組み合わせたアルゴリズムである．囲碁は，画像と同じように盤面を切り分けてから組み合わせても，ある程度正確な判断ができるため，CNN を用いることが好適な題材であったと考えられる．

このほかのディープラーニングの構成として，自然言語のような，単語の順番が重要な要素となるデータに対して使われる RNN (Recurrent Neural Network) がある．CNN も RNN も Mxnet で扱うことができるので，興味のある方は Mxnet のチュートリアルを参照してほしい．

◉ 深層生成

最近では，画像の内容を識別するといった識別モデルだけではなく，さまざまな画像データを学習して，それらに類似した画像を生成するという生成モデルの研究も盛んに行われている．これらは**深層生成**モデルとよばれる．生成モデルの発達は，データが生まれる背景を明らかにできることで，識別モデルの性能向上へと役立てられるだけでなく，ある画家や作家の作風を模倣した新たな作品を創造するなどの活用も期待される．

深層生成モデルはさまざまな方法が提案されているが，ここでは有名な手法である **GAN** (Generative Adversarial Nets) について概説する[6]．

ディープラーニングの特徴の一つとして，複数のタスクを同時に学習できるという点がある．これは，それぞれのタスクについて損失関数を定義し，その二つを足し合わせた値を（新たな損失関数とみなして）最小化する，という考え方で実現できる．イメージとしては，二つのタスクをこなすニューラルネットワークを適切に結合し，二つ同時に学習させるわけである．GAN も，鑑別者と生成者という二つのモデルを同

時に学習することで深層生成を実現している．

鑑別者は入力画像を鑑別し，それが学習データとして与えられた画像であるかを鑑定する．つまり，学習データ内に存在する画像であるかどうかを見分けられるように学習するのである．一方で，生成者は鑑別者が「これは学習データにある画像だ」と見間違うような画像を生成しようとする．つまり，鑑別者が本物（学習データ内の画像）だと騙されてしまうくらいの「贋作」を作るように学習するのである．学習が終了したとき，生成者は学習データの表現方法を真似た精巧な画像を生成できるようになる．GANで作成された例を図5.12に示す．

図5.12 ▌ GANの出力結果 [Goodfellow, Ian J., Pouget-Abadie, Jean, Mirza, Mehdi, Xu, Bing, Warde-Farley, David, Ozair, Sherjil, Courville, Aaron C., and Bengio, Yoshua: Generative Adversarial Nets. NIPS, 2014, pp.7. より引用]

図5.12の右端は学習データとして与えられた画像であり，左にあるのはその学習データによく似せて作られていた「贋作」画像である．学習データとは異なるが人としての特徴をとらえた画像が作成できていることが確認できる．

GANのネットワーク構造などを改良した**DCGAN**では，一つ面白い試みがなされている[7]．先ほどは触れなかったが，生成者には，ランダムに作成された数値列（ノイズデータ）を入力として与えている．この入力データがランダムに変わることで，多様な画像を作成できるようにしているのである．したがって，生成者は与えられるノイズデータごとに描く絵が変わるため，このノイズデータは生成者にとって，いわば画像の「設計図」の役割をもつと考えられる．

さて，ここで「眼鏡をかけた男性」，「眼鏡をかけていない男性」，「眼鏡をかけていない女性」を生成者が描いたときのノイズデータ（より正確には，各画像のノイズデータをいくつか集めて平均したもの）を用意しよう．ノイズデータは数値列なので，足し算や引き算ができる．そこで，各ノイズデータを使って以下の計算により，新しい

発展的な話題
5.9 その他のディープラーニング技術を概観する

ノイズデータを作ってみる.

新しいノイズデータ ＝「眼鏡をかけた男性」のノイズデータ
　　　　　　　　　　－「眼鏡をかけていない男性」のノイズデータ
　　　　　　　　　　＋「眼鏡をかけていない女性」のノイズデータ

計算式について単純に考えてみると,「眼鏡をかけた男性」－「眼鏡をかけていない男性」の答えは「眼鏡」になりそうだ. そこに「眼鏡をかけていない女性」を足すのだから, 答えは「眼鏡をかけている女性」と考えるのが自然であろう. では, この計算によって得られた新たなノイズデータを生成者に与えると, どんな画像を作り出すのだろうか. その答えが図 5.13 である.

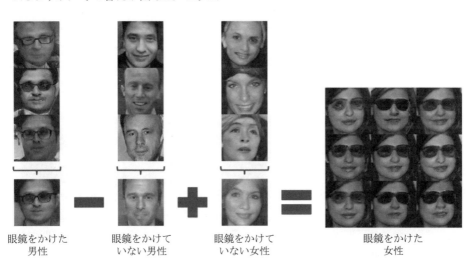

図 5.13 ▊ DCGAN での画像生成〔A Radford, L Metz, S Chintala: Unsupervised Representation Learning with Deep Convolutional Generative Adversarial Networks (http://arxiv.org/abs/1511.06434), International Conference on Learning Representations (ICLR). 2016, pp.10. より引用〕

なんと, 期待どおりに「眼鏡をかけている女性」が作成されるのである（9 枚ある右図のうち, 真ん中が結果であり, それを取り巻く 8 枚は新しいノイズデータに, さらに少し無意味なノイズを付加した, つまり少し変化させてみた場合の結果を示している）. 実は, この現象はすでに, ニューラルネットワークを用いた word2Vec というツールによって, 言語では実現されていた（「王様」－「男」＋「女」＝「女王」など）. これを画像でも実現できることが確認されたのである.

もちろん, この計算式を実現できるように学習したというわけではないため, 必ず

意図した画像が作成できるわけではないが，新たな可能性を感じさせてくれる結果といえるだろう．

ディープラーニングとの向き合い方

ディープラーニングは画像認識や自動翻訳，音声認識などで非常に高い性能を得られており，AI技術として今後も発展していく可能性は高い．一方で，実運用していくうえで気をつけなければならないのは，たいていの場合「判断の仕方は人間と異なる」という点である．

一つ興味深い研究を取り上げよう[8]．すでに高い性能を実現している，画像認識システムを騙す画像を作るというものである．まず，図5.14の左図に示した，パンダが写った画像を用意する．これを画像認識システムに入力すると，正しくパンダと答えられる．これに対し，誤認識を引き起こすように作り出した（0.007倍に希釈した）微小なノイズ（中図）を付加した画像（右図）を作成する．人間からみれば，元のパンダ画像と何ら変わりない．しかし，画像認識システムはこれを99.3%という高い信頼性でテナガザルであると答えてしまうのである．

x
「パンダ」
信頼性 57.5%

$\mathrm{sign}(\nabla_x J(\theta, x, y))$
「線形動物」
信頼性 8.2%

$x + \epsilon \mathrm{sign}(\nabla_x J(\theta, x, y))$
「テナガザル」
信頼性 99.3%

図 5.14 画像認識を騙す画像．下段は認識結果 [I.J. Goodfellow, J. Shlens, C. Szegedy: Explaining and Harnessing Adversarial Examples (http://arxiv.org/abs/1412.6572), International Conference on Learning Representations (ICLR), 2015, pp.3. より引用]

この研究では，誤認識を引き起こす画像を意図的に作成し，これを学習データに追加することで汎化性能を高めることに活用している．一方でこの結果は，人間とディープラーニングとでは，失敗（誤認識）の仕方が同じではないという事実も浮かび上がらせている．

ビジネスなどでは，（人からみて）妥当性の低い間違いは大きなリスクに繋がることもある．たとえば，ローンなどの与信（お金を貸せるか）判断の際に，人からみて明らかに問題のない顧客にお金を貸さないと，クレームや評判悪化，顧客満足度低下に繋

発展的な話題
5.9 その他のディープラーニング技術を概観する

がりうる．こういったケースでは，回帰分析や決定木などのモデル内容が理解しやすい方法を使い，モデルの判断基準が妥当かを確認しながらモデル構築することで，妥当性の低い間違いを避けるようにモデルを構築することが多い．

また，ディープラーニングに限らず，機械学習は基本的に「損失関数で定められた損失を最小化すること」だけを目指している点にも注意が必要である．数式できっちりと定められた「損失」を最小化することだけがすべてであり，空気を読んで勝手にほかの懸念要素を取り込んでくれることはない．

一方で，人は状況に応じた暗黙の了解など，明確に明文化されていないルールを勝手につけ加えていることが多い．たとえば，雨や霧などで視界が悪い中，車を運転するという状況下で物体を認識しようとする場合，それが人や車である可能性はないかを重視するだろう．人に誤ってぶつかってしまうことは，多大なリスクに繋がる．

しかし，一般的な画像認識で使っている損失関数のように，単純な物体認識の当たり外れで考えてしまうと，人物を舞っている新聞紙と誤認識することは，単なる1回の失敗としてしか扱われない．したがって，「人を見落としてしまうことの損失を大きくする」といったモデル設計への反映や，「人である可能性が数パーセントでもあるなら，人だとみなして行動を決定する」といった運用面でのカバーなどを考えることが重要となってくる．

このように，実運用を見据えた機械学習をする際には，「運用上求められる要素」を洗い出し，「何を達成するべきか」を考えて，機械学習やシステム，運用を組み上げることが大切になる．ディープラーニングで高性能な結果が得られていたとしても，人間的にみて高性能であるとは限らない．こういった機械学習の性質を理解し，正しく扱うことが重要といえよう．

6

サポートベクターマシン

サポートベクターマシン (**SVM**; Support Vector Machine) は，近年，さまざまな分野で使われている高性能な学習アルゴリズムである．ニューラルネットワークからディープラーニングへと移行する過渡期において，安定的に高性能を出せるアルゴリズムとして活躍した．大量の学習データを必要とするディープラーニングとは異なり，比較的少ないデータからでも高い性能を得ることができる．ディープラーニングに比べれば古いアルゴリズムだが，もっている特性も異なるため，一概には比較できない．

学習アルゴリズムを正しく活かすためには，アルゴリズムの特性をとらえ，各問題に対し適切なアルゴリズムを適用できるようになることが望ましい．しかし，SVM は理論的な部分がやや複雑であり，説明には大量の数式をともなうことがほとんどである．本章では数式的な表現は最小限に抑え，SVM がどんな理論で学習しているかを感覚的にとらえることにより，SVM に適した問題は何かをつかめるようになることを目指す．

発 想

6.1 ▶ 未知のデータに強いモデルを作る ～マージン最大化と分離超平面～

SVM の基本的な使い方である二値の分類問題についてみていこう．ここでは図 6.1 で示すような，（第 2 章でも扱った）空間を分割する方法で説明する．学習データとして空間上に黒と白の丸があり，これらを直線で二つに分割することを考える．両者を分ける最適な直線はどんな直線だろうか．上記の例でもわかるように，黒丸と白丸をきれいに二分割する直線はたくさんある．では，その中で，「（学習データの中には現れていない）未知のデータに対してもうまく分けられる直線」はどれだろうか？

例として，黒丸や白丸に近い位置に直線を引く場合（図 6.1 の破線）と，離れた位置に引く場合（図 6.1 の実線）とを比較してみよう．両者ではどちらのほうが未知のデータに対応しうるだろうか．学習データはあくまで全データの一部分でしかないことを踏まえると，学習データ上で黒丸が現れた近辺に，未知の黒丸データが潜んでいる可能性は高そうだ，と考えられる．ならば，学習データ上の黒丸（白丸）に近い位

6.1 未知のデータに強いモデルを作る 〜マージン最大化と分離超平面〜

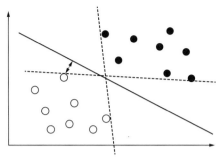

図 6.1 ▎マージン最大化

置に直線を引いてしまうと，その近辺に潜む未知の黒丸（白丸）をうまく分けられない可能性が高くなる．

よって，「学習データでの黒丸や白丸からできる限り離れた位置に引く直線」が一番よいのではないかという仮説が考えられる．これを**マージン最大化**という．SVM は，マージン最大化の考え方に基づき，学習データを分割する直線を学習することで，未知データの分類に応用できるモデルを構築する．

マージン最大化に基づいて引かれた直線を図 6.2 に示す．このとき，直線にもっとも近い学習データ（これは通常，複数存在する）を**サポートベクトル**という．また，学習データを分離する直線のことを**分離超平面**という．

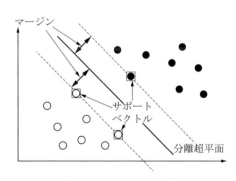

図 6.2 ▎マージンとサポートベクトル

上記の例では，用いる説明変数が（縦軸，横軸で示した）二つだけであったが，もちろん一つだけの場合もあるし，三つ以上の場合もありうる．その数によって，扱う空間の大きさが変わってくる．その様子を図 6.3 に示す．

用いる説明変数が一つの場合，学習データは一直線上に配置されることになる．よって，学習データを分離するのは直線ではなく点になる．用いる説明変数が三つの場合，データは，縦・横・高さという三つの軸（3 次元）で定められた空間に配置される．そ

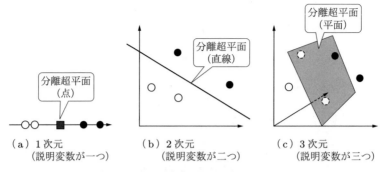

図 6.3 説明変数の数に応じた分離超平面

して，学習データを分離するのは直線ではなく平面になる．

説明変数が四つになった場合はどうだろうか．この場合，4次元空間になってしまうため，図示することは難しい．だが，2次元から3次元へ拡張したとき，分離超平面が直線から平面となったことを踏まえると，4次元以上の空間での分離超平面は，平面をさらに拡張した何かであると考えられる．

上記の例で示した各次元での分離超平面（点，直線，平面，平面を拡張した何か）という存在をひっくるめて**超平面**という．SVMは，学習データをマージン最大化で分離する超平面（分離超平面）をみつける手法であると表現できる．

モデル

6.2 ▶ SVM の定式化

ここからは，SVMが数式でどう表されるのかを説明していく．どうしても数式がいくつか出てきてしまうが，できる限り最小限に抑えていく．

説明変数が二つ (x_1, x_2) の場合，分離超平面は $w_1 x_1 + w_2 x_2 + b = 0$ という，直線の式で表される．そして，説明変数を三つに拡充した場合は $w_1 x_1 + w_2 x_2 + w_3 x_3 + b = 0$ というように，同様の数式で分離超平面を表現することができる．

説明変数の数によらず，$w_1 x_1 + w_2 x_2 + w_3 x_3 + \cdots$ を表す方法として，重み W と説明変数 X の**内積** $W \cdot X$ がよく使われる．これにより，説明変数が2個なら $W \cdot X = w_1 x_1 + w_2 x_2$ であり，説明変数が3個なら $W \cdot X = w_1 x_1 + w_2 x_2 + w_3 x_3$ と，同じ形式 $W \cdot X$ で統一して表せる．

内積を用いると，分離超平面は簡潔に $W \cdot X + b = 0$ で表せる．以降では，説明変数が二つの場合を考えていくこととし，i 番目の学習データにおける説明変数を $X_i = (x_{i,1}, x_{i,2})$，そのデータの正解を y_i と表現する．なお，正解 y_i は黒丸なら1，白丸なら -1

と設定する．

図 6.4 に示すように，SVM では i 番目のデータの分類を，$W \cdot X_i + b = w_1 x_{i,1} + w_2 x_{i,2} + b$ の値がプラスになるかマイナスになるかで判定する（プラスなら黒丸，マイナスなら白丸と判定する．また，0 になる場合は，学習データがちょうど分離超平面上にあることを意味する）．そのため，関数 $W \cdot X + b$ を**決定関数**という．SVM における学習とは，この判定方法を実現できる w_1, w_2, b の値をみつけ出す，という問題となる．

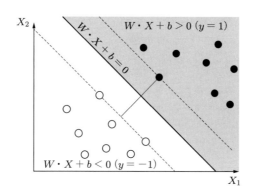

図 6.4 ▍分離超平面による判定

さて，学習データを正しく判別するためには，黒丸のデータならば決定関数がプラスに，白丸ならばマイナスにというように，与えられたデータ X に応じて決定関数のプラスマイナスが適切に分かれなくてはならない．このためには，全学習データ X_i において決定関数 $w_1 x_{i,1} + w_2 x_{i,2} + b$ と正解 y_i のプラスマイナスが同じになる必要がある．

これを数式で表現すると，すべての学習データ X_i に対して，$y_i(w_1 x_{i,1} + w_2 x_{i,2} + b) > 0$ となることに等しい（y_i と $w_1 x_{i,1} + w_2 x_{i,2} + b$ の符号が同じときだけ，両者の掛け算は正になるため）．

なお，$y_i(w_1 x_{i,1} + w_2 x_{i,2} + b)$ は正になれば何でもよいので，任意の正の数 B を用いて，$y_i(w_1 x_{i,1} + w_2 x_{i,2} + b) \geqq B$ という条件に変更しても問題ない．よって，学習によって求めたい w_1, w_2, b は，すべての学習データ X_i に対して，$y_i(w_1 x_{i,1} + w_2 x_{i,2} + b) \geqq B$ を満たせばよいということになる．これを**制約条件**という．

SVM での学習において，制約条件は「学習データを正しく判別するうえで最低限満たさなくてはならない条件」である．ここへさらに，「マージン最大化の理念に基づいて分離超平面を定める」ということを加味しなくてはならない．分離超平面 $W \cdot X + b = 0$ から，一番近い学習データ $X_j = (x_{j,1}, x_{j,2})$（つまりサポートベクトル）までの距離は，

92 6 サポートベクターマシン

$$\frac{|w_1 x_{j,1} + w_2 x_{j,2} + b|}{\sqrt{w_1{}^2 + w_2{}^2}}$$

となることが知られている.

　ここで，$|w_1 x_{j,1} + w_2 x_{j,2} + b|$ は B でおきかえて考えることができる（下記の補足参照）ため，サポートベクトルまでの距離は $B/\sqrt{w_1{}^2 + w_2{}^2}$ と表現できる．よって，マージン最大化は分離超平面からサポートベクトルまでの距離 $B/\sqrt{w_1{}^2 + w_2{}^2}$ を最大化することで実現できる．

補足　まず，y_i は 1 か –1 であり，$y_i(w_1 x_{i,1} + w_2 x_{i,2} + b)$ は常にプラスの値になるように学習されるため，（制約条件が満たされているとき）$y_i(w_1 x_{i,1} + w_2 x_{i,2} + b)$ は $|w_1 x_{i,1} + w_2 x_{i,2} + b|$ と等しい．

　よって，すべての学習データ X_i について，$|w_1 x_{i,1} + w_2 x_{i,2} + b| \geqq B$ が満たされることから，B は「$|w_1 x_{i,1} + w_2 x_{i,2} + b|$ の最小値」と読みかえることができる．ここで，$|w_1 x_{i,1} + w_2 x_{i,2} + b|$ が小さいほど（決定関数が 0 に近づくので）データ X_i は分離超平面に近いデータであることに注意しよう．よって，分離超平面に一番近い学習データ $X_j = (x_{j,1}, x_{j,2})$（つまり，$|w_1 x_{j,1} + w_2 x_{j,2} + b|$ が最小値をとるデータ X_j）での $|w_1 x_{j,1} + w_2 x_{j,2} + b|$ は，B におきかえて考えることができる．

　話をまとめよう．SVM は学習データを正しく分類でき，かつマージン最大化を実現する分離超平面（を定める w_1, w_2, b）を求める方法であった．そのためには制約条件を満たしつつ，マージンを最大化することが必要になる．これをまとめると以下で示される．

- 最大化：　　$\dfrac{B}{\sqrt{w_1{}^2 + w_2{}^2}}$

- 制約条件：　　各学習データ X_i に対し，$y_i(w_1 x_{i,1} + w_2 x_{i,2} + b) \geqq B$

よって，制約条件を満たしつつ，かつ $B/\sqrt{w_1{}^2 + w_2{}^2}$ の値をもっとも大きくする w_1, w_2, b が，SVM の求める分離超平面ということになる．

　ここで，以下の観点でもう少し式を整理しよう．

1　B の値は正の値であれば何でもよいので，1 とおく．

2　$1/\sqrt{w_1{}^2 + w_2{}^2}$ の最大化は，その逆数（分子と分母を逆にした値）$\sqrt{w_1{}^2 + w_2{}^2}$ の最小化と等しい．

3　$\sqrt{w_1{}^2 + w_2{}^2}$ の最小化は，$w_1{}^2 + w_2{}^2$ の最小化と等しい．
　　（正の値を 2 乗しても，値の大小関係は変わらない．たとえば，$2 < 3$ のとき，$2 \cdot 2 = 4 < 3 \cdot 3 = 9$ となる.）

4　$w_1{}^2 + w_2{}^2$ の最小化は，$(w_1{}^2 + w_2{}^2)/2$ の最小化と等しい．

この整理を行うと，目指す分離超平面は以下を満たす式で表される．

- 最小化： $\dfrac{w_1{}^2 + w_2{}^2}{2}$

- 制約条件： 各学習データ X_i に対し，$y_i(w_1 x_{i,1} + w_2 x_{i,2} + b) \geqq 1$

ここでの式の変形は問題の内容を変えているわけではないため，求める答えは前述の条件式と変わらないが，計算のしやすさやみやすさを重視して，後者の表現がよく用いられる．ここで，最小化する式 $(w_1{}^2 + w_2{}^2)/2$ のことを，**目的関数**という．

なお，上記の話は「すべてのデータが正しく分離できる」ことを前提としている．だが，実際の学習データにはノイズも含まれるため，図 6.5 のようにうまく分類できないデータもありうる．これを**マージンエラー**という．この図の場合，データ K は白丸なのに黒丸であると誤判別されてしまう．

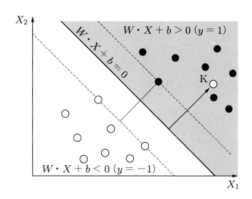

図 6.5 ▍マージンエラー

そこで，誤判別データに対して，誤判別の度合（分離超平面からの距離）に応じたペナルティを設定し，できる限りペナルティを減らしつつマージン最大化を行うのが一般的である．これを**ソフトマージン SVM** という．これは，最小化や制約条件の式を少し変形するだけで実現できるうえ，以降の議論に大きく影響を与えないため，本書では「すべてのデータが正しく分離できる」ケースに絞って話を進める．

6.3 ▶ SVM によって分離超平面を求めるイメージ

SVM の学習目的が定式化できたので，後は学習によって最適な解（制約条件を満たしつつマージンを最大化する解）をみつけるだけである．SVM は基本的に，第 4 章のニューラルネットワークと同様，最急降下法のような考え方で学習を行う．つまり，w と b の初期値を設定し，そこから制約条件を満たしつつマージン最大化する方向へと，少しずつ w と b を更新していく．

ニューラルネットワークでは，学習において最適な解にたどり着けるとは限らない

ことに触れた．一方で SVM は，（条件を満たす）解があるなら必ずその正解（最適解）を得ることができるという性質をもっている．それがなぜなのかについて，イメージで説明していこう．

話を簡単にするため，説明変数が一つの場合で説明していく．説明変数が一つの場合での解くべき問題は以下のようになる．なお，W も X も値が一つしかないため，w_1 ではなく w，$x_{i,1}$ ではなく x_i と表記している．

- 最小化： $w^2/2$
- 制約条件： 各学習データ X_i に対し，$y_i(wx_i + b) \geq 1$

さて，図 6.6 に示したような，二つの学習データが与えられているとする．このときの学習は，黒丸と白丸とをマージン最大化しつつ二つに分ける分離超平面（点）$wx+b=0$ を探せという問題になる．この正解が $x=3$ の位置の点であることは一目でわかるほどの簡単な問題であるが，これを SVM がどう解いているのか，どんな w と b が得られるかをみていこう．

図 6.6 ▌1 次元での分離超平面学習の例

図 6.6 では学習データ（の説明変数）X を横軸に取っていたが，今度は SVM が学習するモデルの要素である，重み w を横軸，b を縦軸にとってみよう．すると，図 6.7 のような 2 次元空間が描ける．最適解の分離超平面を $w'x + b' = 0$ とすると，最適解 w', b' は図 6.7 上のどこかの点ということになる．よって，SVM による学習は，この空間のどこかをスタート地点として定め（つまり，初期値として適当な w と b を設定し），そこから最適解を表す点（制約条件を満たしつつマージン最大化する w', b'）へと少しずつ移動していく，ということになる．

ここで，最小化したい目的関数 $w^2/2$ について考えてみよう．これはつまり，「w が 0 に近ければ近いほどよい（最小化される）」という意味合いになっている．図で表せ

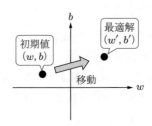

図 6.7 ▌分離超平面のパラメータでとらえた空間

ば，図 6.8 のような状況といえよう．色が白に近い場所ほど（$w=0$ を意味する縦軸に近いほど），マージンが大きいことを意味している（b の値は最小化の式に現れていないため，縦方向への変化は最小化の度合を変化させないことに注意しよう）．これはいいかえれば，$w=0$ の縦軸に「光源」が置かれている状況下で，もっとも明るくなる場所を探そうという問題といえる．

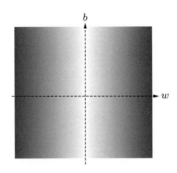

図 6.8 ▎最小化（マージン最大化）の度合を示した図

最小化の観点だけで考えれば，$w=0$，つまり「光源」のある場所がもっとも明るく，よい解であるのは明らかであろう．だが，制約条件を満たさなければ，学習データに正しく解答できていない．よって，制約条件を満たしたうえで最小化しなくてはならない．

制約条件は $y_i(wx_i+b) \geqq 1$ であった．今回の学習データは $x_1=5$，$y_1=1$（$i=1$，つまり 1 番目の学習データ）と $x_2=1$，$y_2=-1$（$i=2$，つまり 2 番目の学習データ）の 2 種類なので，制約条件は以下の二つの式で表せる．

$$1 \cdot (5w+b) \geqq 1 \quad \Rightarrow \quad 5w+b \geqq 1$$
$$-1 \cdot (w+b) \geqq 1 \quad \Rightarrow \quad w+b \leqq -1$$

各制約条件を図示化したものを図 6.9 に示す．

これはつまり，w と b で作られた 2 次元空間を直線（超平面）で分断し，そのどちらか一方（図 6.9 でいえば白いほう）を残す処理，ととらえることができる．残されなかった空間は制約条件を満たさないため，探すべき対象から除外される[†]．

先程の最小化の図 6.8 に対し，図 6.9 に示した二つの制約条件を組み合わせた結果を図 6.10 に示す．ここでは，除外された（残されなかった）空間を濃い灰色で塗りつぶ

[†] なお，この考え方は説明変数が二つ以上になっても同様の関係性が保たれる．説明変数が二つならば，w_1 と w_2 と b で作られる 3 次元空間を，制約条件で表される平面（超平面）で二つに切り分けて片方を残す処理となる．

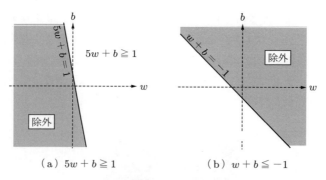

図 6.9 ▎制約条件の図示化

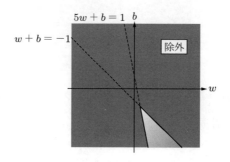

図 6.10 ▎制約条件を加えたときの最小化の度合を示した図

している．制約条件によって除外されずに残った（制約条件が満たされている）「島」のような空間のうち，もっとも白に近い点が，制約条件を満たしつつ，$w^2/2$ が最小となる，つまりマージン最大化を実現する分離超平面を表していることになる．今回の場合，最適解は制約条件を示す 2 本の直線の交点となる[†]．

ここで，図 6.9 や 6.10 をもう一度見直してみよう．制約条件は w と b で作られる空間を直線（超平面）で真っ二つに切り分け，どちらか片方だけを残す，という処理で表せた．したがって，いくら制約条件の数が（学習データの数とともに）増えようとも，図 6.11 のように二つに分かれたり，切り込みが入った形状になったりすることはない．

前述のように，SVM の学習はニューラルネットワークと同じく，制約条件を満たす適当な初期値 w，b から始めて徐々に空間を移動しながら最適解 w'，b' へと近づいていくのが一般的である（今回のケースは説明変数が一つなので最適解を得るのは容易だが，説明変数が多くなれば空間が複雑になり，解くのは難しくなる）．例えていうなら，制約条件を満たす「島」のどこかに降り立ち，少しずつ移動しながら，「島」の中

[†] なお，この例の最適解は，連立方程式を解くことにより，計算で求めることができる．

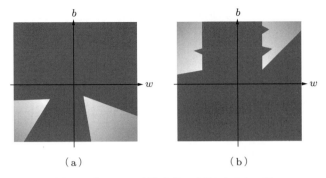

図 6.11 ▍SVM の制約条件では起こりえない例

でもっとも明るい「岬」を探すことになる．なお，「島」や「岬」を照らす光の「光源」は，$w = 0$ の近辺にしかないため，もっとも明るい「岬」を探すということは，できる限りその「光源」に近い「岬」を探すことに等しい[†]．

SVM では，図 6.11 (a) のように「島」が二つに分かれることはないため，最適解は（存在するなら）必ず降り立った「島」のどこかにある．また，図 (b) のように，最適解と誤解してしまうような紛らわしい「岬」も存在しえない．さらに，「島」を照らす「光源」は $w = 0$ にしかないため，実は「島」のある一部分だけが（スポット的に）異常に明るいということも起こりえない．したがって，ニューラルネットワークとは異なり，SVM は最適解を正しくみつけることができる．

前述のように，SVM が最適解を探す「島」には，図 6.11 のような「凹んだ」形状は現れない．このような「島」の形状は，「凸な」形状と表現できる．また，最小化する式 $w^2/2$ が，w の（下に凸な）2 次関数であることと併せ，SVM が最適解を探すこの問題は，**凸 2 次最適化問題**とよばれる．凸 2 次最適化問題は，前述のイメージで示したように，一般的な最適化問題に比べて解きやすい問題であることがわかっている．

6.4 ▶ 同じ解へとたどりつく「双子」の問題　〜双対問題〜

前述した目的関数と制約条件で示される問題は，一般的に SVM の**主問題**とよばれる．これに対し，SVM には「主問題と同じ最適解へとたどりつくが，一見するとまったく別の問題にしかみえない」という**双対問題**が存在していることがわかっている．双対問題は主問題から導出できるが，数式を大量に要するため本書では割愛し，双対問題が何をしているのかについて紐解いていくことにする．

[†] なお，$w = 0$ の場合，決定関数 $wx + b$ が定数 b だけになってしまうため，常にプラスもしくはマイナスを返すことになってしまい，学習データを正しく分離できなくなる．よって，$w = 0$ の縦軸が「島」に含まれることはない．

98 | 6 サポートベクターマシン

SVM の双対問題は，いわば「同じ山を登る別のルート」と表現できる．そのため，その道のりは主問題のときとまったく違うようにみえるが，主問題と双対問題のどちらを解いても同じ頂上にたどりつける（同じ最適解が得られる）ため，より登りやすい（解きやすい）双対問題のほうを扱うことが多い．

それでは，双対問題を紐解こう．双対問題は以下の形で表される．

- 最小化：
$$\sum_i \alpha_i - \frac{\sum_i \sum_j \alpha_i \alpha_j y_i y_j X_i \cdot X_j}{2} \tag{6.1}$$

- 制約条件： $\alpha_i \geqq 0$（すべての学習データ i について），$\sum_i \alpha_i y_i = 0$

ここで，α が双対問題における重みであり，i 番目の学習データに対応する重みを α_i と表現している．主問題では重み w が説明変数の数だけ存在していたのに対し，双対問題では α が学習データの数だけ存在している．つまり，SVM の主問題は説明変数の重みを調整するのに対し，双対問題では学習データの重みづけを調整していることになる．

この関係性を表 6.1 に示す．ここでは二つの説明変数をもつ 3 件の学習データを例としている．この場合，主問題の重みは二つなのに対し，双対問題の重みは三つ存在することになる．以降ではこの例を使って，最小化の式を紐解いていく．

表 6.1 ▌ 重みと学習データの関係性

		説明変数 1	説明変数 2	目的変数
		$w_1 \downarrow$	$w_2 \downarrow$	
$\alpha_1 \rightarrow$	学習データ 1 $(= X_1)$	$15\ (= x_{1,1})$	$-3\ (= x_{1,2})$	$1\ (= y_1)$
$\alpha_2 \rightarrow$	学習データ 2 $(= X_2)$	$7\ (= x_{2,1})$	$-1\ (= x_{2,2})$	$-1\ (= y_2)$
$\alpha_3 \rightarrow$	学習データ 3 $(= X_3)$	$-8\ (= x_{3,1})$	$6\ (= x_{3,2})$	$1\ (= y_3)$

それでは，最小化の式をみていこう．$\sum$ は総和記号であり，$\sum_i \alpha_i$ は，全学習データ X_i に対応する α_i について総和した値を意味する．先の例でいえば，$\sum_i \alpha_i = \alpha_1 + \alpha_2 + \alpha_3$ となる．総和記号を二つ組み合わせると，あらゆる二つの組み合わせを総和することを意味する．たとえば，$\sum_i \sum_j \alpha_i \alpha_j$ であれば，$\alpha_1 \alpha_1 + \alpha_1 \alpha_2 + \alpha_1 \alpha_3 + \alpha_2 \alpha_1 + \alpha_2 \alpha_2 + \alpha_2 \alpha_3 + \alpha_3 \alpha_1 + \alpha_3 \alpha_2 + \alpha_3 \alpha_3$ と等しい．$\sum_i \sum_j$ は学習データを二つ用意して，その全通りの組み合わせを合算していることになる（$\sum_i \sum_j$ の部分では，各学習データがもつ説明変数のうちどれを使うかについては指定していないことに注意）．そのイメージを表 6.2 に示す．

最小化の式 (6.1) において，各学習データ内の説明変数についての処理を行っている部分が $X_i \cdot X_j$ である．$X_i \cdot X_j$ は（すでに説明した）内積であり，表 6.2 の例でいえば，$x_{i,1} x_{j,1} + x_{i,2} x_{j,2}$ となる．内積は，二つのデータ X_i, X_j の類似性を測る際に

6.4 同じ解へとたどりつく「双子」の問題 〜双対問題〜

表 6.2 ▍ $\sum_i \sum_j X_i \cdot X_j$ のイメージ

	説明変数 1	説明変数 2
X_1	$x_{1,1}$ $(=15)$	$x_{1,2}$ $(=-3)$
X_2	$x_{2,1}$ $(=7)$	$x_{2,2}$ $(=-1)$
X_3	$x_{3,1}$ $(=-8)$	$x_{3,2}$ $(=6)$

	説明変数 1	説明変数 2
X_1	$x_{1,1}$ $(=15)$	$x_{1,2}$ $(=-3)$
X_2	$x_{2,1}$ $(=7)$	$x_{2,2}$ $(=-1)$
X_3	$x_{3,1}$ $(=-8)$	$x_{3,2}$ $(=6)$

よく用いられ，基本的には値がプラスなら類似性が高く，マイナスなら類似性が低いことを表す．

実際の例で確認してみよう．たとえば，表 6.2 の例での二つのデータ X_1 と X_2 は，各説明変数の符号が同じであるため，類似性が高いと考えられる．実際に，この二つの内積 $X_1 \cdot X_2 = x_{1,1}x_{2,1} + x_{1,2}x_{2,2}$ を計算すると，各説明変数の掛け算である $x_{1,1}x_{2,1} = 15 \cdot 7 = 105$ や $x_{1,2}x_{2,2} = -3 \cdot (-1) = 3$ はどちらもプラスとなるため，その足し合わせである内積もプラスになる．

逆に，データ X_1 と X_3 では，各説明変数の符号が同じでないため，類似性は低いと考えられる．実際に，この二つの内積 $X_1 \cdot X_3 = x_{1,1}x_{3,1} + x_{1,2}x_{3,2}$ を計算すると，$x_{1,1}x_{3,1} = 15 \cdot (-8) = -120$，$x_{1,2}x_{3,2} = -3 \cdot 6 = -18$ はどちらもマイナスになるため，内積もマイナスになる．

よって，先に述べたとおり，類似性が高いなら内積はプラスになり，類似性が低いなら内積はマイナスになることが確認できた．この類似性判定は**コサイン類似度**判定とよばれる．

さて，内積の計算も踏まえると，最小化の式にある $(\sum_i \sum_j \alpha_i \alpha_j y_i y_j X_i \cdot X_j)/2$ は，先の例でいえば，以下の式で表される．

$$
\begin{aligned}
&(\overset{\underset{\downarrow}{i}}{\alpha_1}\overset{\underset{\downarrow}{j}}{\alpha_1}\overset{\underset{\downarrow}{i}}{y_1}\overset{\underset{\downarrow}{j}}{y_1}(\overbrace{x_{1,1}x_{1,1} + x_{1,2}x_{1,2}}^{\text{説明変数}}) & \cdots i=1,\ j=1 \\
&+ \alpha_1\alpha_2 y_1 y_2 (x_{1,1}x_{2,1} + x_{1,2}x_{2,2}) & \cdots i=1,\ j=2 \\
&+ \alpha_1\alpha_3 y_1 y_3 (x_{1,1}x_{3,1} + x_{1,2}x_{3,2}) & \cdots i=1,\ j=3 \\
&+ \alpha_2\alpha_1 y_2 y_1 (x_{2,1}x_{1,1} + x_{2,2}x_{1,2}) & \cdots i=2,\ j=1 \\
&+ \alpha_2\alpha_2 y_2 y_2 (x_{2,1}x_{2,1} + x_{2,2}x_{2,2}) & \cdots i=2,\ j=2 \\
&+ \alpha_2\alpha_3 y_2 y_3 (x_{2,1}x_{3,1} + x_{2,2}x_{3,2}) & \cdots i=2,\ j=3
\end{aligned}
$$

$$+ \alpha_3 \alpha_1 y_3 y_1 (x_{3,1} x_{1,1} + x_{3,2} x_{1,2}) \qquad \cdots i = 3, \ j = 1$$

$$+ \alpha_3 \alpha_2 y_3 y_2 (x_{3,1} x_{2,1} + x_{3,2} x_{2,2}) \qquad \cdots i = 3, \ j = 2$$

$$+ \alpha_3 \alpha_3 y_3 y_3 (x_{3,1} x_{3,1} + x_{3,2} x_{3,2})) \qquad \cdots i = 3, \ j = 3$$

主問題のときは w と b を調整して最適解を得ていたが，双対問題のときは α を調整して最小化し，最適解を得ることになる．なお，前述のように主問題も双対問題もたどりつく解は同じである．そのため，主問題の最適解 w' は，双対問題の最適解 α' から得ることができる．具体的には，以下の式で変換できる．

$$w'_1 = \sum_i \alpha'_i y_i x_{i,1}, \quad w'_2 = \sum_i \alpha'_i y_i x_{i,2}$$

これは表 6.2 の例で書き下すと，以下のような式で表される．

$$w'_1 = \alpha'_1 y_1 x_{1,1} + \alpha'_2 y_2 x_{2,1} + \alpha'_3 y_3 x_{3,1}$$

$$w'_2 = \alpha'_1 y_1 x_{1,2} + \alpha'_2 y_2 x_{2,2} + \alpha'_3 y_3 x_{3,2}$$

よって，双対問題で得られた最適解 α' を使うと，未知のデータ X_m に対する分類の推定は，最適解 w' を用いた決定関数 $W' \cdot X_m + b = w'_1 x_{m,1} + w'_2 x_{m,2} + b$ を α' でおきかえた，以下の決定関数がプラスになるかマイナスになるかで表される．

$$
\begin{aligned}
w'_1 x_{m,1} + w'_2 x_{m,2} + b &= \sum_i \alpha'_i y_i x_{i,1} x_{m,1} + \sum_i \alpha'_i y_i x_{i,2} x_{m,2} + b \\
&= \sum_i \alpha'_i y_i (x_{i,1} x_{m,1} + x_{i,2} x_{m,2}) + b \\
&= \sum_i \alpha'_i y_i X_i \cdot X_m + b
\end{aligned}
$$

◉ 双対問題を解釈する

双対問題は主問題と同じ最適解を得ることから，主問題を別の見方で解いていると解釈できる．そのため，双対問題を解釈すると，SVM の別の側面を明らかにすることができる．

まず，前述のように，双対問題では重み α が学習データの数だけ存在している．分類の考え方として，推定したいデータに類似した特徴をもつ学習データを探して，その学習データの正解を使って推し量る方法（k–近傍法）を第 2 章で述べた．実は，SVM もまたこの考え方を用いているととらえることができる．決定関数 $\sum_i \alpha'_i y_i X_i \cdot X_m + b$ を読み解くことで，このことをとらえてみよう．

決定関数は学習データが三つ (X_1, X_2, X_3) の場合，以下の形式へ分解できる．

6.4 同じ解へとたどりつく「双子」の問題 〜双対問題〜

$$\sum_i \alpha'_i y_i X_i \cdot X_m + b = \alpha'_1 y_1 X_1 \cdot X_m \\
+ \alpha'_2 y_2 X_2 \cdot X_m \\
+ \alpha'_3 y_3 X_3 \cdot X_m \\
+ b \qquad (6.2)$$

ここからは，学習データごとに分けて考えてみよう．ある学習データ X_i (X_1, X_2, X_3 のどれか）に対して，決定関数の値は $\alpha'_i y_i X_i \cdot X_m$ だけ変化する．このとき，推定したいデータ X_m と学習データ X_i の類似性が高いなら（内積 $X_i \cdot X_m$ の値がプラスなら），学習データ X_i の正解 y_i がもつ符号方向に決定関数の値は変動することになる．つまり，y_i が 1 ならプラス方向に，y_i が -1 ならマイナス方向に決定関数の値が変動する（制約条件から $\alpha_i \geqq 0$ なので，α_i によってプラスマイナスの方向は変わらないことに注意）．つまり，（推定したいデータ X_m に類似する）学習データ X_i の正解 y_i へと近づくように，決定関数の値は調整されることになる．これは，「推定したいデータに類似した特徴をもつ学習データを探して，その学習データの正解を使って推し量っている」ととらえることができる．

逆に，類似性が低い（つまり，内積 $X_i \cdot X_m$ の値がマイナスになる）学習データ X_i についても考えてみよう．決定関数は $\alpha'_i y_i X_i \cdot X_m$ だけ変化するのだから，学習データ X_i の正解 y_i の符号とは逆方向に変動することになる（$X_i \cdot X_m < 0$ なので，$y_i X_i \cdot X_m$ は y_i の符号と逆になる）．つまり，類似していない学習データ X_i の正解 y_i とは逆方向に，決定関数が調整される．よって「類似しない学習データとは違う結果になるようにする」という調整も加えていることになる．

上記で示した双対問題の決定関数のとらえ方について，具体例で示してみよう．図 6.12 では，中性脂肪と血糖値を説明変数として用いている．

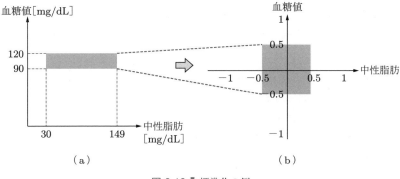

図 6.12 ┃ 標準化の例

(空腹時の) 血糖値は 90～120 mg/dL くらいが適正とされており，これより小さいと低血糖，大きいと高血糖となり，身体に悪影響が生じる．中性脂肪は 30～149 mg/dL くらいが適正とされ，高すぎるのはもちろんのこと，低すぎるのもまた体に悪影響を及ぼすとされている．何事にもたいてい適度というものはあり，この範囲内から外れることは，健康体といえない状況と考えられる．

血糖値と中性脂肪の両方が適正な範囲は，図 6.12 (a) に示したように長方形となる．第 3 章の回帰分析や第 4 章のニューラルネットワークと同様に，SVM でも説明変数に重みを直接掛け算しているため，この例のように入力値の範囲に差があると高い性能が得られなくなる．そのため，回帰分析やニューラルネットワークと同様に，標準化などを行って値の範囲を事前に調整する必要がある．ここでは，図 (b) のように，適正な範囲が -0.5～0.5 の範囲に収まるように調整したとしよう．

この調整された (中性脂肪, 血糖値) において，学習データとして $(1,1)$, $(-1,1)$, $(-1,-1)$ の 3 件が得られていたとする．その様子を図 6.13 (a) に示す．

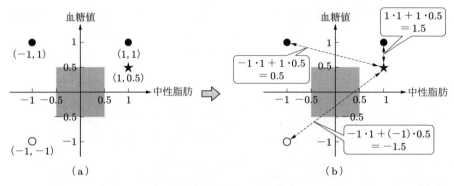

図 6.13 ▌ 内積の計算例

各学習データの正解 y は，$(1,1)$, $(-1,1)$ については 1，$(-1,-1)$ は -1 であったとする．図 6.13 では 1 を黒丸，-1 を白丸で表現している．ここで，新たなデータ X_m として，$(1, 0.5)$ が与えられたとしよう．図ではこれを★印で表現している．さて，このデータに対して内積を計算してみよう．学習データ X_i と新しいデータ X_m との内積は，$X_{i,1}X_{m,1} + X_{i,2}X_{m,2}$ で表現できる．よって，一つ目の学習データ $(1,1)$ との内積は，$1 \times 1 + 1 \times 0.5 = 1.5$ となる．

そのほかの学習データに対する内積も計算した結果を図 6.13 (b) に示す．図での位置関係からみて取れるように，与えられた★印データに近い学習データほど内積の値はプラス方向に大きくなり，遠く離れた $(-1,-1)$ との内積はマイナスになっていることが確認できる．よって，内積が類似性を測る尺度として機能していることがわかる．

モデル

6.4 同じ解へとたどりつく「双子」の問題 ～双対問題～ **103**

学習データが三つの場合の双対問題の決定関数 (6.2) は，この値がプラスになると正解は 1（黒丸），マイナスになると正解は −1（白丸）と判定されるのであった．今回計算した内積と，正解 y を当てはめてみよう．

$$\sum_i \alpha_i' y_i X_i \cdot X_m + b = \alpha_1' \cdot 1 \cdot 1.5 \qquad \rightarrow \qquad 1.5 \cdot \alpha_1'$$
$$+ \alpha_2' \cdot 1 \cdot 0.5 \qquad \rightarrow \qquad 0.5 \cdot \alpha_2'$$
$$+ \alpha_3' \cdot (-1) \cdot (-1.5) \qquad \rightarrow \qquad 1.5 \cdot \alpha_3'$$
$$+ b$$

上二つの学習データ $(1, 1)$ と $(-1, 1)$ は内積がプラスの値であり，正解もプラスの値であった．よって，その掛け算により，決定関数の値はプラス方向に増加することになる（α_1' と α_2' はどちらもプラスになるという制約条件があるため，符号が逆転することはない）．三つ目の学習データ $(-1, -1)$ とは内積がマイナスとなり，類似性が低かった．一方で，このデータの正解は −1 とマイナスであるため，決定関数はマイナス同士の掛け算により，決定関数の値はプラス方向に増加する．

このように，類似性の高い（内積がプラスになる）学習データの正解に近づくように，類似性の低い（内積がマイナスになる）学習データの正解から遠ざかるように，決定関数が形作られていることがわかる．また，b については，第 4 章のニューラルネットワークで出てきた定数項と同様に，決定関数がプラスになるかマイナスになるかの水準を調整する役割をもっているととらえられる．

そして α は，各学習データによる決定関数の調整度合の大きさを表現しているとみなせる．さらに，双対問題の（最小化したい）目的関数に $\sum_i \alpha_i$ があったことを思い出そう．これはつまり，「α の値をできる限り 0 に近づける」という条件が入っていることになる（制約条件から必ず $\alpha_i \geqq 0$ になることに注意）．実際 SVM では，サポートベクトル以外の学習データ X_i に対する α_i の最適解は 0 になる．つまり，サポートベクトル以外の学習データは決定関数に寄与しない．

これが SVM の性能の高さにつながっている．第 2 章で示したように，モデルは複雑であればあるほど，未知のデータに対する性能は低下する．第 4 章のニューラルネットワークは，モデルの複雑さを削減するために説明変数の重みをできる限り 0 に近づけて使わないようにするという，荷重減衰の考え方で性能を上げていることに触れた．SVM の場合は説明変数に対する重みではなく，（$\sum_i \alpha_i$ を最小化して）モデルで使う学習データを可能な限り減らすことで，（用いる説明変数の数はあまり削減せずに）モデルの複雑さを下げ，複雑すぎない分離超平面を獲得して汎化性能を上げている．

ここで，（学習データが三つの場合の）最適解 w' から双対問題の最適解 α' への変換

104 6 サポートベクターマシン

式を思い出してみよう.

$$w_1' = \alpha_1' y_1 x_{1,1} + \alpha_2' y_2 x_{2,1} + \alpha_3' y_3 x_{3,1}$$

$$w_2' = \alpha_1' y_1 x_{1,2} + \alpha_2' y_2 x_{2,2} + \alpha_3' y_3 x_{3,2}$$

仮に X_1 がサポートベクトルであったとき，対応する重み α_1' は 0 より大きな値となる．すると，数式をみるとわかるように，説明変数の重み w' (w_1', w_2') のすべてに値を付加することになる．よって，大量に説明変数を用いたときでも，説明変数の重みの多くが 0 にならない，つまり活用されると考えられる．SVM は，多くの説明変数を活用しながらも高い汎化性能を実現しているわけである．よって，第 2 章で示した次元の呪いを限定的ではあるが[†]克服している．

6.5 ▶ SVM で複雑なモデルを実現する　〜カーネルトリック〜

SVM の双対問題にはもう一つ大きな特徴がある．それは双対問題の問題自体や，分類の推定に使う決定関数において，データ X_i 単体ではなく，二つのデータ X_i と X_j の内積 $X_i \cdot X_j$ という形で使われている点である．

- 最小化：　$\sum_i \alpha_i - \dfrac{\sum_i \sum_j \alpha_i \alpha_j y_i y_j X_i \cdot X_j}{2}$
- 制約条件：　$\alpha_i \geqq 0$（すべての学習データ i について），　$\sum_i \alpha_i y_i = 0$
- 決定関数：　$\sum_i \alpha_i' y_i X_i \cdot X_m + b$

内積の説明の際にも触れたが，双対問題では学習（最小化）においても推定（決定関数）においても，欲しいのは「二つのデータの類似性」であり，「X_i というデータそのもの」がどういう値かはまったく必要がないのである．よって，X_i（の説明変数）をさらに複雑化させたとしても，「二つのデータの類似性」さえ計算できれば何の問題もないということになる．

例として，説明変数 X をさらに複雑に加工して作った新たな変数 $\tilde{X} = \phi(X)$ を考えてみよう．ϕ は X の加工方法を定めた関数であるとする．たとえば，$\tilde{X} = (x_1^2, x_2^2, x_1 x_2, x_1, x_2)$ といったように，元のデータ X の説明変数 x_1 や x_2 を使って，新たな説明変数 $\tilde{X}$ を加工して作る．このケースの場合，$X_i = (1, 2)$ に対する新たな変数 $\tilde{X}_i$ は，$\tilde{X}_i = \phi(X_i) = (1, 4, 2, 1, 2)$ になる．

ここでは具体例として $\tilde{X}$ を計算してみたが，具体的な $\tilde{X}$ の値自体はわからなくても，加工された変数 $\tilde{X}$ における「二つのデータの類似性」の値 $\tilde{X}_a \cdot \tilde{X}_b = \phi(X_a) \cdot \phi(X_b)$ が，

[†] ここで「限定的」と表現しているのは，説明変数の重み w' は自由に設定できるわけではないためである．サポートベクトルとなる学習データ X_1 の重み α_1' が，説明変数の重み w' すべてと連動してしまうため，任意の w' を実現できるわけではない．

X_a と X_b から直接計算できるならば，学習（双対問題の目的関数最小化）も推定（決定関数の計算）も，問題なく実行できるようになる．これにより，複雑な加工 $\tilde{X} = \phi(X)$ によって生み出された新しい説明変数も簡単に扱うことができる．これを**カーネルトリック**という．X_a と X_b から値 $\tilde{X}_a \cdot \tilde{X}_b$ を算出する関数 $K(X_a, X_b) = \phi(X_a) \cdot \phi(X_b)$ を**カーネル関数**という．

カーネルトリックを使うと，双対問題と決定関数は以下で書き直せる．

- 最小化： $\sum_i \alpha_i - \dfrac{\sum_i \sum_j \alpha_i \alpha_j y_i y_j K(X_i \cdot X_j)}{2}$
- 制約条件： $\alpha_i \geqq 0$（すべての学習データ i について），$\sum_i \alpha_i y_i = 0$
- 決定関数： $\sum_i \alpha'_i y_i K(X_i \cdot X_m) + b$

いずれも $\phi(X_i)$, $\phi(X_j)$, $\phi(X_m)$ の具体的な値自体は必要なく，$K(X_i \cdot X_j)$ や $K(X_i \cdot X_m)$ が計算できれば解決できる．

では，カーネルトリックを使って説明変数を複雑にすると，どんなことができるようになるのか．カーネルトリックを使わない場合，分離超平面は直線や平面といった「まっすぐで曲がらないもの」しか扱えなかった．これに対し，カーネルトリックを使うことで，曲がった分離超平面も扱えるようになる．図 6.14 の例をみてみよう．

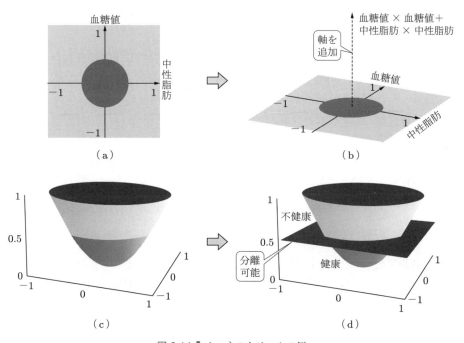

図 6.14 ▎カーネルトリックの例

図 6.14 (a) は，先の例で用いた中性脂肪と血糖値という二つの説明変数を標準化したケースでとらえた図である．前述のように，どちらも適正な範囲 (−0.5〜0.5) があり，高すぎても低すぎても健康に悪影響となる．一方で，どちらも適正範囲に含まれていたとしても，そのどちらもが適正範囲ぎりぎりであれば，健康体とは断言しにくいであろう．よって，健康体という範囲を塗り分けしようとした場合，図 6.13 のような正方形ではなく，図 6.14(a) のように円形で表現するのは妥当といえる．

このようなケースにおいて，健康体であるか否かを SVM でうまく切り分けられないだろうか．健康体の範囲は円形であるため，直線で分離する SVM はうまく適用できそうにない．そこで，カーネルトリックにより図 6.14(b) のような新たな説明変数の軸（血糖値 × 血糖値 + 中性脂肪 × 中性脂肪）を追加してみよう．

軸（血糖値 × 血糖値 + 中性脂肪 × 中性脂肪）の示す値は，中性脂肪と血糖値がともに 0 となる点（つまり，健康体を示す円の中心）からの「距離」に相当する（正確には「距離」の 2 乗に相当するが，値の大小関係は変わらないため，「距離」と読みかえても大きな問題はない）．いままで，中性脂肪と血糖値という 2 次元上に配置されていた健康体を示す円などが，この軸の追加により 3 次元上に配置される．その結果が図 6.14(c) である．図をみるとわかるように，円の中心から遠ざかる場所ほど（円の中心からの「距離」が大きくなるため），高さ方向に（つまり新たな軸方向に）大きな値となっていることがわかる．

SVM の分離超平面は，2 次元であれば直線，3 次元であれば平面になることをすでに述べた．よって，この新たな 3 次元空間上で，SVM は平面でデータを分離することができる．したがって，図 6.14(d) のように分離超平面を定めれば，健康体とそうでない人を分けることが可能となる．

例で示したように，説明変数の数を適切に増やすことで，うまく分類できないケースも分類できるようになる．回帰分析などでも，あらかじめ説明変数を増やしておくことで性能向上を図ることが多いが，基本的に人手で行う必要があるため手間がかかる．これに対し，SVM はカーネルトリックを使うことで，手間をかけずに簡単に説明変数を増やすことができるため，複雑な分離超平面を手軽に作り出して高度な分類を行えるという点が大きな利点となっている．

カーネル関数はデータの傾向に合わせて変更することが望ましく，用途に応じたさまざまなカーネル関数が提案されている．代表的なカーネル関数を以下に示す．

- 線形カーネル： $K(X_i, X_j) = X_i \cdot X_j$ （単純な内積）
- 多項式カーネル： $K(X_i, X_j) = (\gamma X_i \cdot X_j + \text{coef0})^{\text{degree}}$
- RBF (radial basis function) カーネル： $K(X_i, X_j) = \exp(-\gamma |X_i - X_j|^2)$
- シグモイドカーネル： $K(X_i, X_j) = \tanh(\gamma X_i \cdot X_j + \text{coef0})$

モデル
6.5 SVM で複雑なモデルを実現する 〜カーネルトリック〜 **107**

ここで,

$$\tanh(T) = \frac{\exp(T) - \exp(-T)}{\exp(T) + \exp(-T)}$$

である.また,γ, coef0, degree は作り出される説明変数の傾向を変える調整用のパラメータであり,あらかじめ設定する必要がある.パラメータの簡単な説明を以下に示す.

- γ:類似度合を強調するパラメータ.
  値が大きいほど類似している／いないの差が大きくなる.
- coef0:おもに類似度合のベースラインを調整するパラメータ.
- degree:多項式カーネルで考慮される次数(組み合わせ数)を調整するパラメータ.

たとえば,多項式カーネルで $\gamma = 1$, coef0= 1, degree= 2 とした場合,$x_{i,1}$ と $x_{i,2}$ の二つの説明変数をもつ X_i に対する新たな説明変数 $\tilde{X}_i$ は,$\tilde{X}_i = \phi(X_i) = (x_{i,1}x_{i,1}, x_{i,2}x_{i,2}, \sqrt{2}x_{i,1}x_{i,2}, \sqrt{2}x_{i,1}, \sqrt{2}x_{i,2}, 1)$ の 6 変数になることがわかっている.このことは,以下の二つの式が同じ値となることから確認できる.

$$K(X_i, X_j) = (X_i \cdot X_j + 1)^2 = (x_{i,1}x_{j,1} + x_{i,2}x_{j,2} + 1)^2$$
$$= x_{i,1}x_{i,1}x_{j,1}x_{j,1} + x_{i,2}x_{i,2}x_{j,2}x_{j,2} + 2x_{i,1}x_{j,1}x_{i,2}x_{j,2}$$
$$+ 2x_{i,1}x_{j,1} + 2x_{i,2}x_{j,2} + 1$$
$$\phi(X_i) \cdot \phi(X_j) = (x_{i,1}x_{i,1}, \ x_{i,2}x_{i,2}, \sqrt{2}x_{i,1}x_{i,2}, \sqrt{2}x_{i,1}, \sqrt{2}x_{i,2}, 1)$$
$$\cdot (x_{j,1}x_{j,1}, x_{j,2}x_{j,2}, \sqrt{2}x_{j,1}x_{j,2}, \sqrt{2}x_{j,1}, \sqrt{2}x_{j,2}, 1)$$
$$= x_{i,1}x_{i,1}x_{j,1}x_{j,1} + x_{i,2}x_{i,2}x_{j,2}x_{j,2} + 2x_{i,1}x_{j,1}x_{i,2}x_{j,2}$$
$$+ 2x_{i,1}x_{j,1} + 2x_{i,2}x_{j,2} + 1$$

よって,多項式カーネルにおいて degree が 2 の場合,前述の図 6.14 でも使用していた $x_{i,1}x_{i,1}(= x_{i,1}{}^2)$ などの(元の変数 $x_{i,1}$ が二つ用いられた)説明変数や,$x_{i,1}x_{i,2}$ のような(元の説明変数 $x_{i,1}$ と $x_{i,2}$ を一つずつ,計二つ用いられた)説明変数が作られている.degree を 3 にした場合は,元の説明変数を三つ用いた説明変数($x_{i,1}x_{i,1}x_{i,1}$ など)をさらに加えることができる.たとえば,$x_{i,1}$ が「男性なら 1,女性なら 0」という変数であり,$x_{i,2}$ が「既婚なら 1,未婚なら 0」という変数であった場合,$x_{i,1}x_{i,2}$ という変数は「男性かつ既婚なら 1,それ以外は 0」という変数になる.つまり,多項式カーネルを使うだけで,投入した説明変数同士の掛け合わせによる効果(**交互作用**)を自動的に考慮できるようになる.

なお,多項式カーネルのような掛け合わせを考慮する効果は,RBF カーネルももっ

108 │ 6 サポートベクターマシン

ている（本書ではその導出は割愛する）．RBF カーネルは新たな説明変数 $\tilde{X}$ の数が無限に存在しており，元の説明変数のあらゆる掛け合わせをすべて考慮する（説明変数二つの組み合わせ，三つの組み合わせ，…など）．よって，最初に用いるカーネルとして好適であるが，不必要な複雑さは汎化性能に悪影響を及ぼす懸念もある．考慮すべき掛け合わせが限定的ならば，あらかじめ掛け合わせた説明変数を作成したうえで線形カーネルを用いるか，次数 degree を小さめに抑えた多項式カーネルを用いたほうがよい性能を得られる可能性もある．

補足 交互作用とは，単純な足し合わせの効果ではない点に注意しよう．たとえば，あるお店の利用額を推定したいとき，「男性」は「女性」に比べて利用額が 1 万円多く，「既婚」は「未婚」に比べて 5 千円多い傾向があったとする．このとき，「男性かつ既婚」の人が，「女性かつ未婚」の人に比べて利用額が 1 万 5 千円多いのであれば，「男性かつ既婚」という交互作用はない．なぜなら，「男性（+1 万円）」，「既婚（+5 千円）」というそれぞれの特徴の足し合わせで「男性かつ既婚（+1 万 5 千円）」が表現できているためである．

これがもし，「男性かつ既婚」の人が「女性かつ未婚」の人に比べて利用額が 3 万円多い，あるいは逆に 1 万円少ない，などのような結果になる場合は，交互作用が存在する．「男性かつ既婚」という掛け合わせにおいてだけ，特別な付加効果が存在する，と考えられるためである．

6.6 ▶ SVM の特徴

SVM はマージン最大化に基づく分離超平面を用いることで，汎化性能の高い分類推定ができる．さらに，その学習は凸 2 次最適化問題となっているため，ニューラルネットワークのように（初期値設定の）運次第で性能が変わるといった学習の難しさはなく，基本的に最適解を得ることができる．さらに，カーネルトリックにより複雑な分離面にも簡単に対応できるため，二値分類の問題に対して，手軽に高性能なモデルを得られるという大きな魅力がある．

ただし，その魅力は，「あるクラスであるか否か」を判別することにだけ着目し，「あるクラスである確率」自体は推定しないと割り切ることで成立している面がある．そのため，「病気になる確率」などを求めたい場合は，別の方法を用いるか，SVM の出力結果（分離超平面からの距離）を用いて確率を推定するモデルを構築するなどの方法をとらなくてはならない．ただし，分離超平面からの距離は「確率」と対応するように学習しているわけではない点には注意が必要である．よって，SVM の結果が優れていても，その結果を使って推定された確率が優れているとは限らない．

また，二値分類以外への応用として，多値分類（三つ以上のクラスに分類するモデル）も提案されているが，二値分類モデルをたくさん作って，その組み合わせで判別する方法が一般的であり，二値分類がもつ性能に比べるとやや見劣りする面は否めない（多値分類できるように SVM を改造する方法も提案されているが，計算時間が長

実 装

6.7 Rでの SVM（kernlab と e1071）の実行例 **109**

くなりやすいというデメリットがある）.

そのほか，SVM の考え方を回帰分析に使う方法である SVR (Support Vector Regression) や教師なし学習への応用も提案されている.

実　装

6.7 ▶ R での SVM （kernlab と e1071）の実行例

◉ kernlab の SVM

ここでは R のサンプルデータである iris データを利用して，あやめの種類を推定する例を扱う.

R で SVM を使えるパッケージとして，kernlab がある. kernlab は以下のコマンドで使用できるようになる.

```
install.packages("kernlab")
library(kernlab)
```

使用する際には library で指定しておく. なお，最初の 1 行目はインストールであるため，2 回目以降は実行しなくてよい.

それでは，分類の様子を確認してみよう. kernlab に入っている ksvm は 3 種類の分類（多値分類）もできる. 学習や推定の方法は第 4 章で示したニューラルネットワークの場合と同じである.

```
# データ分割：学習データと検証データとに分ける
testd <- 1:30*5
test <- iris[testd,]
train <- iris[-testd,]
# 学習：カーネルとして RBF カーネル (rbfdot) を使用
kmdl <- ksvm(Species~.,data=train,kernel="rbfdot")
# 推定
pred <- predict(kmdl,test)
# 判定結果の比較
table(pred,test$Species)
```

得られる出力は以下のとおりである.

pred	setosa	versicolor	virginica
setosa	10	0	0
versicolor	0	10	2
virginica	0	0	8

ksvm では，二つの説明変数を使って二値分類のモデルを構築した場合，データの分離状況を詳細に図示できる．そこで，あえて iris データを絞ってみよう．

```
irisn <- iris[51:150,c(2,3,5)]
irisn$Species <- droplevels(irisn$Species)
kmdl <- ksvm(Species~.,data=irisn,kernel="rbfdot")
plot(kmdl,data=irisn)
```

1行目でデータ iris の 51 行目～150 行目，つまり versicolor と virginica の 2 種類のデータを取り出し，かつ説明変数をがく片の幅と花びらの長さ（とあやめの種類名）に絞っている．この際，外した setosa の情報が残ってしまっているため，2 行目で削除している．

3 行目でモデルを構築した後，そのモデルを 4 行目で図示している．図示した結果を図 6.15 に示す．

三角が versicolor，丸が verginica であり，横軸が花びらの長さ，縦軸ががく片

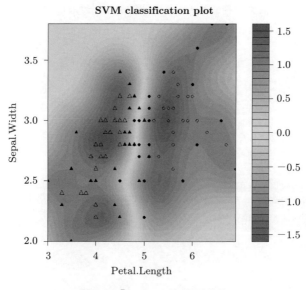

図 6.15 ksvm による図示結果

実　装

6.7　RでのSVM（kernlabとe1071）の実行例 **111**

の幅である．黒く塗りつぶされている三角や丸がサポートベクトルを表している．色
の薄い場所が分離超平面付近であり，二つの種類を分ける境目あたりを曲線的に通っ
ていることがわかる．

◉ e1071 の SVM

kernlab の SVM である ksvm は，大規模データを扱うと処理時間が増えてしまい
やすい．その場合は e1071 パッケージに含まれている svm を用いるとよい．近年広
く使われている SVM ツールである libsvm を R でよび出せるようになっており，比
較的大規模なデータでも高速に処理できる．e1071 パッケージは以下のコマンドで使
用できるようになる．なお，最初の 1 行目はインストールであるため，1 回実行すれ
ば以降は実行しなくてよい．

```
install.packages("e1071")
library(e1071)
```

ここでは，第 5 章のディープラーニングで行ったのと同様に，spam データを用いて
電子メールがスパムメールかどうかの判定を行う．なお，spam データは ksvm の入っ
ていた kernlab に入っている．

svm の基本的な使い方は ksvm と同じであるが，RBF カーネルを指定する場合は，
svm の引数 kernel に radial と指定する．また，今回は同じ結果を得るために乱数
生成パターンを設定している．

```
# データの読み込み
data(spam)
# データ分割
tar <- 1:2300*2
test <- spam[-tar,]
train <- spam[tar,]
# 学習： RBF カーネルを使用
set.seed(10)
mdl <- svm(type~.,data=train,kernel="radial")
# 推定
pred <- predict(mdl,test)
# 判定結果の比較
table(pred,test$type)
```

得られる出力は以下のとおりである．

112 6 サポートベクターマシン

```
pred        nonspam spam
  nonspam   1336   114
  spam        58   793
```

スパムか否かという判定結果ではなく，スパムである確率を求めたい場合は，svm
と predict の両方で probability=TRUE を指定する．ただし，あくまで分離超平面
からの距離を利用して推定しているため，6.6節で述べた理由により，より直接的に確
率を求める別の推定方法に比べると見劣りする可能性はある．

```
set.seed(10)
mdl <- svm(type~.,data=train,kernel="radial",probability=TRUE)
pred <- predict(mdl,test,probability=TRUE)
```

第5章のディープラーニングと同様に，AUC を用いて性能を評価してみよう（ここ
では ROCR のインストールは済んでいるものとしている）．

```
library(ROCR)
tlabel <- as.integer(test$type)-1
tpredlp <- prediction(attr(pred,"probabilities")[1:2301],tlabel)
aucp <- performance(tpredlp,"auc")
as.numeric(aucp@y.values)
```

結果は以下のようになる．

```
[1] 0.9712716
```

第5章の結果と比較すると，ニューラルネットワーク (0.9696206) には勝っている
が，ディープラーニング (0.9806542) には劣る結果となっている．
最後に，svm の主要な設定パラメータを表6.3に示す．

実 装
6.7 RでのSVM（kernlabとe1071）の実行例 **113**

表 6.3 ▌ svm のパラメータ

type	実行する SVM のタイプを指定する．基本的には目的変数の設定によって自動で決定される． **分類問題** ・C-classification：デフォルトで用いられる． ・nu-classification：cost のかわりに nu で制御する． **回帰問題** ・eps-classification：デフォルトで用いられる． ・nu-classification：epsilon のかわりに nu で制御する． **その他** ・one-classification：教師なし学習．与えられたデータの傾向からみて，低確率で出現していると思われる異常データを発見する．確率は nu で指定する．
kernel	用いるカーネル．以下の 4 種類が使える． linear：線形カーネル polynomial：多項式カーネル radial：RBF カーネル sigmoid：シグモイドカーネル
degree	多項式カーネルの degree を設定する．デフォルトは 3.
gamma	線形カーネル以外の γ を設定する．デフォルトは説明変数の数を D としたときの，$1/D$.
coef0	多項式カーネルやシグモイドカーネルの coef0 を指定する．デフォルトは 0.
cost	分離超平面でうまく分けられないデータ（マージンエラー）に対するペナルティの強さを指定する．値が大きいほどペナルティが高く，学習データに傾注しやすくなるため，過学習しやすくなる．デフォルトは 1.
epsilon	回帰問題で用いる．誤差がこの値の範囲内であれば，マージンエラーとみなさない（ペナルティを与えない）．デフォルトは 0.1.
nu	マージンエラーの許容度合を調整するパラメータ．値の解釈が不明な cost とは異なり，マージンエラーとなるデータの割合の上限値という意味合いをもつ．値が 0 に近いほどペナルティが強く，過学習しやすい．

7

ベイズ理論

近年のディープラーニング全盛の陰に隠れながら，人工知能を支える技術として注目されているのがベイズ理論である．ベイズ理論はいまある統計技術のほとんどよりも古く，その誕生は 1740 年代に遡る．そんな古い理論でありながら，近年のコンピュータ技術の発達なども手伝って，各方面で重要な成果をあげている．

ベイズ理論は長らく異端の理論とされてきた．その理由はさまざまだが，「（与えられた課題に対して）人間が抱いている直観次第で，得られる解答が変わりうる」という，「真実を探求する」数学らしからぬ性質があったことが大きな要因であろう．異端とされ，表舞台に現れることは長らくなかったが，それ以降に誕生したさまざまな統計学や機械学習は，少なからずベイズ理論の影響を受けている．表立ってベイズ理論を使っているとは公言できなかったため，密かにさまざまな理論に組み込まれながら培われてきたのである．

したがって，ベイズ理論はある特定の技術というわけではなく，「ベイズの定理」という一つの公式を基礎としておく理論の総称といえる．よって，ほかの技術と違って抽象性が高いため，具体的なモデルや目的変数や説明変数をすぐにはイメージしづらいであろう．しかし，ここから示唆される内容はとても深い．ここでそのすべてを語りつくすことは到底できないが，ベイズ理論における重要な概念についてしっかりと触れ，その後でより具体的な応用へとおとした単純ナイーブベイズモデルについて紹介することで，その一端を感じてほしい．

発　想

7.1 ▶ 経験則や直観を活用する

本章までに述べた多くの方法は，十分なデータ数がないと正しく学習することは難しかった．一方で現実世界では，いままでにない新たな課題に直面することも多く，ほとんど未知の状況ともいえる中で，人は直観や経験則を頼りに多くの問題を解決してきた．そうだとすれば，その直観や経験則をモデルに組み込むことで，新たな課題を解決する，よいモデルを構築することもできるのではないだろうか．

発 想
7.1 経験則や直観を活用する

　図 2.5 の例の観点から少し深く考えてみよう．判定基準となる点線が複雑に折れ曲がっていると，オッカムの剃刀の考え方により，汎化性能が低い可能性があることは既に述べた．この汎化性能の低さの理由を，直観や経験則で説明できないだろうか．

　判定基準が複雑に折れ曲がっているということは，説明変数が少し変わるだけで判定がコロコロ変わってしまうということでもある．たとえば，図 7.1 の場合 30 代の人において，年収 300 万までの人は家を購入しにくく，300 万～350 万なら購入しやすいが，350 万～400 万なら購入しにくい，ということが起こっている．これは直観や経験則からいって妥当といえるだろうか．

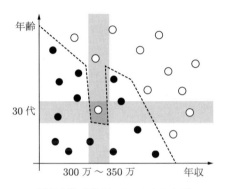

図 7.1 ▎感覚的にみておかしな例

　一般的な感覚からいえば，30 代において年収 300 万～350 万の人だけが家を購入しやすい，という特別視をする理由はとくに見当たらないだろう．よって，30 代で年収 300 万～350 万の人は家を購入しやすいと考えるよりは，あくまで偶然そういう人が学習データの中にいたと考えたほうが妥当といえる．これは，これまでに培った直観や経験則が与えてくれる情報であるといえよう．

　とくに，ビジネスで使われるデータマイニングなどにおいては，分析者がこうした情報を駆使してモデルの複雑さを調整し，汎化性能の向上を実現していくことが多い．このためには，あらかじめ問題の背景知識を収集・把握しておくことが重要となる．分析対象となる問題に応じて，分析者はその背景知識を調べたうえで，その知識を活用しながらモデル構築を行わなくてはならない．

　しかし，この方法はあくまでデータマイニングを行う分析者のテクニックであり，理論として確立されているものではない．うまく人間の直観や経験則を理論的に導入する方法はないのか．これに対して近年有力になっているのがベイズ理論なのである．

　ここで，図 7.1 をもう少し掘り下げて考えてみよう．年収 300 万～350 万の人だけを特別視する理由はないという直観はどこからくるのだろうか．

116 | 7 ベイズ理論

可能性の一つとして，年収変化の一般的な知識からきていると考えることができる．年収が 300 万前後の人（たとえば 290 万と 310 万の人など）の特徴を見比べたとき，そこに特段大きな違いはみられないだろう．この程度の差異は，日々の残業の量によっても十分変わりうるからである．これがもし，103 万前後の人であれば違いがあるかもしれない．日本では 103 万を超えると税負担が大きく変わるため，収入の調整をする人が多い．よって，103 万以下の人と 103 万超の人とで性質や特徴が異なる可能性はある．まとめると，年収に対して使われた直観や経験則は，一人ひとりの「年収」という情報がどういった理由・経緯で決まるのか（生成されるのか）という「知識」からくると考えることができるだろう．

ベイズ理論はこの生成という考え方と親和性が高い．一般的なモデルの大半は，説明変数 X と目的変数 Y の関係だけに着目している．つまり，どんな年収（＝説明変数 X）をもつ人が，家を購入しやすいか（＝目的変数 Y）という観点である．これに対し，ベイズ理論を利用すると，さらに「説明変数 X がどう生成されてくるのか」という点を踏まえて判断できる．先の例でいえば，「年収がどういった経緯で生成されるのか」という点を踏まえて考えることができる．このモデル形式を**生成モデル**という．生成モデルは，データが生成される過程についての仮定が妥当であれば，つまり用いる経験則や直観が正しいなら，汎化性能の向上が期待できる．とくに，ベイズ理論で用いられる**ベイズ推定**は，正則化（オッカムの剃刀の考え方に基づく手法），アンサンブル学習とならび，過学習を抑制して汎化性能を高める重要な手法となっている．

7.2 ▶ 確率には 2 種類ある ～主観確率と客観確率～

ベイズ理論の大きな特徴は「客観確率の容認」と「逐次合理性」という 2 点である．簡単な例題でベイズ理論を適用してみることで，これらについて説明していこう．とはいってもそう身構える必要はない．この考え方は，人が課題を考えるうえで，自然に行っている思考パターンに近しいのである．

それでは具体的にみていこう．扱う例題を下に示す．

> 赤と白の玉がたくさん入った，見た目には区別がつかない袋 A，B があり，袋 A には赤い玉が 80％の割合で，袋 B には 20％の割合で入っている．
> X さんは，A か B のどちらかの袋を無作為に選び，どちらの袋を選んだかを告げずに Y さんにその袋を手渡した．Y さんが袋の中を見ずに玉を一個取り出したところ，赤い玉であった．Y さんの持つ袋が A である確率は何％か．

これは一見すると，何の変哲もない問題にみえるだろう．実は，この問題文自体に

発　想

7.2　確率には2種類ある　～主観確率と客観確率～　**117**

ベイズ理論の重要なポイントが含まれている．それは，「Y さんの持つ袋が A である確率は何％か」という問いの部分である．

　普通に考えれば，この問いに不自然さは感じないだろう．われわれは常日頃から「この骨董品が本物である可能性はどのくらいだろうか」などのように，可能性を確率的な感覚で推し量るケースが多い．しかし，数学的に厳密に考えようとすると，そう簡単にはいかなくなる．

　状況を整理しよう．Y さんが持っている袋は A か B のどちらかである．Y さんはその答えを知らないが，袋を選んだ X さんは当然知っている．したがって，X さんからみれば袋が A であるかどうかに疑問の余地はない．あえて表現するならば，袋が A である確率は 0％か 100％のどちらかということになる．

　一方で，Y さんは袋が A か B かについて知らない．よって，（0％，100％以外の）確率でとらえることしかできない．つまり，「Y さんの持つ袋が A である確率は何％か」という問いは，「誰の視点なのか（X さんの視点なのか，Y さんの視点なのか）」によって答えが変わってしまうことになる．

　高校数学などで出題されるような確率の問題には，このような曖昧さはない．コインを投げて表が出る確率は，「誰の目からみても」1/2 と考えて問題ない†．

　「確率」と一言でいっても，これが表現する不確実性には大別して二つのタイプがある．これから投げるコインが出す裏表のように，誰にとっても等しく同じ不確実性をもつタイプの確率と，今回の例題のように，人によって不確実性に差があるタイプの確率である．前者を**客観確率**，後者を**主観確率**という．

　客観確率は，対象となる事柄（例：コインを投げる）を無限に繰り返したときに，注目する結果（例：表が出る）がどのくらいの割合で発生するか，という解釈でとらえることができる．たとえば，「40 人のクラスの中に，同じ誕生日の人が一組以上いる確率」は，「40 人のクラスを無限に作ったとき，同じ誕生日の人が一組以上いるクラスが占める割合」と解釈できる．

　同じようなケースであっても，「2019 年度○○高校 3 年 2 組に在籍した 40 人の中に，同じ誕生日の人が一組以上いる確率」は主観確率になる．「2019 年度○○高校 3 年 2 組に在籍した 40 人」は既に確定した事実であり，「2019 年度○○高校 3 年 2 組に在籍した 40 人」を無限に用意することはできないためである．これを確率で表現するためには，「確定した事実」を知らない人間が推し量るしかない．

　高校数学で扱われるのは，一般的に客観確率のみである．一方で，今回の例題の問

---

†　正確にいえば，曖昧さを含まないように問題文で記述されている．コインを投げて表が出る確率と裏が出る確率とが「同様に確からしい」と表現しているのはそのためである．

118 7 ベイズ理論

いである「Yさんの持つ袋がAである確率は何%か」は，主観確率にあたる．ベイズ理論の大きな特長の一つは，主観確率も対象として扱えるという点である．ベイズ理論を使えば，重さを直接測れない物体に対して，「その物体が○○kgである確率」を求めることで，重さを推し量ることもできる．

7.3 ▶ 得られた証拠で考えを修正する　〜逐次合理性とベイズの定理〜

さて，前置きが長くなってしまったが，いよいよ先の例題を解いてみよう．なお，求めたい主観確率は「誰の視点なのか」によって変わるが，今回はYさん（あるいは，まわりでみているだけの多くの人たち）の視点で考えることとする．

ベイズ理論を活用した場合の基本的な流れは以下のとおりである．

1　**事前確率の設定**

　玉を取り出す前に，与えられた袋がAである確率を仮置きする．

　⇒　袋が無作為に選ばれているので，選ばれ方に偏りはないととらえる．

　　　　袋Aである確率 = 50%

　　　　袋Bである確率 = 50%

2　**事後確率の算出**

　赤い玉が出たという事実を使って，袋がAである確率を調整する．

　⇒　赤い玉がより多く入っている袋Aである可能性が高いと考えるのが合理的なので，先ほどの確率を修正し，袋Aである確率を高める．

　　　　袋Aである確率 = 50% + α%

　　　　袋Bである確率 = 50% - α%

ベイズ理論は，まず現在の想定を確率で仮置きする．これを**事前確率**という．そして，その後で観察された証拠（赤い玉が出てきたという事実）を事前確率へと合理的に反映させることで，合理的に修正された新しい確率を得る．この確率を**事後確率**という．事後確率は，事前確率でおいた想定を，証拠を使ってより真実に近づけたものととらえることができる．

この考え方は，人間にとって理解しやすい感覚だろう．自分の持っている袋がAかBかわからない状況では，どちらも半々の可能性でありうると想定している．これが事前確率である．そこで，袋から玉を取り出したら赤い玉だった．袋Aから赤い玉が出やすいという事実を知っているなら，自分の持っている袋はAなのではなかろうかと思い始めるのは自然である．よって，持っている袋がAである確率は50%よりも高く（+α%）なり，逆に袋Bである確率は50%よりも低く（-α%）なると考える．これが事後確率である．このように，ベイズ理論は人間が行う思考パターンを自然に反映させている．

発 想
7.4 ベイズの定理の直観的なイメージ | **119**

また，事前確率も事後確率もともに確率であるため，事後確率を新たな事前確率としておきかえて使うことができる．つまり，玉をさらに取り出すなどして新たな証拠を得たときに，これまでに得られた事後確率を事前確率として扱うことで，新たな証拠を反映して修正した新たな事後確率を得ることができる．ベイズ理論は，このようにして証拠を得るたびに確率の修正を繰り返し，真実へと近づくことができる性質をもっている．これを**逐次合理性**という．

では，どのようにして事前確率と証拠を使って，事後確率を計算するのか．その方法を定めたのが**ベイズの定理**とよばれる以下の式である．

$$P(A|R) = \frac{P(R|A)P(A)}{P(R)} = \frac{P(R|A)P(A)}{P(R|A)P(A) + P(R|B)P(B)}$$

$P(A|R)$: 赤い玉 (R) が取り出されたときに，袋が A である確率
（事後確率）

$P(A)$: 玉を取り出す前の時点で，袋が A である確率（事前確率）

$P(R|A)$: 袋 A から赤い玉 (R) が出てくる確率

$P(R)$: （今回の条件下で）赤い玉 (R) が取り出される確率

$P(B)$: 玉を取り出す前の時点での，袋が B である確率

$P(R|B)$: 袋 B から赤い玉 (R) が出てくる確率

ベイズの定理で重要になるのが，事前確率 $P(A)$ と事後確率 $P(A|R)$ である．ベイズの定理とはこの二つの関係性を示す等式であり，事前確率から事後確率が数学的に算出できることを示している．$P(A|R)$ は，$P(A)$, $P(R|A)$, $P(B)$, $P(R|B)$ を用いて求められる．$P(A)$, $P(B)$ は事前確率の設定からともに 50% であり，$P(R|A)$, $P(R|B)$ は A, B それぞれの袋に赤い玉が含まれている割合なので，それぞれ 80%，20% となる．よって，事後確率 $P(A|R)$ は以下で得られる．

$$P(A|R) = \frac{80\% \times 50\%}{80\% \times 50\% + 20\% \times 50\%} = 80\%$$

よって，赤い玉が取り出されたときに，袋が A である確率は 80% となり，その反対に袋が B である確率は $100\% - 80\% = 20\%$ とわかる（100% から引かずに，ベイズの定理を使って同様の計算をしても同じ結果が得られる）．

7.4 ▶ ベイズの定理の直観的なイメージ

本書では高校数学などで取り扱われる確率の公式や条件付き確率などの概念については触れず，もっと直観的にこの定理を解釈してみよう．例題で起きた流れを図 7.2 に示す．

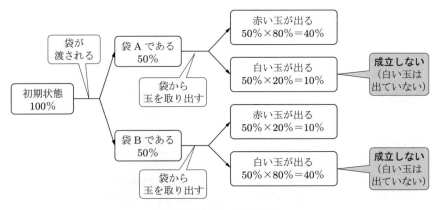

図 7.2 例題で起きた流れ

まず,袋を Y さんに渡す前の状態を初期状態としよう.袋が Y さんに渡されたとき,その袋が A か B かはわからない.これは SF チックにとらえれば,袋 A を受け取った世界にたどりついた確率が 50%,袋 B を受け取った世界にたどりついた確率が 50% ととらえることができる.

そこから玉を取り出すとき,ありうる可能性は,赤い玉が出るか白い玉が出るかの 2 通りである.よって,世界は以下の四つの可能性に分岐しうる.

$$
\begin{aligned}
&受け取った袋は A かつ 赤い玉が出る世界 \Rightarrow 50\% \times 80\% = 40\% \\
&受け取った袋は A かつ 白い玉が出る世界 \Rightarrow 50\% \times 20\% = 10\% \\
&受け取った袋は B かつ 赤い玉が出る世界 \Rightarrow 50\% \times 20\% = 10\% \\
&受け取った袋は B かつ 白い玉が出る世界 \Rightarrow 50\% \times 80\% = 40\%
\end{aligned}
$$

なお,この四つの可能性をすべて足し合わせると 100% になる.さて,この四つの世界のうち,今回の結果からみてありえない世界がある.それは白い玉が取り出された二つの世界である.よって,玉を取り出した後でありえる世界は以下の二つしかない.

$$
\begin{aligned}
&受け取った袋は A かつ 赤い玉が出る \Rightarrow 50\% \times 80\% = 40\% \quad \langle *\rangle \\
&受け取った袋は B かつ 赤い玉が出る \Rightarrow 50\% \times 20\% = 10\% \quad \langle **\rangle
\end{aligned}
$$

ここで重要なのは,ありえる上記二つの世界の確率を足し合わせても 50% にしかならないという点である.確率は,ありえるすべてを足し合わせたとき,100% にならなければならない.この制約を守るためには,確率を補正する必要がある.このとき,二つの世界の起こりやすさの関係($\langle *\rangle$ は $\langle **\rangle$ の 4 倍起こりやすい)を保ちながら修正するのが合理的であろう.そのためには,それぞれの確率を,ありえる全世界での確

率の総和（50%）で割ってあげればよい．

この補正の結果として得られるのが，事後確率である（図 7.3）．事後確率が，事前確率と観測された事実を用いて，人間の感覚からみても合理的に得られているのがわかるだろう．

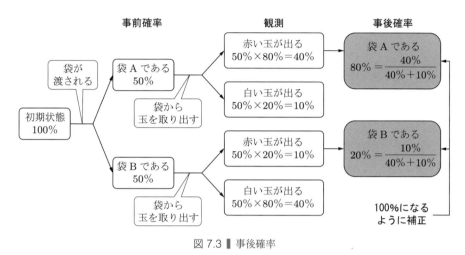

図 7.3 ■ 事後確率

モデル

7.5 ▶ ベイズの定理の応用例　～単純ナイーブベイズ～

ベイズ理論の基本部分は前述したことですべてである．一方で，実際の問題で適用する場合には，ベイズの定理を構成する $P(A)$ や $P(R|A)$ といった確率がどのような法則性をもつと仮定するか，つまり確率を用いたモデルを設計することが重要となる．仮定したモデルが，対象とする問題の裏にある法則性を的確に表現していればいるほど性能は向上しうるため，問題によって適したモデルは異なる．今日ではさまざまなモデルが提案されているが，ここではもっともシンプルな**単純ナイーブベイズ**モデルを通して，ベイズ理論の実用面について触れていく．

単純ナイーブベイズはスパムフィルタで効果を発揮したモデルである．スパムフィルタとは，メールの文面に記載された文字列の情報をもとに，そのメールが未承諾な広告メール（スパムメール）であるかを判定する機能である．そのほかにも，単純ナイーブベイズは文書を分類するさまざまな問題においてよく用いられる．

では，スパムフィルタを例に考えてみよう．推定したい目的変数はスパムメールか否かである．ここでは，目的変数がスパムメールである場合を Y，スパムメールでな

122 7 ベイズ理論

い場合を Y' と表現することにしよう。メール文面 X が与えられたときに、それがスパムメールである確率 $P(Y|X)$ は、ベイズの定理を用いて以下の式で表される。

$$P(Y|X) = \frac{P(X|Y)P(Y)}{P(X)} = \frac{P(X|Y)P(Y)}{P(X|Y)P(Y) + P(X|Y')P(Y')}$$

この式を用いることで、「スパムかどうかを判定したいメールの文面 X」を使って、「事前確率 $P(Y)$」をベイズの定理で更新し、メール文書がスパムメールである確率を「事後確率 $P(Y|X)$」として得ることができる。つまり、そのメールに出現する単語情報などを根拠として、そのメールがスパムメールである（事後）確率 $P(Y|X)$ を算出し、その確率が 50%を超えるならば（すなわち、スパムメールでない確率を上回るのであれば）、スパムメールであると推定する。このように、事後確率がもっとも高くなるものを推定結果とする方法を、**事後確率最大化推定（MAP 推定）**という。

さて、スパムメールである確率を計算するためには、$P(X|Y)$ と $P(Y)$ を決めなくてはならない[†]。$P(Y)$ は「（判定したいメール X の文面は考慮せず、一般的に）メールがスパムメールである確率」ととらえることができるため、「あらゆるメールを収集したときにスパムメールが占める割合」を設定すればよい。これは、学習データから算出することもできる。たとえば、学習データが全部で 10000 件あって、そのうち 100 件がスパムメールであったならば、$P(Y)$ は $100 \div 10000 = 1$%と設定すればよい（ただし、学習データが偏りなく収集されている場合に限られる。あくまで $P(Y)$ には一般的なスパムメールの比率を設定する必要があるため、スパムメールだけを重点的に多く集めてしまっているケースなどでは、この方法は使えない点に注意）。

問題は、「スパムメールのうち、メールの文面として X が出現する確率」$P(X|Y)$ の設定方法である。メールの文面は宛先が違えば内容も変わりうるため、同じ文面はこの世に二つとないことのほうが多い。すると、いままでにない文面 $\hat{X}$ がスパムメールかを判断するときに問題が生じる。

ベイズの定理を思い出してみてほしい。$P(Y|\hat{X})$ を求めるには $P(\hat{X}|Y)$ が必要となる。しかし、メール文面 $\hat{X}$ はいままでにない文面なので、当然学習データ中にも存在しない。よって、「スパムメールの中で、メールの文面として $\hat{X}$ が出現する」ことは一度もないため、$P(\hat{X}|Y)$ は必然的に 0%となってしまう。すると、0 に何を掛け算しても 0 なので、$P(\hat{X}|Y)$ との掛け算で計算される事後確率 $P(Y|\hat{X})$ も 0%になってしまう。端的にいってしまえば、「学習データにない文面はすべて、スパムメールである確率は 0%」と判断されてしまう。このように、データがないために確率が 0%になる（あるいは 0 の割り算が発生し、計算できなくなってしまう）問題のことを**ゼロ頻度問**

[†] 厳密には $P(X|Y')$ と $P(Y')$ も必要であるが、これは $P(X|Y)$ や $P(Y)$ と同じ考え方で決めればよい。

モデル
7.5 ベイズの定理の応用例 ～単純ナイーブベイズ～ | **123**

題という.

この問題を避けるために, メールを文面全体ではなく単語などに切り分けて考えるのが単純ナイーブベイズである. つまり, 「突然のメール失礼いたします. 私は○○社の営業を担当しております…」という文面全体でみると, この世に二つとない可能性が高いので, これを「突然」,「の」,「メール」,「失礼」,「いたします」, …といった形で分けて扱うのである. 文面全体は過去に存在しなくても, 「突然」や「失礼」という単語を含むメールなら存在する可能性は高いため, 確率を計算できるようになる.

まず, メールの文面 X を, 単語などの区分を使って M 個の単語列 $w_1, w_2, \ldots, w_M$ に切り分ける. このとき, $P(X|Y)$ を以下の式で算出する.

$$P(X|Y) = P(w_1 w_2 \cdots w_M|Y) \fallingdotseq P(w_1|Y)P(w_2|Y) \cdots P(w_M|Y)$$

つまり, 「スパムメールのうち, メールの文面として X が出現する確率」を, 文面 X に含まれる各単語 w_i を用いて, 「スパムメールのうち, メールの文面として単語 w_i が出現する確率」の掛け算でおきかえる, としている. この仮定をおくのが単純ナイーブベイズである.

単純ナイーブベイズの仮定はいささか乱暴である. これは「各単語は前後の文脈に関係なく現れる」と仮定していることに等しい. しかし, 現実にはそうではない.「走る」という単語の後ろに「を」という格助詞は現れないというように, 文章には前後の関連性がある. したがって, 単純ナイーブベイズは決して優れた確率モデルとはいえないが, それでも十分有益な性能が得られることや, 実装が簡単で処理が速いことなどから, 使われることも多い.

$P(X|Y)$ を計算するために必要な $P(w_i|Y)$ については, 学習データを使って以下の式で算出できる.

$$P(w_i|Y) = \frac{\text{スパムメールにおける単語 } w_i \text{の出現回数}}{\text{スパムメールにおける全単語の出現総数}}$$

$P(w_i|Y)$ を使うことで, 確率が 0% になるケースは非常に少なくなる. だが, 絶対に起こらないとはいえない. これを解消するには, 「(学習データ上での出現状況によらず) どんな単語も必ず 1 回は出現している」とみなしてしまえばよい. つまり, 学習データでの出現状況に加えて, 全 M 種類ある単語がそれぞれ 1 個ずつ出現していたとみなして計算してしまうのである. これは, $P(w_i|Y)$ の計算式を以下のように変更することで実現できる.

$$P(w_i|Y) = \frac{\text{スパムメールにおける単語 } w_i \text{の出現回数} + 1}{\text{スパムメールにおける全単語の出現総数} + M}$$

124 | 7 ベイズ理論

分母（全単語の出現総数）に M が足されているのは，全 M 種類の単語の出現がそれぞれ 1 個ずつ加えられているためである．これにより，$P(w_i|Y)$ はすべての確率を足すと 100％になる．この補正を**スムージング**（ここで示した方法は，**ラプラススムージング**とよばれる）という．これにより，一度も出現していない単語での $P(w|Y)$ に対して，0 ではない非常に小さな確率を自然な形で割り振ることができる．スムージングは，学習データ数が少ないときに，データからの集計結果に依存しすぎて $P(w|Y)$ の設定が極端になりすぎないように補正する効果ももっている．スムージングにはさまざまな方法があるが，上記のように出現数を調整する形で行われることが多い．

以上により，確率が 0 にならないような形で $P(X|Y)$ を得ることができた．すでに説明した $P(Y)$ や，スパムメール以外のメールに対する確率 $P(X|Y')$ や $P(Y')$ をあわせて用いることで，事後確率 $P(Y|X)$，つまり，あるメールがスパムである確率を得ることができる[†]．

上記では，各単語の出現頻度を使うモデルを用いたが，それ以外のケースでも単純ナイーブベイズは使用できる．たとえば，単語の出現頻度のかわりに，メール内に出現する単語総数に対する各単語の構成比率を説明変数として使う場合もある．この場合，各説明変数は連続的な数値となるが，ゼロ頻度問題は生じうる．たとえば，単語「は」の構成比率が 10％〜20％の範囲に収まるメールが学習データ中に数多くあったとしても，ちょうど 29％となるケースが 1 通もない，ということは十分ありうるし，あったとしても数が少ないことは容易に起こりうる．したがって，ここでもスムージングが必要になる．連続的な数値に対するスムージング方法については，この後の R での実行例の中で触れる．

7.6 ▶ ベイズ理論の特徴

ベイズ理論は，データが十分に集まっていない状況でも精度のよい推定ができるという利点がある．集まっていない段階では事前確率を重視し，集積され証拠が集まるに従い，データを重視するように事後確率が調整されていくため，データの収集状況に合わせて最適な判断ができる．

この際に重要になるのは，データが集まっていない段階での判断方法を左右する事前確率をいかに適正に設定するかである．事前確率を設定する方法に明確な基準はなく，またベイズ理論は主観確率を容認しているため，極論すれば分析者が正しいと思う事前確率を勝手に設定してしまってもよい．この柔軟さは，判定結果が分析者の主

---

† なお，この例で示したのは，多項モデルという確率モデルを用いた単純ナイーブベイズである．このほかに，多変数ベルヌーイモデルというモデルを用いるケースもある．同じ単純ナイーブベイズでも，確率モデルが異なれば $P(X|Y)$ の計算方法も異なる．

モデル
7.6 ベイズ理論の特徴 **125**

観によって変わるという不安定さも併せもっており，これらの理由からベイズ理論は長らく異端の統計学とされてきた．近年では，用いる確率モデルと学習データを組み合わせて事前確率を適正に設定する方法（**経験ベイズ**）が発達したことで，主観性に強く依存せずに設定する方法も確立されてきている．

ベイズの大きな特色として**ベイズ推定**がある．ベイズ推定の詳細について説明するのは容易ではないため，本書ではイメージで説明する．

先のスパムフィルタの例では，推定結果として「スパムメールである確率」が得られた．これが50%を超えるならスパムであると推定するのが，MAP推定である．だが，仮に「スパムである確率」が51%であった場合，スパムでない確率は49%もあることになり，これをもって「スパムである」と判断することにはいささか不安を感じる．仮に「スパムである確率」が99%であれば，「スパムである」と断定してもよさそうと感じられるだろう．この感覚の違いはどこから生じているのだろうか．

スパムであるかを推定したいだけなら，MAP推定でも大きな問題はない．だが，迷惑フォルダに入れてよいかを判断したい場合は，そうはいかない．迷惑フォルダに入れられてしまうと，そのメールを目にする機会が失われてしまう．もし重要なメールが誤ってスパムメールと判断されて見落としてしまうと，その損失はとても大きい．スパムメールでない確率が49%もあるなら，迷惑フォルダに入れてほしくないと考えるのは自然であろう．

「スパムメールである確率」が51%で，「スパムである可能性が高い」状況であっても，迷惑フォルダに入れてほしくないのは，「スパムメールである」という推測が外れた場合のことも考慮しているためである．このように，もっとも確率の高い仮説（スパムメールである）以外の仮説（スパムメールではない）についても，その確率の高さ（49%）を考慮して総合的に判断する，というのがベイズ推定の考え方である．これは人間の感覚的にも納得のいく判断方法といえるだろう．

スパムフィルタの例では「スパムである」，「スパムではない」という2種類の仮説だけを扱っているが，ベイズ理論はもっと多くの仮説を同時に検証し，その正しさを事後確率として得ることができる．データが少なくて，どれか一つの仮説が正解であると判断することが難しい状況であっても，ベイズ推定を使えば，推測が外れる可能性も踏まえたうえでの判断を行うことができる．

実際のところ，上記の話だけであれば，ベイズ理論を使わなくても実現しうる．だが，ベイズ理論を使うと「スパムメールが5%の確率で送られてくるケースは80%の確率で発生し，スパムメールが6%の確率で送られてくるケースは20%の確率で発生する」という表現も扱うことができる．これを事前確率として用いれば，「スパムメールが送られてくる確率は概ね5%だが，送り元のメールアドレスの長さなどによって，

126 | 7 ベイズ理論

迷惑メールである確率が大きい（6%）ケースがある」，といった考え方を導入できる．このような確率モデルを使うことで，ベイズ推定はもっと多くの可能性を考慮して総合的に判断できるため，データの少ない状況であっても（外れる可能性も考慮した判断により）安定した結果を得ることが期待できる．第10章のクラスター分析では，ベイズ推定を利用した手法である，LDA について触れている．

実　装

7.7 ▶ R での単純ナイーブベイズ (klaR) の実行例

ここでは，研究者らのためにさまざまなデータを管理・提供している UCI Machine Learning Repository にある `Adult` というデータを利用して，年収が5万ドルを超えるかどうかを推定する例を扱う．`Adult` は調査データから作られており，調査された人ごとに，年齢などの属性情報と，年収が5万ドルを超えているかを示すフラグが入っている．つまり，年齢などの属性情報から年収が5万ドルを超えるかどうかを推定するモデル構築ができる．

単純ナイーブベイズを扱えるパッケージとして `e1071` や `klaR` があるが，ここでは `klaR` を使用する．使う場合は最初にインストールしておく必要がある．

```
install.packages("klaR")
library(klaR)
```

使用する際にはライブラリーで指定しておく．なお，1行目はインストールであるため，2回目以降は実行しなくてよい．

UCI Machine Learning Repository にある `Adult` というデータは，以下の Web サイトから取得することができる．

　　http://archive.ics.uci.edu/ml

データの詳細は UCI の Web サイト上での説明ページ[†]から参照できる．年収が目的変数であり，5万ドル以下か5万ドル超の二値が付与されている．学習データ `train` と検証データ `test` は以下で読み込むことができる．なお，データがカンマ区切りであること (`sep = ","`) や変数名の情報がデータの1行目にないこと (`header = FALSE`) に対応した指定を行っている．また，`adult.test` の1行目には不必要なデータが入っているため，`skip=1` で読みとばしている．

---

† http://archive.ics.uci.edu/ml/datasets/Adult

実 装
7.7 Rでの単純ナイーブベイズ (klaR) の実行例 | **127**

```
download.file("https://archive.ics.uci.edu/ml/machine-learning-databases
/adult/adult.data", destfile = "./adult.data")

download.file("https://archive.ics.uci.edu/ml/machine-learning-databases
/adult/adult.test", destfile = "./adult.test")

train <- read.table("adult.data", sep = ",", header = FALSE)
test  <- read.table("adult.test", sep = ",", header = FALSE, skip=1)
```

income を推定する単純ナイーブベイズモデルの構築と，データへの適用は以下の
コマンドで実行できる.

```
nb <- NaiveBayes(V15~.,data=train)
pre <- predict(nb,newdata=test)
```

このコマンドでは，学習データ train を使って年収 (V15) を推定するモデルを作成
して nb に格納し，検証データ test に対して推定した結果を pre として得ている.
推定結果のクロス表と正解率は以下で計算できる.

```
# クロス表
table(pre$class,test$V15)
# 正解率
tabb <- table(pre$class,test$V15)
sum(diag(tabb))/sum(tabb)
```

結果は以下のようになる.

```
# クロス表
        <=50K. >50K.
<=50K  11751   2245
>50K     684   1601
# 正解率
0.820097
```

正解率は，クロス表で対角線上に区分された件数となるため，

$$\frac{11751 + 1601}{11751 + 2245 + 684 + 1601} = 82.0\%$$

と計算される.

ラプラススムージングを行いたい場合は，NaiveBayes 実行時に fL=1 を設定すればよい．なお，fL で指定している値 1 は，$P(w|Y)$ の導出において，各 w の出現回数に足す値を意味しており，1 以外の値を設定することもできる．

```
nb <- NaiveBayes(V15~.,data=train,fL=1)
```

このスムージングにより，正解率は 82.2%に向上する．

Adult データには，年齢などの連続的な数値データも含まれている．前述のように，数値データでもゼロ頻度問題を回避する必要があるが，NaiveBayes では $P(w|Y)$（なお，ここでいう w には，年齢や週あたりの勤務時間などが該当する）が正規分布に従うとして，連続的な数値に対するスムージングを行っている．たとえば，年齢 (V1) の $P(w|Y)$ は以下のコマンドで確認できる．

```
plot(nb,"V1")
```

図 7.4 は横軸に年齢，縦軸に $P(w|Y)$ をとったグラフである．正規分布は上記のような釣鐘型の分布であり，あらゆる年齢帯で $P(w|Y)$ が 0%にならないという特徴がある．仮に年齢 64 歳の人が学習データ中に一人もいなくても，正規分布を用いたスムージングにより，妥当な $P(w|Y)$ を得ることができる．

図 7.4 には，実線で P（年齢 | 年収 5 万ドル以下）と破線で P（年齢 | 年収 5 万ドル超）が示されており，年収 5 万ドル超の正規分布のほうが右寄りに位置している．つまり，年収 5 万ドル超のほうが，年齢層が高いことを意味している．一方で，正規分布の山の高さは低めであり，狭い年齢層に集中せず，幅広い年齢層に分布しているこ

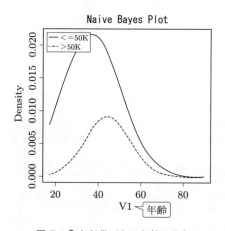

図 7.4 年収帯ごとの年齢の分布

とがわかる.

ベイズ理論は，用いたモデルの妥当性によって性能が変わる．真実の $P(w|Y)$ が正規分布の形に似ていないのであれば，よい性能が得られないこともある．よって，用いる $P(w|Y)$ の形状をどう定めるかは，モデルの性能を向上させるうえで重要な要素となる．NaiveBayes では，正規分布以外にも，学習データにおける年齢分布へとよりフィットさせた $P(w|Y)$ を作る方法（**カーネル密度推定**）も実装されている．これを用いたい場合は，下記のように usekernel=TRUE を加えればよい．

```
nb <- NaiveBayes(V15~.,data=train,usekernel=TRUE,fL=1)
```

カーネル密度推定を用いた場合の年齢の $P(w|Y)$ は，図 7.5 のように得られる．

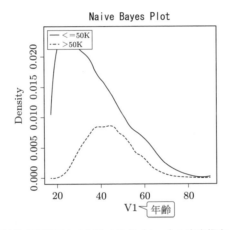

図 7.5 ▎年収帯ごとの年齢の分布（カーネル密度推定あり）

正規分布を仮定したときと比べ，年収 5 万ドル以下の $P(w|Y)$ が低年齢層に偏る形になっている．カーネル密度推定は，学習データ中に年齢 24 歳のデータがあった場合，確率 $P(24\,歳\,|Y)$ が高くなると推定することに加えて，その周辺の年齢帯についても，24 歳に近いほど $P(w|Y)$ が高くなると推定する方法である．これにより，仮に23 歳や 25 歳のデータが学習データ中になくても，妥当な考え方で $P(w|Y)$ を推定できる．図 7.5 は，年収 5 万ドル以下の人が低年齢層に偏って多くみられることを反映した結果といえる．

単純な正規分布での推定とカーネル密度推定との差異のイメージを図 7.6 に示す．単純な正規分布での推定では，5 件の学習データに対し，その平均値 (1.4) が一番出現する可能性が高いとして正規分布を当てはめる．これに対しカーネル密度推定は，5件の学習データそれぞれに対し，その値をとる確率がもっとも高くなるように正規分

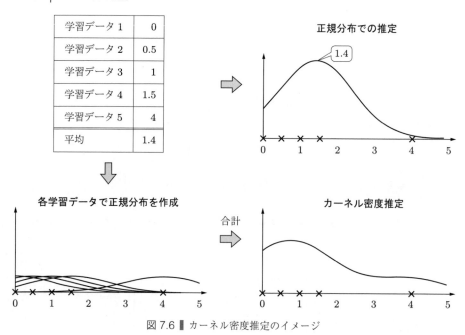

図 7.6 カーネル密度推定のイメージ

布（あるいはそれに類似する分布）を当てはめる．こうして作られた五つの正規分布を合計した分布を，最終的な推定結果とするようなイメージとなる．

カーネル密度推定は，学習データの分布をより反映した $P(w|Y)$ を作ることができるが，適切に設定できなければ性能が下がることもある．実際，構築されるモデルの正解率は 80.7% に下がっている．この原因を明確に特定することは難しいが，その可能性の一端は，次のコマンドで描ける週あたりの勤務時間 V13 における $P(w|Y)$ のグラフ（図 7.7）からみて取れる．

```
plot(nb,"V13")
```

図 7.7 では，40 時間や 50 時間などの切りのいい数値が設定されていることが多く，その周辺の確率だけが高くなるという歪な形状となってしまっているのがわかる．これが直接的な原因かはわからないが，今回の問題において，この $P(w|Y)$ が「スムーズ」な形といいがたいのは確かだろう．

これまでにみてきたとおり，ベイズ理論は，$P(X|Y)$ や $P(Y)$ などの構成要素に問題をうまく表現した確率モデルを使うことで，性能向上が期待できる．また，学習データがすべての可能性を十分網羅できるほど得られていない場合でも，スムージングを適切に行うことで性能を向上させることができる．ベイズ理論ではモデル設計やスムー

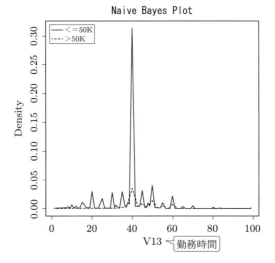

図 7.7 ▌ 年収帯ごとの週あたりの勤務時間の分布（カーネル密度推定あり）

ジングが性能を分けるため，その処理に分析者の手間がかかる面は否めないが，それに見合う成果を得られる可能性を秘めている．

___発展的な話題___

7.8 ▶ ベイズ理論を使って機械学習を理解する ～SVM を題材として～

　ベイズ理論は統計学や機械学習における手法を深く理解するツールとしても役立つ．たとえば，7.5 節で示したラプラススムージングは，ベイズ理論で解釈すると，「あらゆる単語は等しい確率で出現する可能性が高い」という意味合いをもつ事前確率をおいたうえでの MAP 推定結果を，確率 $P(w|Y)$ として使うことに等しい．また，ニューラルネットワークで示した荷重減衰も，「重みは 0 近辺になりやすい」という事前確率を使って MAP 推定していることに等しい．ここでは，ベイズ理論を使って SVM を深く掘り下げる例についてみてみよう．

　第 6 章でみた SVM は，学習データを表す点をうまく分類し，かつ付近の学習データからできる限り離れた分離超平面を引く手法であったことを思い出そう．ここで登場するのは，データを表す点と，分離超平面を表す線（平面）である．

　最初に，点と線を逆転させよう．関係性を維持しながらデータを表している点を線に変換し，分離超平面を表す線を点に変えるのである．これだけではイメージしにくいので，具体的な例で示してみよう．

いま，X 軸と Y 軸で表される空間に，$Y = -2X + 2$ という直線と，$(2, 0)$ という点があるとする（図 7.8(a)）．これらをそれぞれ，点と直線に変えてみよう．ここでは傾き a と切片 b に着目して変換する．直線 $Y = -2X + 2$ の傾きは -2，切片 2 なので，傾き a 軸と切片 b 軸で表される空間では，$(-2, 2)$ の点におきかえることができる（図 (b)）．

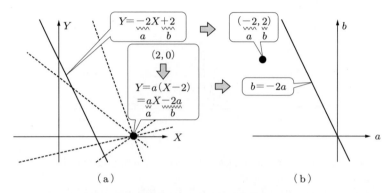

図 7.8 点と線を逆転させる例

次に，点 $(2, 0)$ を直線におきかえてみよう．傾き a 軸と切片 b 軸で表される空間におきかえるためには，点 $(2, 0)$ の傾き a と切片 b を考える必要がある．そこで，点 $(2, 0)$ を通る直線の式を考えてみよう．仮にその直線の傾きを a とおいた場合，点 $(2, 0)$ を通る直線は $Y = aX - 2a$ と表現される．よって，切片 b は $-2a$ となる．つまり，点 $(2, 0)$ は，傾き a 軸と切片 b 軸で表される空間において，$b = -2a$ を満たす，つまり直線におきかえることができる．

SVM では，データを表す点と，分離超平面を表す線との距離が重要であった．両者の距離関係を保ちながら変換すれば，変換後の新しい空間でも同じ考え方で SVM を考えることができる．

変換のイメージを図 7.9 に示す[†]．これはデータ点 x_1, x_2, x_3 とデータ点 z_1, z_2, z_3 を分ける分離超平面の例 w_1, w_2, w_3 を変換したものであり，データ点 x_1, x_2, x_3 と z_1, z_2, z_3 が直線に，分離超平面 w_1, w_2, w_3 が点に変わっている．

たとえば，w_1 はどのデータ点からも遠い位置にある直線だったため，変換後もすべてのデータ点を表す直線から遠い位置に点が配置されている．一方，w_2 はデータ点 x_1 と z_3 に近い直線であったことから，変換後もデータ点 x_1 と z_3 を表す直線から近い位置に点が配置されている．

[†] あくまでイメージであり，正確な変換ではない．実際は変換後の空間は平面ではなく球面になるなどの違いがあるが，以降の説明において支障がないため，このイメージを用いる．

発展的な話題
7.8 ベイズ理論を使って機械学習を理解する 〜SVMを題材として〜

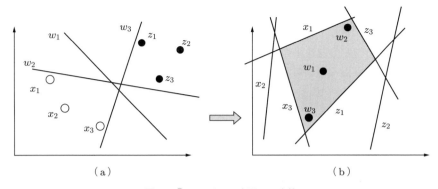

図 7.9 ■ バージョン空間への変換

ここで,「データ点 x_1, x_2, x_3 と z_1, z_2, z_3 を分けられる分離超平面」は,図 7.9 (b) においては塗りつぶされた領域(**バージョン空間**)上にある点に限られる.このように,分離超平面というとらえにくい存在が,点に変えることでとらえやすくなる.

ここで,SVM は「分離超平面にもっとも近いデータの点(サポートベクトル)が,分離超平面からできる限り遠くなるように」設定していたことを思い出そう.これは変換後の空間でいえば,「バージョン空間に内接する最大の円の中心点」を分離超平面とすることにあたる(円の中心は,円周から等しい距離で離れているため).

図 7.9(b) の例において,SVM の分離超平面を書き加えたのが図 7.10 (a) である.円の中心にある SVM の分離超平面は,バージョン空間の中央付近に位置していることがわかる.

一方で,図 7.10 (b) の場合はどうだろうか.バージョン空間が細長くなってしまっている関係上,SVM の分離超平面がバージョン空間の左に偏ってしまっている.SVMが行うマージン最大化は,学習データの点が多少移動したとしても安定して判定でき

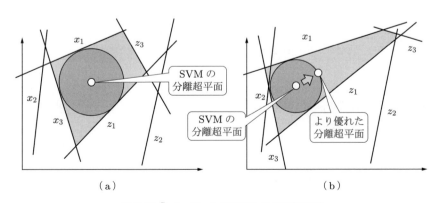

図 7.10 ■ バージョン空間でみる分離超平面

134 | 7 ベイズ理論

るようにする目的だったことを思い出そう．それならば，（図 (b) では線で表現されている）データ点に対し，近くなりやすいバージョン空間の端っこよりも，もっと中央付近にずらした方が分離超平面として優れているのではないか，と考えるのは自然だろう．この考え方にベイズ理論は合理性を与えてくれる．

まず，バージョン空間内の分離超平面の中で，もっとも優れた分離超平面とはどんなものかを定めよう．ここでは，「バージョン空間内のあらゆる分離超平面に対しても，分類結果の差異が少ない分離超平面」が，優れた分離超平面だと考える．これはいわば，学習データから導かれたあらゆる分離超平面での判定基準からも大きく外れていない，安定した代表的な分離超平面といえるだろう．

また一方で，何のデータも得られていない段階であれば，どの分離超平面も等しく同じくらい妥当であると考えてもよいだろう．これを事前確率としてベイズの定理を当てはめると，最適な分離超平面は，バージョン空間の中心に近い位置（より正確には，バージョン空間の重心で近似できる位置）になることが導ける．この位置を**ベイズポイント**という [9]．また，ベイズポイントをより直接的に求める方法（**ベイズポイントマシン**）も同時に提案されている．

このように，ベイズ理論は SVM に対する理解を深め，その改善方法を検討することにも役立つ．

図 7.10 からわかるように，SVM はバージョン空間が細長くなったりしなければ，バージョン空間の中心から大きく外れることは少ない．つまり，優れた性能を発揮できる．バージョン空間が細長くないということは，分離超平面に沿ってデータ点がだいたい等しい距離で離れて点在していると考えられる．

このことから，SVM をより有効に機能させるには（つまり，図 7.10 (a) のような形にもっていくには），入力データの値の大きさを揃えたり（一部の説明変数だけ値の幅が広くなると，バージョン空間が一部の方向に引き伸ばされて細長くなりやすいため），分離超平面付近のデータ点との距離がまちまちにならず，安定して同じくらいの距離になるように変換してくれるカーネル関数を用いる，などが有効であると考えられる．

7.9 ▶ より高度なベイズ理論の応用について

ベイズ理論は一般的に，データと目的変数の関係 $P(Y|X)$ だけでなく，データが生まれる過程 $P(X)$ もモデル化している（生成モデル）．これにより，目的変数の値が得られていない，あるいは正解を一意に定めることが難しいケースであっても，定めた確率モデルに基づいて合理的な解釈による推定結果 Y を得ることができる．

つまり，人間の知見に基づく合理的な確率モデルを定めてデータと組み合わせるこ

発展的な話題
7.9 より高度なベイズ理論の応用について **135**

とで，その確率モデルの中で表現されている潜在的な要素をあぶり出すことができる．
この考え方を活用し，文章が生み出される過程を表現した確率モデルを設計して，さ
まざまな日本語文章データを投入することで，（辞書などの，単語に関する情報を使う
ことなく）文章を（確率モデルに基づく推定によって）単語単位に区切るといったこ
とも実現されている．これを使えば，未知の文章の単語を自動でみつけ出すことも可
能になる．

　ベイズ理論は，確率モデルが複雑になると，事後確率を計算することが難しくなる．
そのため，事後確率が簡単に計算できるような事前確率（共役事前分布）を組み込んだ
確率モデルを使うことが多かった．しかし近年では，事後確率を正確に計算せず，近
似的に得る手法が多く使われる．その方法は大別すると，扱いやすい別の確率分布へ
と近似する方法（変分ベイズ法，EP 法など）と，データをサンプリングして事後確率
の形を推し量る方法（マルコフ連鎖モンテカルロ法 (MCMC)）の 2 種類がある（これ
らはあくまで事後確率を求めるためのテクニックであり，学習自体はベイズの定理に
基づいている）．

　サンプリングとは，サイコロの出る目の確率がわからないときに，サイコロを実際
に振ってみて，出た目が何かを調べることに相当する．出た目の情報を集めれば，出
る目の確率が推し量れるという考え方である．この方法は非常に汎用性が高く，コン
ピュータによるサンプリングの高速化も相まって，さまざまな確率モデルをベイズ理
論で用いることができるようになった．

　ベイズ理論は統計学や機械学習と親和性の高いツールである．最近ではディープラー
ニングとの組み合わせも行われている．プロの囲碁棋士を破った AlphaGo を作った
DeepMind は，ベイズ理論とディープラーニングを組み合わせることで，「過去に学ん
だスキルを忘れることなく，新しい課題へと応用しながら学習し続けられる」，人間の
ような学習手法を開発している [10]．既存の学習手法は常に新しいスキルを学習し続け
ようとすると，過去に学んだスキルを忘れるという弱点があった．これを**破滅的忘却**
という．これに対し，過去に学んだスキルを事前確率として保存しておくことで，そ
れ以降で学習していくスキルが時々刻々と変わり続けても，過去のスキルを忘れずに
新しい課題へも活かせるようになる．いわば「あらゆるスキルを学び続ける AI」が実
現できるようになったのである．ベイズ理論は非常に古い理論でありながら，これか
らも時代の最先端で活かされ続けていくだろう．

8 決定木学習

決定木学習はシンプルでありながら，いまでもビジネスではよく使われる手法である．その大きな要因は，作成したモデルを人がみたときに，とてもわかりやすい構造をしている点にある．ビジネスでは，なぜその推定結果が得られたのかを把握できないと，実用しにくいケースがある．たとえば，お金を貸せるかどうかを判断しようとした場合，なぜお金を貸せないと判断したのかを説明できないと，申込者からのクレームに発展する危険性がある．ディープラーニングのような判断基準のわからない機械学習とは異なり，決定木学習は，「その推定結果にいたる要因」を分析する際にも使えるくらい，わかりやすい結果を得ることができる．

加えて近年では，アンサンブル学習と相性がよいことから，第9章で示す勾配ブースティングなどにも組み込まれるようになっている．本章では，「その推定結果にいたる要因」の分析や，アンサンブル学習との関連も踏まえながら説明していく．

発想

8.1 ▶ 分類のルールを決定木で表す

決定木学習とは，決定木といわれるものを機械学習で作成することを指す．決定木を作ると，それを使って分類を行うことができる（図8.1）．

決定木とは，プログラミングで使われる木構造（データ構造）の一種で，分類や何かの決定に使われるものを指す．数学でいう樹形図みたいなものである．

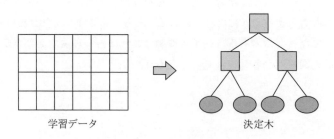

図 8.1 ▌ 決定木学習のイメージ

発 想
8.1 分類のルールを決定木で表す | 137

　木構造を構成する要素のことをノードという．木構造とは，ノードの集合に対して，階層関係（または親子関係ともいう）を与えたものである．そのため，木構造は，階層的な情報を表現するために使われる．
　図 8.2 に，木構造の例を示す．図の四角いところがノードである．一番上のノードをルートノードとよぶ（図 (a)）．ルートは根ともいう．木の根にあたる部分だからそういわれるのだが，慣例として，一番上に書くことになっている[†]．また，ノード間の線をエッジまたは枝といい，末端のノードをリーフ（葉）とよぶ．直接エッジでつながった上下関係（たとえば，図 (b) の「2 と 4, 5, 6」や「3 と 7」）を親子関係とよぶ．上が親で下が子である．同じ親をもつノードは，兄弟ノードとよばれる（たとえば，図 (b) の「2 と 3」や「4, 5, 6」）．

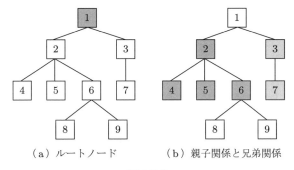

（a）ルートノード　　　（b）親子関係と兄弟関係

図 8.2

　なぜ決定木が分類に使えるのか．それは，決定木が分類のルールを表す構造をしているからである．たとえば，八百屋でぶどう，なす，オレンジをたくさん買ってきて，これらを分類することを考えよう．
　それぞれの食べ物（A，B，C，D，…とする）には，表 8.1 のように，「フルーツ／野菜」，「色」といった特徴がある．特徴に関する質問「フルーツですか」，「オレンジ色ですか」を，図 8.3 のようにリーフ以外のノードに書く．それぞれの質問に対応するノードにおいて，「True（はい）」と「False（いいえ）」にエッジが分かれることになる（ただし，図中 X のノードについては，今回の例ではオレンジ色の野菜はないため，エッジは「False」の一つしかない）．そして，リーフには「ぶどう」，「なす」，「オレンジ」と分類の答えを書く．
　データが入力されたとき，作成された決定木に沿って質問に答えていくと，分類の答えが出力される．たとえば，表 8.1 の食べ物 A では，「フルーツですか」という質

[†] これは，コンピュータで描画する際に下に枝葉を伸ばしていくほうが都合がよいからだと考えられる．

表 8.1 ▌ぶどう，なす，オレンジの分類

食べ物	特徴 1：フルーツ／野菜	特徴 2：色	分類の答え
A	フルーツ	紫色	ぶどう
B	野菜	紫色	なす
C	フルーツ	紫色	ぶどう
D	フルーツ	オレンジ色	オレンジ
⋮	⋮	⋮	⋮

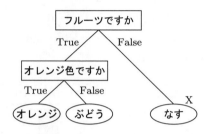

図 8.3 ▌表 8.1 のデータから作成する決定木

問には True，「オレンジ色ですか」という質問には False なので，ぶどうと正しく分類される．

以上が，決定木によって行う分類のしくみである．決定木は，True / False クイズや性格診断テストのように，分類の基準が人間にとってわかりやすい．これが決定木の大きな利点の一つである．

8.2 ▶ 質問のしかたや順序によって決定木の形は変わる

前述した食べ物の分類の例では「True」か「False」で答える質問ばかりを使ったが，「フルーツですか，野菜ですか」という質問に「フルーツです」，「野菜です」と答える形式でもよいし，「血液型は何ですか」という質問に，「A 型」，「B 型」，「AB 型」，「O 型」のどれかを答える形式でもよい．

それぞれの親が二つまでしか子供をもてない木のことを**二分木**という．最後の血液型の例では，その質問で決定木が四つに分岐するため二分木にならない．後述の CART のように，二分木のみで使える手法もあり，それを考慮して質問のしかたを決める必要がある．

また，どの特徴に関する質問をするかも重要である．たとえば，食べ物の分類の例で，もし「生鮮食品か加工食品か」という特徴 3 があったとしても，どの食べ物も「生鮮食品である」ため，質問しても分類されることはなく，無駄な質問である．

さらに，質問の順番も考えなければならない．決定木は，上の質問から下の質問に

発想

8.2　質問のしかたや順序によって決定木の形は変わる　**139**

移っていくことで，どんどん選択肢を狭めていく形をしている．上の質問に戻るエッジは存在しない．図 8.3 でみた食べ物の分類の例では，最初の質問の「フルーツですか」が False であれば，もう結果は必ず「なす」であり，その下に別の質問を作る必要はない．仮に，「フルーツですか」が False だった場合の下に「紫色ですか」や「オレンジ色ですか」という質問があったとしても，木が冗長に大きくなるだけで，分類には寄与しないからである．これに対して図の例で「フルーツですか」が True であれば，「オレンジ色ですか」（または「紫色ですか」）という質問が必要になる．図の例では「フルーツですか」という質問と，「オレンジ色ですか」という質問を入れ替えても木の大きさと分類性能に変わりはないが，ここに，「野菜ですか」や「紫色ですか」という質問も加わったとすると，木が冗長に大きくなり，その分判断しなければならない項目が増えてしまう．このように，シンプルでわかりやすく，高性能な結果の分類のルールを作成するのには，どの順序で質問するかが重要である．

　以上のように，どの特徴をどの順序で質問するかによって，決定木の形は変わり，分類の効率も変わってくる．決定木学習とは，機械学習を利用して，結果を分類・決定するうえでできるだけよいルールとなるよう，「よい特徴をよい順序で」選択して，自動で決定木を作成することである．

　決定木学習によって得られる決定木がモデルである．学習データにはない新しい例が現れたとき（たとえば，八百屋で新たに食べ物を購入したとき），そのデータをモデルである決定木にかけることで，分類結果が推定できる．

　モデルの作成方法，つまりよい特徴とよい順序を選ぶ基準として，さまざまなアルゴリズムが存在する．次節「決定木学習の手法」では，代表的なアルゴリズムの原理について解説していく．

　モデルの説明に先立ち，用語を導入しよう．これまでの説明で用いてきたデータの「特徴」は，説明変数に該当する．そして，説明変数がとる値，つまりその特徴の具体的な内容を**素性値**とよぶ．たとえば，「発想」でみてきた食べ物の分類の例でいえば，データ A の説明変数「色」の素性値は「紫色」であり，説明変数「フルーツか野菜か」の素性値は「フルーツ」であるといった具合である．そして，分類の答えが，目的変数に該当する．ただ，分類問題をおもに扱うときは目的変数ではなくラベルと表現することが一般的である．このため，本章では今後，目的変数のかわりにラベルという言葉を用いる．

モデル

8.3 ▶ 決定木学習の手法

決定木学習は，極論すれば「各ノードで割り当てられる説明変数をどう選ぶか」に集約される．基本的な方針としては，エッジによって分岐した後の各ノードにおいて，できる限り同じラベルがまとまるように選ぶことである．この目的に対しさまざまな選択基準を用いた手法が提案されているが，本書では主要な手法である ID3，C4.5，CART について説明する．

◉ ID3

ID3 とは，決定木を生成する際に，**情報利得**がもっとも高い説明変数をノードに選ぶ（割り当てる）手法である．

二つの**クラス**（ラベルの種類）P と Q があると仮定しよう．クラス P やクラス Q は，これまでの例でいえばぶどう，なす，オレンジがこれにあたる．与えられた学習データの集合 S の中に，クラス P の要素を p 個，クラス Q の要素を q 個含んでいるとする（図 8.4 参照）．

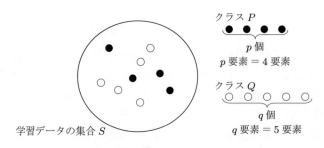

図 8.4 ▍二つのクラス

情報利得を計算するためには，**エントロピー**を計算する必要がある．エントロピー $I(p,q)$ は，以下の式で定義される．なお，この例ではクラス P とクラス Q の二つに分けているが，三つ以上に分けることも可能である．

$$I(p,q) = -\frac{p}{p+q}\log_2\frac{p}{p+q} - \frac{q}{p+q}\log_2\frac{q}{p+q}$$

$p=4$，$q=5$（たとえば，オレンジが四つでなすが五つ）だった場合，$I(p,q) = -4/9\log(4/9) - 5/9\log(5/9) = 0.99$ となる．ここで，ある説明変数 A を使うことにより，学習データの集合 S が集合 $S_1, S_2, \ldots, S_v$ に分割されたとしよう（これらの集合を，S の部分集合という）．もし S_i がクラス P の要素を p_i 個，クラス Q の要素

を q_i 個含んでいるとすると，説明変数 A で分けた後の全体のエントロピー $E(A)$ は，以下で与えられる．

$$E(A) = \sum_{i=1}^{v} \frac{p_i + q_i}{p + q} I(p_i, q_i)$$

この式は，各部分集合 S_i のエントロピーの重みつき平均になっている．

より具体的な例でエントロピーと情報利得を計算してみよう．図 8.5 のように，学習データの集合 S が二つに分かれたとする．たとえば，説明変数 A が「国産か外国産か」という説明変数だったとして，S_1 は国産のグループ，S_2 は外国産のグループとし，分割の結果 S_1 にはオレンジが 2 個となすが 1 個，S_2 にはオレンジが 2 個となすが 4 個に分けられたとする．このとき，説明変数 A を選択した後の全体のエントロピー $E(A)$ は以下のように計算できる．

$$I(p_1, q_1) = -\frac{1}{3}\log\frac{1}{3} - \frac{2}{3}\log\frac{2}{3} = 0.92$$

$$I(p_2, q_2) = -\frac{4}{6}\log\frac{4}{6} - \frac{2}{6}\log\frac{2}{6} = 0.92$$

$$E(A) = \frac{3}{9} \cdot 0.28 + \frac{6}{9} \cdot 0.28 = 0.92$$

説明変数 A の情報利得 $Gain(A)$ は，エントロピーを使って以下の式で得られる．

$$Gain(A) = I(p, q) - E(A)$$

上記の例を使って計算すると，

$$Gain(A) = I(p, q) - E(A) = 0.99 - 0.92 = 0.07$$

となる．

情報利得 $Gain(A)$ は，説明変数 A を選択することでどれだけエントロピーが削減されたかを示している．エントロピーは乱雑さを示す指標であるため，$Gain(A)$ とは，

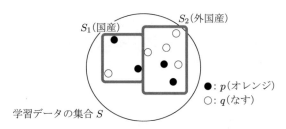

図 8.5 説明変数（国産か外国産か）を導入して用例集合 S が二つに分かれた図

142 | 8 決定木学習

「説明変数 A による分割が，学習データの集合 S の乱雑さをどれだけ減らしたか」を示しているといえる．つまり，$Gain(A)$ が大きいということは，結果を分類するのによりよい説明変数だということである．

この性質を利用して，説明変数ごとに（たとえば，説明変数 1 の「フルーツか野菜か」なども含まれる）情報利得を計算し，もっとも大きな値となった説明変数を選択（割り当て）しながら決定木を作るアルゴリズムが，ID3 である．

◉ C4.5

C4.5 は，ID3 を拡張したものである．情報利得には，分割数が多い説明変数を優先して選択してしまうという問題がある．そのため，分割数による何らかの正規化が必要になる．これに**分割情報量**を用いたのが，C4.5 である．

説明変数 A を使うことにより，学習データの集合 S が部分集合 $S_1, S_2, \ldots, S_v$ に分割されたとする．このとき，その分割情報量 $SI_A(S)$ は以下の式で求められる．

$$SI_A(S) = -\sum_{i=1}^{v} \frac{|S_i|}{|S|} \log_2 \frac{|S_i|}{|S|}$$

図 8.5 を使って説明しよう．この図では，S_1 は全部で三つの要素をもち，S_2 は全部で六つの要素をもっている．この値が $|S_1|$ と $|S_2|$ であり，$|S|$ はその合計なので 9 となる．そのため，

$$SI_A(S) = -\frac{3}{9} \log \frac{3}{9} - \frac{6}{9} \log \frac{6}{9} = 0.28$$

となる．

C4.5 は最終的に，情報利得を分割情報量で割った数である**情報利得比** $GR_A(S)$ を使って，説明変数の選択を決定する．

$$GR_A(S) = \frac{Gain_A(S)}{SI_A(S)}$$

そのため，図 8.5 の例であれば，$GR_A(S) = 0.07/0.92 = 0.08$ となる．

また，C4.5 を商用に拡張したものに，C5.0 がある．C5.0 でも情報利得比を利用しているが，C4.5 との大きな違いは，本章の「発展」で後述するブースティングという技術を利用している点である．

◉ CART

CART (Classification And Regression Trees) は，分類問題だけでなく回帰問題も解くことができる．L を全ラベルの集合とし，$l \in L$（l は L に含まれているラベルの

うちの一つ）としたとき，全学習データに対する，ラベル l の要素をもつ割合を p_l とする．このとき CART は，以下に示す **Gini係数** を利用して木を生成させる．

$$Gini = 1 - \sum_{l \in L} p_l{}^2$$

たとえば，クラス数が二つであり，あるノードがクラス P の要素を p_i 個，クラス Q の要素を q_i 個含んでいるとすると，Gini 係数は以下となる．

$$Gini(p_i, q_i) = 1 - \left\{ \left(\frac{p_i}{p_i + q_i} \right)^2 + \left(\frac{q_i}{p_i + q_i} \right)^2 \right\}$$

また，説明変数 A を使うことにより，学習データの集合 S が v 個の部分集合 $S_1, S_2, \ldots, S_v$ に分割されたとすると，説明変数 A で分けた後の全体の Gini 係数 $Gini(A)$ は，以下で計算される．

$$Gini(A) = \sum_{i=1}^{v} \frac{p_i + q_i}{p + q} Gini(p_i, q_i)$$

この式は，各部分集合 S_i の Gini 係数の重みつき平均になっている．

実際の計算でみてみよう．図 8.5 のように，学習データの集合 S が二つに分かれたとする．説明変数 A が「国産か外国産か」という素性だったとして，S_1 は国産のグループで S_2 は外国産のグループとし，S_1 にはオレンジが 2 個となすが 1 個，S_2 にはオレンジが 2 個となすが 4 個に分けられたとする．このとき，$Gini(A)$ は以下のように計算できる．

$$Gini(p_1, q_1) = -1 - \left\{ \left(\frac{1}{3} \right)^2 + \left(\frac{2}{3} \right)^2 \right\} = 1 - \frac{5}{9} = \frac{4}{9}$$

$$Gini(p_2, q_2) = 1 - \left\{ \left(\frac{4}{6} \right)^2 + \left(\frac{2}{6} \right)^2 \right\} = \frac{4}{9}$$

$$Gini(A) = \frac{3}{9} \frac{4}{9} + \frac{6}{9} \frac{4}{9} = \frac{4}{9} = 0.44$$

CART は，すべての説明変数に対して Gini 係数を計算し，もっとも小さい Gini 係数となった説明変数を選択する．なお，CART で扱うのは二分木に限定されている．

8.4 ▶ 過学習を抑制するテクニック ～枝刈りと交差検定～

ID3 や C4.5 のようなアルゴリズムで決定木を作成していくと，どのくらいの大きさまで決定木を成長させるのかという問題が出てくる．すべての学習データのラベル

144 8 決定木学習

を正確に分けられるまで大きな決定木を作成するのがもっともよいかというと，必ず
しもそうとはいえない．なぜなら，学習データに特化しすぎた過学習になり，汎用性
に欠けるモデルとなってしまうため，学習データに出てこないデータを正確に推定で
きなくなってしまう可能性が高いからである．

　そのため，学習データのラベルをすべて正確に推定できるまで決定木を成長させず，
途中まででその成長を止めることもある．つまり，あるノードをリーフとするか否か，
条件をチェックして，条件を満たしていれば木の成長をストップさせる．決定木の成長
を止める条件として，たとえば，各ノードに分類される学習データ数が，n 件以下（た
とえば 2 件など）であるといった閾値とする．このとき，「閾値は n である」という．
ほかの条件として，各ノードに分類される学習データの m%（たとえば 95%など），つ
まり大半が，ある特定のラベルに分類されるとき，というような例も考えられる．こ
のとき，「閾値は m%である」という．

　また，**枝刈り**といって，大きく作成した決定木のいくつかの葉を後から統合するこ
とで，決定木を小さくすることもある．このときには，学習データのほかに用意して
おいたラベルつきのデータ（開発データ）を利用し，開発データの正解率がもっとも
高くなるまで，決定木を枝刈りする．先ほど述べたように，木の成長を止める閾値を
決めるときにも，開発データを使うとよい．

　学習データが少ないときには，**五分割交差検定**という手法を使ってモデルの精度を
測ることが一般的である．これは，もっているラベルつきの全データを五つに分けて
その一部を学習データとし，残りを検証データとする評価を計 5 回行う手法である．
たとえば，五分割したデータセットを，それぞれ A，B，C，D，E と名づけるとする．
1 回目の評価では，A を検証データとみなしてテストに使い，残りの B，C，D，E を
学習データとみなしてモデルの学習に使う．2 回目の評価では，B を検証データとみ
なしてテストに使い，残りの A，C，D，E を学習データとみなしてモデルの学習に使
う．このようにして，A，B，C，D，E をすべてを 1 回ずつテストに使うことで，計
5 回の評価が行える．そして，この五つの正解率の平均値を算出してモデルの精度を
比較する（実際は，五分割である必要はなく，二分割や十分割など分割数は何でもよ
い．もっているデータ数を n とすると，最大 n 分割まで可能である．n 分割する手法
を **leave-one-out 法**とよぶ）．

　できるだけ過学習を避けてパラメータを決定するためには，交差検定に開発データ
を利用することが一般的である．この際，開発データには検証データとは異なるデー
タを利用することが重要である．交差検定や開発データは，決定木に限らず，さまざ
まな機械学習で利用されており，本書では第 9 章の勾配ブースティングで使用する．

モデル
8.6 決定木学習の特徴 **145**

8.5 ▶ 説明変数の作り方と欠損値の取り扱い

　決定木で使う説明変数の作り方はいろいろ考えられる．たとえば，血液型であれば，「血液型」という説明変数として，「A 型」，「B 型」，「O 型」，「AB 型」という四つの素性値を設定することもできるが，同時に「A 型か否か」，「B 型か否か」，「O 型か否か」，「AB 型か否か」という四つの説明変数を作成し，それぞれ「True」と「False」という二つの素性値をもたせることも可能である（決定木はエントロピーなどを使って計算しているので，血液型のような名義尺度をもつ説明変数の値をそのまま使うことが可能である．一方で，ベクトル空間モデル（第 2 章参照）では，名義尺度に数値で素性値を与えると問題が起こるので注意が必要である）．

　また，年齢のような数値について素性を作る際には，「0〜9 歳」，「10 代」，「20 代」のような素性値を作って分けることもできるが，「10 歳以上」，「20 歳以上」というような説明変数を作り，「True」と「False」という素性値を作ることもできる．たとえば 25 歳のとき，前者では「20 代」しか「True」にはならないが，後者では「10 歳以上」，「20 歳以上」の二つともが「True」となる．

　さらに，時刻のように周期的な素性値（23 時の次は 0 時である）では，「21 時から翌朝 5 時」というような素性値を作ることも考えられる．このように，どのような説明変数や素性値を使って決定木を作成するかは重要な課題である．

　また，実際に決定木を使おうとすると問題となるのが，欠損値の問題である．前述した「血液型」という説明変数の例の場合には「A 型」，「B 型」，「O 型」，「AB 型」のほかに「データがない」という素性値を作るのも一つの方法である．また，「A 型か否か」，「B 型か否か」，「O 型か否か」，「AB 型か否か」という四つの説明変数に対して，すべて「False」とするということも考えられる．このように，欠損値をいかに取り扱うのかは注意が必要である．

8.6 ▶ 決定木学習の特徴

決定木学習の特徴には，以下のようなものがある．

- 比較的少量のデータからも学習が行える．
- 名義尺度の変数を分割できる．
- 線形ではない分け方もできる．
- 一度の分岐において，複数の説明変数を組み合わせて分けられない（空間を斜めに切れない）．
- 結果を読み解きやすい（なぜこういう結果になったのかがわかりやすい）．
- SVM などに比べると，正解率が低いことがある．

結果を読み解きやすいという特徴は，ビジネスにおいてとくに重要である．たとえば，クレジットカードの与信調査（クレジットカードを発行してよいかを判断する調査）などに使われている．

決定木学習のアルゴリズムは，**貪欲法**とよばれる，毎回説明変数を選ぶ時点で，説明変数の組み合わせについては事前に考慮せず，もっともよい説明変数を選ぶという手法の一種である．たとえば，説明変数 A, B, C があったとする．ある時点でその三つの説明変数を比較したとき，説明変数 A がもっともよい説明変数だったとしても，説明変数 B を選んで分類した後に説明変数 C で分類したほうが，説明変数 A を一つ選んだときより分類がうまくできるかもしれない（たとえば，完璧に分類できるかもしれない）．しかし貪欲法では，説明変数 B の後に説明変数 C を使った場合にはどうなるかというような説明変数の組み合わせを考慮せず，説明変数 A, 説明変数 B, 説明変数 C それぞれ単体で比較して，もっともうまく分類できる説明変数（この例であれば A）を選択する．

さらに，決定木では，均衡したデータの場合（データに偏りがない場合），図 8.6 に示すような，Exclusive-or (XOR) の分類ができない．いいかえると，説明変数 A と B が両方とも True または両方とも False のときに True を返すようなデータを分類することができない．図 8.6 は説明変数 A と説明変数 B からなる XOR の図である．決定木は前述のとおり空間を斜めに切ることができない．図 8.7 でいえば，説明変数 A を True か False で区分する「縦線」，説明変数 B を True か False で区分する「横線」でしか空間を切ることができないのだ．すると，決定木では○と×を区分できないことがわかるだろう．一方，決定木以外の方法により図 8.7 の破線のように空間を斜めに切ることで，XOR を区分することができる．

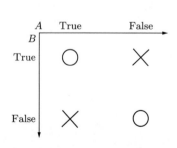

図 8.6 ▌ Exclusive-or (XOR) の分類

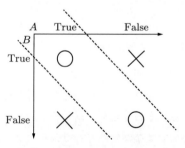

図 8.7 ▌ 空間を斜めに切った場合

実　装
8.7　Rでの決定木学習 (C5.0) の実行例　**147**

実　装

8.7 ▶ R での決定木学習 (C5.0) の実行例

ここでは R のサンプルデータである Titanic データを利用して，タイタニック号沈没事故の生存者の特徴を視覚化する例を扱う．

なお，本章では学習データと検証用データに分けたモデルの評価は行わない．その理由は，決定木は「推定結果に至る要因」を視覚化できることが特徴であり，必ずしも未来を推定するために利用されるわけではないためである．また，タイタニック号沈没事故は再び起こることはなく，今後生存者を予測することに何ら意味はないという理由もある．もちろん，未来を推定するために決定木を利用する場面も多く，その場合はモデルの評価は行うべきである．

決定木の作成の前に，分析に利用するデータについて確認と，その準備を行う．前述のとおり，R のサンプルデータ Titanic を使用する．Titanic には，タイタニック号の乗員の属性（客室の等級・性別・子供か大人か）とその組み合わせでの生存人数が記録されている．以下の入力でデータの中身を確認できる．

```
data.frame(Titanic)
```

出力結果の一部を以下に示す．

```
    Class   Sex   Age Survived Freq
1    1st   Male Child      No    0
2    2nd   Male Child      No    0
3    3rd   Male Child      No   35
  （中略）
17   1st   Male Child     Yes    5
18   2nd   Male Child     Yes   11
19   3rd   Male Child     Yes   13
20  Crew   Male Child     Yes    0
  （以下略）
```

1行目は，1等客室 (1st) に泊まっていて，男性 (Male) で子供 (Child) であり，生き残れなかった（Survived が No）である人数 (Freq) が 0 人である，という意味である．このように，Titanic データには各属性の組み合わせで何人が生き残って，何人が助からなかったかの集計値が格納されているのがわかる．

実は，決定木を作成するためには，集計情報を人単位に分ける必要がある．このデータ変換を行うために，パッケージ epitools を導入する．

148 | 8 決定木学習

```
install.packages("epitools")
library(epitools)
data <- expand.table(Titanic)
data
```

最終行の入力により，以下のようにデータの中身を確認できる．

```
   Class  Sex   Age Survived
1    1st Male Child      Yes
2    1st Male Child      Yes
3    1st Male Child      Yes
4    1st Male Child      Yes
5    1st Male Child      Yes
6    1st Male Adult       No
 (以下略)
```

Titanic データを expand.table を使って変換すると，集計情報を人単位に情報を分けることができる．つまり，1行に1人の情報が格納された形式となる．実際，data でデータ内容を表示すると，元データの 17 行目で「1st クラス，Male，Child で Survived = Yes だった人が 5 人いた」という情報が，変換後は 1〜5 行目に 5 件の用例が作られている．

ここまでの作業で分析の準備は整った．それではさっそく，決定木の作成方法について説明を行う．R での決定木の作成にはいくつか選択肢があるが，本章では C5.0 を利用して決定木を作成する．まず，下記により C5.0 のパッケージである C50 をインストールし，data により出す必要がある．

```
install.packages("C50")
library(C50)
```

なお，最初の 1 行目はインストールであるため，1 回実行すれば以降は実行しなくてよい．

それでは早速，C5.0 により，生存予測を乗員の属性を利用して分析してみよう．C5.0 による決定木は，以下のコマンドによって作成できる．

```
tree <- C5.0(x=data[,-4], y=data$Survived)
summary(tree)
```

C5.0 は決定木を作成する処理であり，y=data$Survived でラベルとして data の

Survived を，data[,-4] で説明変数として data の Survived 以外（第 4 成分以外）を使用することを指定して，決定木を作っている．作成した結果については，summary を利用してその詳細を表示することができる．さまざまな出力が表示されるが，そのうち決定木に関する箇所だけ取り出すと，下記のとおりである．

```
Decision tree:

Sex = Male: No (1731/367)
Sex = Female:
:...Class in {1st,2nd,Crew}: Yes (274/20)
     Class = 3rd: No (196/90)
```

ルートノードとして性別 (Sex) が選択されており，素性値が Female であった場合は，さらにノードができており，等級 (Class) が選択されていることがわかる．

この形式は読みやすいものではないので，plot よって画像出力をしてみよう．

```
plot(tree)
```

この処理によって得られる決定木は図 8.8 のとおりである．

決定木はその構成を紐解くことで，「その推定結果に至る要因」の分析ができる．図 8.8 の決定木について解釈をしてみよう．

まず，前述のとおりルートノードには性別が選択されている．最重要となるルート

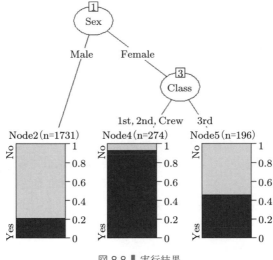

図 8.8 ▎実行結果

150 | 8 決定木学習

ノードに性別が選ばれていることから，性別がタイタニック号の事故において生死を分けるもっとも強力な要素であったということがわかる．グラフや先ほど出力した結果から読みとくと，男性の場合およそ21%の生存率であるということがわかる．

次に，女性のほうの分岐をみてみると等級が選択されており，「1等 (1st)，2等 (2nd)，乗組員 (Crew)」の生存率はおよそ93%と非常に高い生存率であることがわかる．

以上より，今回得られた決定木からは，「男性であると21%しか生存できない」，「性別が女性であり，かつ，客室の等級が高いか乗組員であると，93%の生存率になる」という知見を読み解くことができる．

さて，ここでタイタニック号の事故における有名な逸話を紹介しておこう．海難事故においては，女性と子どもを優先的に避難させよという「ウィメン・アンド・チルドレン・ファースト」とよばれる行動規範がある．タイタニック号においてはこの規範が順守され[†]，実際に女性と子ども優先に救助されたという．

さらに，当時は身分格差が激しく，1等を利用する乗客と3等を利用する乗客は，船内で顔を合わすことがないように，船内で客室の位置が離される設計になっていたと聞く．1等の乗客に対しては避難の誘導ができたものの，3等の乗客を誘導するまでの時間が足りなくなってしまったことが，客室の等級により生存率に差がでた原因なのだと推測される．この行動規範や当時の情勢と，今回得られた分析結果を照らし合わせると，説明がつくことがわかるだろう．

今回得られた分析ではAge（年齢）は採用されなかったが，「ウィメン・アンド・チルドレン・ファースト」が順守されたのであれば何らかの傾向はあるはずである．興味のある読者は年齢がどのような影響を与えているのか分析してみるとよいだろう．

発展的な話題

8.8 ▶ 決定木の性能を高める方法 ～アンサンブル学習～

弱分類器（精度の低い分類モデル）を組み合わせることで，高い精度の分類（または回帰分析など）を実現する方法を，**アンサンブル学習**という．アンサンブル学習は，前述した過学習に対して頑健であることが多い．

発想としては，「天才がいないなら，色々な観点からみんなで考えてみよう」ということである．弱分類器というのは読んで字のごとく，弱くて性能の低い分類器のことである．性能が低い分類器はあまり当たらない．しかし，この弱分類器を複数使って総合的な判断を下すと，よい答えが得られることが往々にしてある．天才ではない人

[†] 実は，一部乗組員の間で規範の解釈に誤解があったことも知られている．

発展的な話題
8.8 決定木の性能を高める方法 ～アンサンブル学習～ **151**

が一人で考えていてもよい答えは得られないが，色々な観点から考える人たちが相談して総合的に決断を下すとよい答えが得られるというのは，現実世界にもよくあることである．アンサンブル学習とはこの考えから生まれた学習方法である．

同じ観点をもった人が何人もいても同じ答えしか得られないので，色々な観点をもった人が一緒に考えることが重要である．そのため，それぞれの弱分類器の間でできるだけ素性を変えるとか，学習データを変えるなどして，多様性のある弱分類器を用意することが大事である．

決定木はアンサンブル学習と相性がよいことから，よく組み合わせて使われている．以下ではアンサンブル学習の主要な手法である，ブースティングやランダムフォレスト，バギングについて触れる．

◉ ブースティング

ブースティングは基本的には，何らかの学習アルゴリズムで分類器を作成したとき，その分類器で誤ったデータに大きな重みをつけたうえで追加の学習をし，分類器を改良していく方法である．なぜ誤ったデータに大きな重みをつけるのかというと，当然ながら，次は同じ間違いをさせたくないからである．「このデータ，いまの学習だと間違っていたから，次はここにとくに気をつけたモデルにしてね」という考え方である．

ブースティングにもさまざまな種類があるが，ここでは **AdaBoost** について述べる．AdaBoost の使う学習アルゴリズムは，決定木に限らないが，学習データの重要性を重みづけして扱うことが可能であるアルゴリズムである必要がある．

AdaBoost は以下のような手続きで実行される．

1　学習データごとの重みを初期化する（どれも同じ重さにしておく）．
2　以下の手続きを繰り返し，学習データの重みを更新する $(t = 1, 2, \ldots, T)$．
　2.1　現在の重みを用いて弱分類器 C_t を生成する．
　2.2　学習データ集合に弱分類器を適用し，誤り率 ε_t を得る．
　2.3　結果の信頼度 β_t を以下の式で計算する．

$$\beta_t = \frac{\varepsilon_t}{1 - \varepsilon_t}$$

　2.4　もし，あるデータを ε_t が誤って分類したならば，その重みを β_t 倍する．そうでなければ重みを変えない．最後にすべての重みを正規化する．
3　$C_1, C_2, \ldots, C_T$ の投票を行う．このときそれぞれの回答の重みを $\log(1/\beta_t)$ で重みづけする．
4　重みづけの投票結果の最終得点を得た答え（ラベル）を出力する．

152 | 8 決定木学習

◉ **ランダムフォレスト**

「ランダムな森」という名前のように，木をたくさん作って正解率を上げるアルゴリズムである．決定木の欠点の一つに過学習があることはすでに述べた．ランダムフォレストは，この欠点に頑健なアルゴリズムの一つであり，以下のような手続きで実行される．

1 学習データからランダムに部分集合を N 個作り，$s_1, s_2, \ldots, s_i, \ldots, s_N$ とする．このとき，二つの部分集合 s_i と s_j に同じ学習データが入っていてもかまわない．

2 各 s_i を使って，それぞれで決定木を作成する．
このとき，説明変数全体の中から，各部分集合 s_i ごとに別々に M_i 個の説明変数を選び，その説明変数だけを使って木を作る．したがって，s_i と s_j では別々の説明変数が選ばれるはずであり，s_i からできた決定木と s_j からできた決定木の関係性が低くなることが期待される．

この決定木を使って新しいデータのラベルを推定する際には，N 個の決定木でそれぞれ答えを推定し，得られた N 個の答えで多数決を行って，1 番多い答えを推定結果とする．

それぞれの決定木の関連性を低くするのは，多種多様な意見を募って多数決するためである．同じことをいう人を何人集めて議論しても，結果はワンパターンになってしまう．そこで，いろんな意見をもつように決定木を学習し，さまざまな意見を踏まえることで，安定した推定を実現させるのである．

ランダムフォレストの長所には，処理が速いこと，並列処理に適していること，特定の説明変数に頼らないためにイレギュラーなデータに強いことがあげられる．反対に，短所には，分類性能のない説明変数が大半だと，うまく動かないことがあげられる．これは，分類性能のない説明変数から決定木を作ると，インチキな決定木になってしまうためである．そのようなインチキな決定木を複数使って多数決を行っても，高い性能は得られない．

◉ **バギング**

バギングは，分類問題の場合には機械学習の結果の多数決をとる手法であり，回帰問題の場合には平均値をとる手法である．ランダムフォレストとの違いは，弱分類器を決定木に限らないこと，また，弱分類器が使う説明変数の集合が，それぞれで異なるわけではないことである．

9

勾配ブースティング

近年，Kaggle とよばれるプラットフォームが注目を集めている．これは，企業などがコンペ形式でデータとそれにまつわる課題を出題し，世界中のデータ分析者が自由に参加して，その課題を解決する方法を競い合うというものである．企業側からみれば，課題を解決する方法を広く募集できるし，参加するデータ分析者も賞金を獲得できたり，作成したモデルの性能をもとにランキングが公表されることによって知名度が上がり，企業から勧誘されたりしやすくなるというメリットがある．

こういったコンペ形式のデータ分析において，よく使われる手法の一つが勾配ブースティングである．この手法は，単に性能が高いだけでなく，ディープラーニングのような大掛かりで大量のデータを必要とするということもないため，コンペ形式の課題に対して相性がよい．本章では，勾配ブースティングの考え方とその特徴について解説する．

発　想

9.1 ▶ ブースティングとはどんな手法だったのか

ブースティングはもともと，分類問題を対象として設計された技術である．そもそもの発想は第 8 章で示したアンサンブル学習にあり，大量の弱分類器をうまく組み合わせて性能を高めるという考え方であった．しかし，近年の理論的な解析により，それとは本質的には異なる技法であることがわかってきている．

ブースティングでもっとも一般的なアルゴリズムは，第 8 章で示した AdaBoost（より正確には AdaBoost M1）である．これは，「作成した分類器で正しく分類できなかったデータをうまく分類できる分類器をつけ加えていくことで，より性能の高い分類器へと近づける」方法である．

大量の弱分類器をうまく組み合わせて性能を高めようとする場合，すべての弱分類器を組上にのせて，最適な組み合わせ方を模索するのがシンプルな考え方であろう．第 4 章で示したニューラルネットワークは，この考え方を用いて学習しているといえる．各隠れ層が弱分類器となっており，出力層でその組み合わせ方法の調整（および

154 | 9 勾配ブースティング

弱分類器の調整）を一斉に行っているととらえることができる．しかしこの考え方では，さまざまな可能性を一斉に検討しなくてはならないため，非常に計算量が増える．

これに対し，AdaBoost はこれまでに追加してきた弱分類器は一切調整せず，新しくつけ加える弱分類器についてだけ（つけ加えるときに）段階的に調整する．こうすることで，計算量を抑えることができる．このような段階的に調整をつけ加えながらモデリングを行う方法を**前向き段階的加法的モデリング**という．

このとき，できる限り性能を高めるようなつけ加え方を検討するうえで，つけ加えたときの性能を評価する損失関数が必要となる．その損失関数は，AdaBoost のアルゴリズムからすぐにはわからなかったが，長年の研究により，この後に示す指数損失関数を使っていることが明らかになった．

9.2 ▶ ブースティングの問題点　〜指数損失関数が抱える問題〜

データ x に対し，モデルでの推定結果を $f(x)$，実際の正解を y（+1 か −1 かのどちらかの値をとるとする）とした場合，**指数損失関数**は以下の式で表される．

$$\exp(-yf(x))$$

この損失関数は，各学習データ x に対して y と $f(x)$ を掛け合わせた $yf(x)$ の値がプラスになるほど値が小さくなる．つまり，$yf(x)$ がプラスに大きくなるならその推定結果 $f(x)$ は正解であり，逆に $yf(x)$ がマイナスになる場合，その推定が間違っていることを指し示している．

よって，この損失関数を用いることで，正解が +1 のデータに対しては，モデルでの推定結果 $f(x)$ もプラスに大きくなるように，正解が −1 のデータに対しては，$f(x)$ もマイナスに大きくなるように学習していく．その結果，新しいデータ x' を与えたとき，$f(x')$ がプラスなら正解は +1, $f(x')$ がマイナスなら正解は −1 だと判断できる．

横軸に $yf(x)$ をとり，縦軸に損失関数が示す損失の大きさをとったグラフを図 9.1 に示す．指数損失関数との比較参考用として，第 3 章の回帰分析で示した，分類問題で一般的によく用いられる損失関数である交差エントロピー（正確には，交差エントロピーの性質を損なわない調整を施した損失関数）と，$yf(x)$ がプラスなら 0, マイナスなら 1 という，誤分類数に対応したシンプルな損失関数も併せて示している．

損失関数でとくに重要となるのは，推定結果が間違っている場合，つまり $yf(x)$ がマイナスとなっているケースである．誤分類数のように，単純に誤分類したかしないかで判定してしまう場合，$f(x)$ をいくら調整してみたところで（推定結果 $f(x)$ のプラスマイナスが変わらない限り）損失は 1 のまま変わらない．損失が変わらないということは，調整する価値がないということであり，学習はそこで止まってしまうこと

9.2 ブースティングの問題点 〜指数損失関数が抱える問題〜

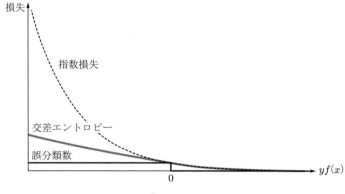

図 9.1 ▎損失関数の比較

になる.

　これは，未知のデータ x' にモデルを適用することを考えると，よい損失関数とはいえない．少しでも $yf(x)$ がプラスに近づくように調整したほうが，未知のデータ x' でうまく分類できる可能性は高まるだろう．指数損失や交差エントロピーは $yf(x)$ がプラスに近づくほど損失が下がる形になっており，この観点にうまく対応できる仕組みとなっている．

　一方で，指数損失と交差エントロピーは $yf(x)$ がマイナス方向に大きくなると両者が乖離していき，指数損失のほうが交差エントロピーよりも損失が大きくなっていく．指数損失は，このような大きく推定を外してしまうケースに対し，非常に大きな損失，つまり大きなペナルティを与えていることになる．小さな推定ミスは多少あってもかまわないから，大きな推定ミスは絶対に許さない，というイメージである．

　この考え方は間違っているわけではないが，問題もある．仮に学習データの中にイレギュラーなデータ（正解が正しく登録されていないデータや，一般的な傾向とかけ離れた外れ値データ）が含まれていた場合，指数損失を用いたモデルは，（そもそも当てること自体が難しい）そのデータに対する推定性能を是正しようとするあまり，（相対的にみて損失が小さい）大多数のデータに対する推定性能を悪化させてしまう．実際，指数損失関数を用いる AdaBoost は，イレギュラーなデータが含まれやすいケースで性能が大きく低下することが経験的にわかっている．これは，学習データでうまく正解しようとこだわるあまり，過学習が発生しているととらえることができる．

　指数損失は過学習しやすいという問題点はあるが，AdaBoost のようなアルゴリズムで簡単に計算できるというメリットがある．また，作られるモデル $f(x)$ も，交差エントロピーを用いて作られるモデル $f(x)$ と基本的に同じ傾向をもつことがわかっている．

156 | 9 勾配ブースティング

　一方で，損失関数をいろいろ変更してブースティングを実行できるほうが汎用性は高い．AdaBoost は分類問題にしか使えないが，損失関数を変更できれば，売上額を予測するなどのような，数値を推定する回帰問題も扱えるようになる．損失関数を自由につけかえることができて，かつ AdaBoost くらいの計算しやすさを併せもつ方法はないだろうか．その一つの答えが**勾配ブースティング**である．

モデル

9.3 ▶ 勾配ブースティングの考え方

　勾配ブースティングはその名のとおり，勾配を用いてブースティングを行う方法である．勾配（傾き）は第4章のニューラルネットワークでも示したとおり，損失関数で算出された損失を下げる方向をみつけるために用いられる．ニューラルネットワークの場合は，使われている各重みを調整するために使っているため，各重みに対する勾配を求めていた．これに対し勾配ブースティングでは，重みではなく，モデルの推定値 $f(x)$ に対する勾配を求めている点が異なる．

　それでは勾配ブースティングの方法について示していこう．AdaBoost の基本的な考え方は，「作成したモデル（分類器）で正しく分類できなかったデータをうまく分類できるモデルをつけ加えていくことで，より性能の高いモデルへと近づける」であった．勾配ブースティングでも同じ考え方を用いる．

　まず，最初のモデル $f(x)$ を適当に作成しよう．たとえば，あらゆるデータ x に対し同じ値 p を返す $f(x) = p$，などである．このモデルは弱く，当然ながら芳しい性能は得られない．そこで，その性能を改善すべく新たなモデルを適切に追加していく．このとき，あらかじめ定めた（勾配を計算可能な）損失関数で算出される損失が小さくなるように追加していくのである．

　勾配ブースティングの流れを図9.2に示す．ある学習データ x に対し，現在のモデル $f(x)$ から推定結果 R を得られる．また，学習データである以上，正解 y も得られているし，あらかじめ定めた損失関数もある．よって，これらから学習データの推定結果 $f(x)$ に対する損失関数の勾配 G_x を計算できる．この勾配の値によってモデルの推定値をプラスに動かすべきか，マイナスに動かすべきかを知ることができる．

　詳細は割愛するが，勾配がプラスなら，推定値をマイナスに動かすと損失は減り，勾配がマイナスなら，推定値をプラスに動かすと損失は減るという関係性がある．よって，モデル $f(x)$ を新たなモデル $f(x) - G_x$ へと変更することで，モデルの性能を向上できる．

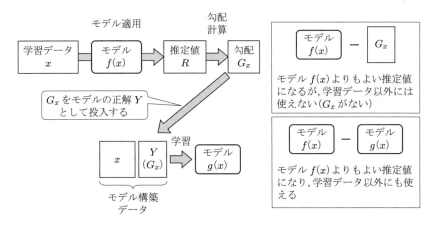

図 9.2 勾配ブースティングの流れ

ただし，これは正解 y が得られている学習データだから G_x が計算できるのであって，未知のデータに対しては（正解がわからないので）G_x を求めることができない．そこで，「勾配の値 G_x を各学習データ x から推定するモデル $g(x)$」を構築する．つまり，学習データ x を説明変数とし，勾配の値 G_x を目的変数としてモデル構築するのである．こうして得られたモデル $g(x)$ を用いれば，未知のデータ x' に対しても $g(x')$ を計算することで，G_x を推定することができる．

こうして構築した $g(x)$ を用いモデル $f(x)$ を，新たなモデル $f(x) - g(x)$ へとおきかえることで，おきかえ前の $f(x)$ より性能の高い推定ができるようになる．このモデル追加を繰り返すことで，損失関数での損失を減らす方向に，$f(x)$ の性能を高めていくことができる．これが勾配ブースティングである．

アルゴリズムの基本的な流れを以下に示す．

1. $f_0(x)$ を何らかの簡易なモデルで初期化（$f_0(x) = p$ など）
2. 変数 $m = 1$ から M に対して，2.1〜2.3 を実行
    - 2.1 各学習データ x に対し，推定値 $f_{m-1}(x)$ と正解 y を用いて，勾配 G_x を計算
    - 2.2 各学習データ x から勾配 G_x を推定するモデル $g(x)$ を作成
    - 2.3 新たな推定モデルとして $f_m(x) = f_{m-1}(x) - e \cdot g(x)$ を設定
3. 作成された $f_M(x)$ を最終モデルとして出力

ステップ 2.3 で $g(x)$ に掛け合わせている e は学習率であり，学習の速度を調整する役割をもっている．

158 | 9 勾配ブースティング

9.4 ▶ 勾配ブースティングの特徴

勾配ブースティングは AdaBoost よりも自由度が高く，（勾配が計算可能という条件はあるものの）損失関数にあまり制限がないことに加え，勾配を推定するモデル $g(x)$ の構造についてもとくに制限がない．そのため，線形回帰分析やニューラルネットワークなど，さまざまなモデルを扱うことができるが，近年は決定木を使うことが多い．決定木は入力データの形式や値の分布，外れ値などに注意を払わなくてもよいという利点があるため，何も考えずにデータを投入しても，ブースティングによって高い性能が得られるからである．よって，初心者にも扱いやすいモデルといえる．

第 2 章で示したように，モデルを追加し続けて複雑になるほど，学習データへと性能が調整されすぎてしまい，過学習しやすくなる．よって，未知のデータに対する性能を高めるには，モデルを追加する回数 M を適切に制御する必要がある．近年では，学習データを分割して（学習に用いない）開発データを用意しておき，モデルを追加するたびに開発データで性能を調べ，劣化し始めたら過学習し始めたとみなして終了するといった方法が採用されている（開発データは，最終的な性能を検証する検証データとは別に用意する）．

また，実運用されるモデルとは違い，コンペでは通常何度でもモデルを提出して，その中で一番性能のよい結果で最終判断されるため，多くのモデルを短い時間で作れるほうが，高い評価が得られやすい．勾配ブースティングは処理時間も短めなため，コンペで高評価を得るには向いているといえるだろう．

勾配ブースティングのデメリットとしては，複数のモデルを足し合わせる構造上，最終的なモデルは必然的に複雑になるため，ディープラーニングなどと同様，モデルの判断基準を人が理解することが難しい点にある．使われる説明変数の重要度などを求める方法は提案されているが，回帰分析や決定木と同じレベルで把握することは容易ではない．

また，いかに損失関数やモデル追加回数などを適切に設定しても，過学習が生じる可能性を排除できるとは限らない．とくに，ある時期のデータで作成した勾配ブースティングモデルを，別の時期の（状況が少し変化した）データに対して適用すると，大きく性能を下げてしまうことがある．コンペではなく実用で用いる際には注意が必要である．

実 装

9.5 Rでの勾配ブースティング (XGBoost) の実行例 | **159**

実 装

9.5 ▶ R での勾配ブースティング (XGBoost) の実行例

ここでは，第5章でも用いた，kernlab ライブラリに含まれているスパムメールの
データ spam を利用して，そのメールがスパムデータか判定する例を扱う．

勾配ブースティングは R では gbm パッケージなどで公開されている．一方で，近年
ではさらに改良を加え，より高速に実行できるようになった XGBoost というツール
が有名である[11]．ここでは XGBoost での実行例を説明する．

XGBoost は Extreme Gradient Boosting の略称であり，勾配ブースティングの改
良版といえる．XGBoost では，さまざまな高速化だけでなく，追加するモデル $g(x)$
の作成方法も少し異なり，決定木に特化した作成方法を採用している．

第8章で示したように，決定木には情報利得 $Gain$ という値を指標にして，木の分
岐を決定する方法がある．XGBoost では，$Gain$ を「木を分岐させることで減らすこ
とができる損失の量（正確には，その近似値）」でおきかえることにより，損失を減ら
せるモデル $g(x)$ を，より直接的に構築できるようにしている．また，第4章のニュー
ラルネットワークで示した荷重減衰の考え方も組み合わせることで，不要に複雑なモ
デルにならないよう調整する機能も組み込んでいる．

XGBoost を使えるようにするためには，以下のコマンドを実行する．

```
install.packages("xgboost")
library(xgboost)
```

なお，1行目はインストールであるため，1回実行すれば以降は実行しなくてよい．
kernlab ライブラリに含まれている spam データの読み込みおよび目的変数（スパ
ムデータではないか，スパムデータか）を0か1の数値に変える整形は，以下のコマ
ンドで実行できる（ここでは kernlab のインストールは済んでいるものとする）．

```
library(kernlab)
data(spam)
tar <- 1:2300*2
train <- xgb.DMatrix(data = as.matrix(spam[tar,-58]),
                     label = as.integer(spam[tar,58])-1)
test <- xgb.DMatrix(data = as.matrix(spam[-tar,-58]),
                    label = as.integer(spam[-tar,58])-1)
```

今回は，入力として使う行列を data に，その正解を label に設定した DMatrix

160 │ 9　勾配ブースティング

（データ一式を保存するための箱）を引数として用いる．なお，XGBoost では正解
label は数値として登録する必要があるため，as.integer 関数を通している．

　まず，元のモデルを補正するためのモデル $g(x)$ を何個つけるべきかを調べる．

```
best <- xgb.cv(data = train, nfold = 10, nrounds=100,
               objective = "binary:logistic",early_stopping_rounds=10)
```

　上記の xgb.cv は，第 8 章で説明した交差検定によって未知のデータに対する性能を
調べ，性能が悪化し始めるモデルの個数を見極めるために用いる．ここでは nfold=10
と指定して十分割交差検定を行っている．また，モデルの目的を定める objective に
は "binary:logistic"，つまりロジスティック回帰分析に基づく（スパムかスパムで
ないかという二値の）分類問題を設定している．損失関数は objective の種類によっ
て自動的に設定されるが，"binary:logistic" の場合には交差エントロピーが設定
される．

　nrounds で，付与するモデル $g(x)$ の数の最大を指定できる．ここでは 100 に指定
しているが，明らかに過学習が始まっているのであれば途中で止めたほうがよいだろ
う．これを設定しているのが early_stopping_rounds である．これにより，交差検
定で最大の性能が得られてから，一定回数（この場合は 10 回）モデルをつけ加えても
性能のさらなる改善がみられない場合，過学習し始めていると判断し，最大の性能が
得られたときのモデル個数を出力して終了する．

　実行結果の抜粋を以下に示す．

```
（前略）
[21] train-error:0.021014+0.001128    test-error:0.059565+0.011346
[22] train-error:0.020241+0.001734    test-error:0.058696+0.010516
[23] train-error:0.019082+0.001421    test-error:0.056522+0.010826
[24] train-error:0.018164+0.001264    test-error:0.057826+0.011178
[25] train-error:0.017440+0.001473    test-error:0.059130+0.011859
（中略）
[33] train-error:0.011739+0.002016    test-error:0.058696+0.010870
Stopping. Best iteration:
[23] train-error:0.019082+0.001421    test-error:0.056522+0.010826
```

　"binary:logistic" を用いた場合，性能評価の指標として自動的に誤分類率（誤
分類したデータの割合）が用いられる．ここで，0.056522+0.010826 という表現は，
十分割交差検定で得られた 10 個の誤分類率の平均値が 0.056522 であることを示して
いる．また，0.010826 は，10 個の誤分類率のばらつき度合を示す指標である標準偏差

実 装
9.5 Rでの勾配ブースティング (XGBoost) の実行例 | **161**

の値である．イメージでいえば，誤分類率は多くが 0.056522 ± 0.010826 の範囲にあることを示している．

性能の平均値でみると，学習データでの誤分類率 train-error はモデルを付加するごとに減っているが，交差検定での誤分類率 test-error は 23 個目が一番小さく，以降は増加していることがわかる．その結果，最善のモデル追加数として，最終行で23 が提示されている．

また，学習データの誤分類率 train-error は交差検定での誤分類率 test-error より低いのがわかる．勾配ブースティングは回帰分析や決定木に比べ，そもそも学習データでの性能を高く（過学習気味に）学習して汎化性能を発揮する傾向がある．

なお，誤分類率は正しく分類できた数が増えない限り改善されないため，微妙な性能変化をとらえるには不向きである．そこで，ディープラーニングでも用いた AUC を評価指標に用いてみよう．それには，評価指標を設定する eval_metric に AUC を設定すればよい．

```
best <- xgb.cv(data = train, nfold = 10, nrounds=100,
               objective= "binary:logistic",
               seed=1,early_stopping_rounds=10, eval_metric="auc")
```

出力結果は以下のとおりである．

```
（前略）
[41] train-auc:0.999568+0.000147   test-auc:0.984623+0.005793
[42] train-auc:0.999603+0.000140   test-auc:0.984797+0.005867
[43] train-auc:0.999644+0.000136   test-auc:0.985007+0.005535
[44] train-auc:0.999687+0.000119   test-auc:0.984928+0.005635
[45] train-auc:0.999716+0.000104   test-auc:0.984878+0.005843
（中略）
[53] train-auc:0.999889+0.000068   test-auc:0.984758+0.005586
Stopping. Best iteration:
[43] train-auc:0.999644+0.000136   test-auc:0.985007+0.005535
```

先ほどよりも 20 個多い 43 個で設定された．AUC は大きいほど優れている指標であるが，43 個を境に低下し始めているのがみて取れる．

つけ加えるべきモデルの個数が定まったら，（交差検定せずに）全学習データを用いてモデル構築を行う．それには xgboost を用いる．

162 | 9 勾配ブースティング

```
mdl <- xgboost(data = train,nrounds=43,objective = "binary:logistic")
pred <- predict(mdl, test)
```

モデルの個数 nrounds に先ほど得た 43 を指定する．また，objective も xgb.cv と同じである．モデルは mdl に保存されており，推定する際にはほかの R での方法と同様に predict を使って test データに当てることができる．出力結果として各データがスパムである確率が pred に格納される．

テストデータでの性能を，ディープラーニングの章と同様に AUC で確認してみよう．

```
library(ROCR)
tlabel <- as.integer(spam[-tar,58])-1
tpredlp <- prediction(pred, tlabel)
aucp <- performance(tpredlp,"auc")
as.numeric(aucp@y.values)
```

AUC の算出で用いる正解データは 0 か 1 かで与える必要があるため，元の spam データから tlabel として別途取り出している．得られる出力は以下のとおりである．

```
[1] 0.9890739
```

最終的に AUC は約 0.99 となっており，ディープラーニングで得られた 0.98 よりもよい結果が得られている．今回のように小規模なデータの場合は，ディープラーニングの恩恵は得られにくく，勾配ブースティングのほうが効果的だったのでは，と考えられる．

勾配ブースティングで作られるモデルは複雑なため，簡単に把握することは容易ではないが，各変数が削減した損失の大きさを調べれば，ある程度推し量ることができる．次のコマンドを実行することで，それを確認することができる．

```
imp <- xgb.importance(names(spam),model=mdl)
xgb.plot.importance(imp)
```

最初の names(spam) は，spam データに付与されていた変数名のリストを取得している．これと作成したモデル mdl を xgb.importance に与えることで，各説明変数の重要性を算出している．その結果を用いて xgb.plot.importance で図表化している．その結果を図 9.3 に示す．

一番重要性が高いとされたのは charExclamation，つまり「！」の出現度合であ

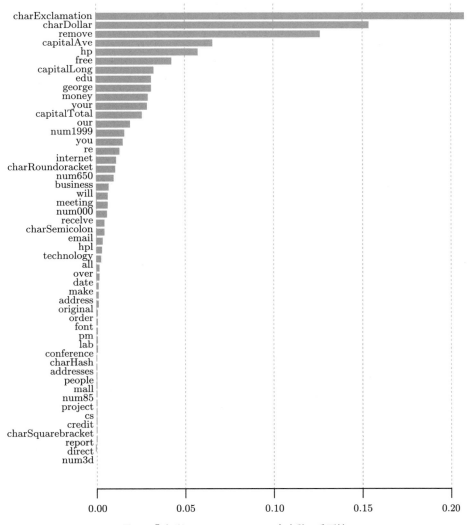

図 9.3 ▍勾配ブースティングでの各変数の重要性

ることがわかる．

ここで紹介した以外にも，xgboost にはさまざまなパラメータがある．その中で主要な要素について，表 9.1 に示す．max_depth などの値を調整することで過学習を抑えられるが，強く抑えすぎると学習データへの正解率が悪くなり，当然ながら未知のデータも正解できなくなってしまう（未学習）．さまざまな値を試して，最適な値をみつけることが重要になる．

荷重減衰は一般に，**L2 正則化**という**正則化**の手法にあたる．正則化はオッカムの剃

表 9.1 ▌ xgboost のパラメータ

objective	モデルで推定する方法（損失関数）を設定する. `reg:linear`：線形回帰分析 `binary:logistic`：ロジスティック回帰分析 `multi:softmax`：ソフトマックス（多値分類で使用） `count:poisson`：ポワソン回帰分析（発生件数の予測などで使用） `reg:gamma`：ガンマ分布（保険請求金額予測などで使用）
base_score	最初に作る簡単なモデル $f(x) = p$ での p の値. デフォルトは 0.5. 十分な個数のモデルを追加できるなら調整する意味はあまりない.
eval_metric	性能評価で用いる基準. 基本的に `objective` に合わせて適切に自動設定される.
eta	学習率. 0 超 1 未満の値を設定できる. デフォルトは 0.3. 値が小さいほど, 追加したモデルでの補正が弱くなるため, 学習の調整が小刻みになり過学習しにくくなるが, 追加されるモデル数は増えるため, 学習時間は増える.
gamma	決定木でノード分割時に最低限必要とする損失関数の値の削減量. 値を大きくすると, 木が分割されにくくなるため, 決定木の構造がシンプルになり, 過学習しにくくなる.
max_depth	木の深さの最大値. デフォルトは 6. 値を小さくすると, 木が分割されにくくなるため, 決定木の構造がシンプルになり, 過学習しにくくなる.
min_child_weight	決定木でノード分割時に, そのノードに含まれる学習データにおける損失削減への影響度合の合計値が, この設定値以下であった場合, これ以上分割しても損失関数の値の削減への影響が弱いとみなして, 木の分割を止める. 値が大きいほど決定木の構造がシンプルになり, 過学習しにくくなる. デフォルトは 1.
max_delta_step	学習時に算出される損失の値が, 計算上異常に大きくなるのを制限する値. ロジスティック回帰分析において, 推定したい目的変数の割合が低すぎまたは高すぎな場合に発生しやすいため, その際は大き目の値を設定すると学習が改善する可能性がある. デフォルトは 0.
subsample	決定木構築時に（ランダムフォレストのように）使う学習データの割合を設定する. デフォルトは 1（100%）.
colsample_bytree	決定木構築時に（ランダムフォレストのように）使う説明変数の割合を設定する. デフォルトは 1（100%）.
lambda	荷重減衰の強さ. 値が大きいほど強い. デフォルトは 1.
alpha	荷重減衰の強さ. 値が大きいほど強い. 上記の `lambda` よりも強い減衰がかかる. デフォルトは 0.

刀の考え方に基づき, 無駄な重みを 0 に近づける方法であり, 汎化性能を高めるためによく用いられる. ただし, L2 正則化は 0 にする量が多いわけではない.

　一方で, 問題によっては, 与えられた大量の説明変数のほとんどが役に立たない（推定に役立つ情報が局所的な）場合もありうる. そのときは, 重みを 0 にしやすい正則

発展的な話題
9.6 最近の研究での展開 ～スタッキングと Deep Forest～ **165**

化である **L1 正則化**を用いると，性能が向上しうる．表 9.1 のパラメータにおいて，`lambda` が L2 正則化であり，`alpha` が L1 正則化にあたる．

発展的な話題

9.6 ▶ 最近の研究での展開 ～スタッキングと Deep Forest～

ビジネスでモデルを用いる場合，複雑すぎるモデルは構築や性能検証に要する時間が長くなり，人件費などのコストが多大にかかってしまう．そのうえ，モデルのシステム実装や管理・運営の手間も膨らむため，結果的にトータルで費やされるコストが，モデルの性能向上による恩恵に見合わなくなる．したがって，わずかな性能向上のためにモデルを複雑化させることは，ビジネスではあまり行われない．

一方で，Kaggle のようなコンペではわずかな性能差が順位に影響することが多く，膨大な時間や手間をかけてモデルを複雑化させてでも，わずかな性能向上を模索するのが一般的である．

モデルを複雑化して性能向上させる方法として，コンペでよく使われるのが**スタッキング**である．これは，「データ X から正解 Y を推定するモデル $f_{1,1}(X), f_{1,2}(X),$ $\ldots, f_{1,K}(X)$（これらをまとめて $f_{1,*}(X)$ と表記する）を作り，データ X と各モデルでの推定結果 $R_{1,1}, R_{1,2}, \ldots, R_{1,K}$ とを併せて入力にして，正解 Y を推定する新たな $f_{2,*}(X)$ モデルを作る」方法であり，モデルの出力を入力としたモデルを作るという，いわばモデルの積み上げを行う方法である．

このとき，$f_{1,*}(X)$ モデルがデータ X を使って構築されていると，その推定値はデータ X の正解がわかっているうえで推定されているため，推定性能が不当に高くなってしまう．そこで，学習データを二分割 (X_a, X_b) にして，X_a を使って構築したモデルで X_b に対する推定値を作成し，X_b で構築したモデルで X_a の推定値を作成している．これは，交差検定の考え方を流用したものである．スタッキングのイメージを図 9.4 に示す．

スタッキングは図 9.4 のように，$f_{1,*}(x)$ を組み合わせて $f_{2,*}(x)$ のモデルを構築し，さらに $f_{2,*}(x)$ を組み合わせて $f_{3,*}(x)$ のモデルを構築するというように，何段でも積み重ねることができる．どの段階でも推定結果 R は得られているため，どこで積み重ねをやめても問題はない．また，多くの場合，各モデル（たとえば，$f_{1,1}(x)$）についてもモデルを複数作成し，得られた複数の $R_{1,1}$ を次のモデル $f_{2,1}(x)$ の入力に使用したりする．コンペでは何段も積み上げて性能を上げることは珍しくないが，その一方で，階層を積み上げすぎるとモデルを複雑化しすぎてしまい，過学習になるおそれが

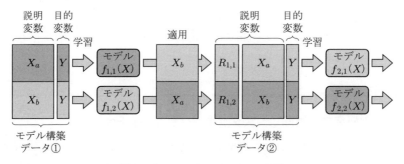

図 9.4 ▌スタッキングのイメージ図

ある.階層数を適切にコントロールすることは重要な課題である.

モデルを積み重ねていくというスタッキングの考え方は,ブースティングの考え方に近いといえよう.したがって,ブースティングと同様に開発データを用意しておき,劣化し始めたら過学習し始めたとみなして積み上げを終了するという考え方が有効である.この考え方を取り入れ,高い性能を実現したのが **Deep Forest**(正確には **gcForest**)である[12].

Deep Forest は,2017年に論文が公開されて以降,さまざまな議論を巻き起こした手法である.その論文のタイトルも「Deep Forest: Towards An Alternative to Deep Neural Networks(ディープラーニングの代替へ向けて)」という挑戦的なタイトルであり,実験では一般的なディープラーニングに匹敵する性能が得られている.Deep Forest は,スタッキングに用いるモデルとして1000個のランダムフォレストの出力結果の平均値(いわば,アンサンブル[ランダムフォレスト]のアンサンブル[平均値])などを用い,開発データでの性能劣化が確認されるまで多段にスタッキングし続けるという,**カスケードフォレスト**(Cascade Forest)とよばれる構造を特徴としている.

カスケードフォレストの構造のイメージを図 9.5 に示す.この例では,モデルの推定値は三つのクラス (A, B, C) への分類であり,出力はそれぞれのクラスに分類される確率となるため,三つの値が出力される(例:A である確率 20%,B である確率 30%,C である確率 50%).図の例では,N 層目まで多段にスタッキングした後,最後はすべてのランダムフォレストらからの出力値をそれぞれ平均し,もっとも確率の平均値が高いクラスを推定結果であるとしている.

Deep Forest はディープラーニングに比べ,必要となるデータ数が少ないことが大きな利点である.ディープラーニングはデータが少ない場合,安定した性能を得ることが難しくなるが,アンサンブル学習をベースとする Deep Forest はその心配が薄い.また,ディープラーニングはさまざまなパラメータ調整を行わないと高い性能が得られにくいが,Deep Forest は初期設定のままでも十分な性能が得られることが示され

発展的な話題
9.6 最近の研究での展開 〜スタッキングと Deep Forest〜 | 167

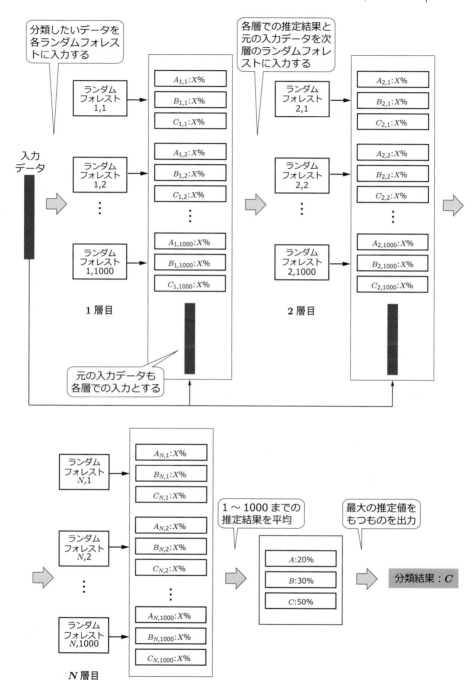

図 9.5 ▍カスケードフォレスト構造のイメージ図

168　9 勾配ブースティング

ている．さらに，ディープラーニングには大量の GPU などの強力なコンピュータ設備が要求されることが多いが，Deep Forest は比較的容易に実行できる．

　一方で，到達しうる最高性能でみれば，まだディープラーニングに匹敵しているとはいいがたい．まだ提案されてから日が経っていないこともあり，これからが楽しみな技術であるといえよう．

169

10

クラスター分析

　本章と第 11 章では，教師なし学習について述べる．

　本章で述べるクラスター分析を端的にいえば，データのグループ分けを自動的に行う手法である．グループ分けするには，「どのデータはどのデータと類似性が高いか」という尺度が必要になる．クラスター分析では，これを「距離」として人が定義することで，その「距離」を基準とした最適なグループ分けを機械学習が実現してくれる．

　クラスター分析は応用の幅が広く，さまざまな分野で使われている．本章では，基本となる階層型・非階層型の概念とその手法について説明するとともに，近年注目されている LDA などの新しい分析手法についても触れていく．

発　想

10.1 ▶ 似たモノ同士グループ分けする

　クラスター分析とは，「異なる性質のものが混ざり合っているデータの中から，対象間の距離（似ている度合）を定義し，類似性の高いものを集めてクラスター化する分析のこと」である．そもそもクラスターとは，「房」，「集団」，「群れ」という意味であり，大ざっぱにいえば，似たモノ同志で「房」，「集団」，「群れ」を作ること，といえる．第 1 章で述べた「教師なし学習は教師あり学習の発展形である」という背景から説明すると，「類似性の高いものを集めてクラスター化する」ことを教師として学習する手法のことであるともいえる．

　クラスター分析では，二つのデータ同士の似ている度合のことを「距離」という概念で表現する．「距離」という概念を導入することで，「距離」が近ければ似ているし，「距離」が遠ければ似ていないと評価することができる．そして，似たモノ同士（より正しい用語を使うのであれば距離が近いモノ同士）でグループ分けする手法をクラスター分析とよぶ．

　たとえば，図 10.1(a) の七つの都道府県を位置で三つにグループ分けしてみよう．この例では，いわゆる物理的な「距離」が近いモノ同士をグループ分けすることを考え

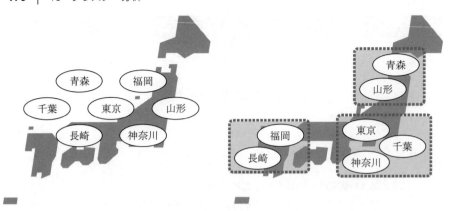

(a) グループ分け前　　　　　　　　(b) グループ分け後

図 10.1 ▍ 都道府県の例

てみよう.

　すると，図 10.1(b) のように，「青森」,「山形」と，「東京」,「神奈川」,「千葉」と，「長崎」,「福岡」の三つのクラスターにグループ分けするのが妥当そうだということがわかるだろう.

　ほかの都道府県も考慮し始めると，さらに違ったクラスター構成になるかもしれない.

10.2 ▶ なぜクラスター分析をするのか

　さて，そもそもなぜ似たモノ同士をグループ分けする必要があるのだろうか．たとえば，「大量のデータを似たモノ同士をグループ分けすることで，効率的にマーケティングを行いたい」ということが，クラスター分析を行う動機としてあげられる．たとえば，あなたがある通販会社（ここでは，旅行プランから自家用車まで，さまざまな商品を取り扱う会社であると想定してみよう）のマーケティング担当者であり，顧客に対して購入意欲の湧く商品を提示する業務が課せられているとしよう．はたしてどのように業務を推進するのが効率的だろうか.

　もちろん，顧客一人ひとりに対して懇切丁寧な戦略を立てられることが理想ではあるが，顧客は一人や二人ではなく何万人もいるだろうから，現実問題として困難である.

　そこで，似た特徴をもつ顧客をグループ分けして，そのグループ（クラスター）ごとに戦略を考えるという方法を取ってみよう．ここでは全顧客を，「旅行への出資金額」と「自家用車への出費金額」の 2 軸からなるグラフにプロットする．その結果，自家用車への出資金額と旅行への出資金額で，図 10.2 のように 4 個のクラスターに分けられたとしよう．すると，同じクラスター内の顧客は「似たモノ同士」と考えられる

10.3 似たモノ同士 〜データ間の距離〜　| 171

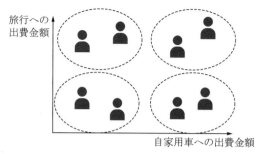

図 10.2 ▎顧客のクラスター分析

ので，同じような購入傾向をもち，ゆえに同じ戦略が効果的であると予想できる．たとえば，自家用車への出費金額が低いが旅行への出資金額が高いクラスターの顧客へは，電車を利用した旅行プランの提供が有効であろう．つまり，何万人もの顧客に対して戦略を立てる必要はなくなり，たった4個の検討をするだけでよくなったのである．このように，クラスター分析を適切に利用することで，戦略の質を大きく下げることなく，戦略の数を減らすことができるのである．

10.3 ▶ 似たモノ同士 〜データ間の距離〜

都道府県の例においては「距離が近いモノ同士」でクラスター化するという説明をしたが，ここで「距離」という言葉についてもう少し言及しておこう．本書では，厳密さに対する誤解を恐れずにいえば，グラフ上の線の長さを「距離」とよぶ．たとえば，前節でみた通販会社の例において，図 10.3 のようにグラフ上で「線分 AB」＜「線分 BC」であったとすると，「顧客 A と顧客 B の距離」＜「顧客 B と顧客 C の距離」ということになる．したがって，「顧客 A と顧客 B」と「顧客 B と顧客 C」では，クラスター分析において前者のほうが「似ている」という評価となる．

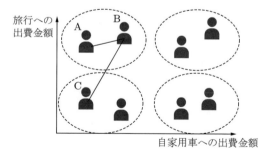

図 10.3 ▎二人の間の距離

モデル

10.4 ▶ クラスター分析手法は 2 種類ある

ここでは，具体的なクラスター分析手法について学ぶ．クラスター分析は，図 10.4 のとおり非階層型と階層型の 2 種類がある．以降では，それぞれ具体的なアルゴリズムを説明していく．

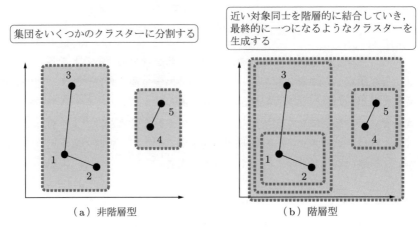

図 10.4 ▌ 2 種類のクラスター分析手法

● 非階層型　~k–means~

まずは非階層型の分析方法について説明を行う．ここでは例として，図 10.5 の点を 3 個のクラスターに分けることを考えてみよう．

まず，3 個の点をランダムに選択し（図 10.6 では☆，△，□で表現している），これらを**初期シード**とよぶことにする．これを，各クラスターの中心的な存在であると

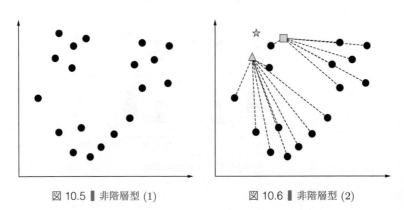

図 10.5 ▌ 非階層型 (1)　　　図 10.6 ▌ 非階層型 (2)

仮定しよう．そして，残りの点は，もっとも距離が近い初期シードと同じクラスターに割り振る．各点と3個の初期シードの中からもっとも距離が近い（つまり似ている）ものを線で結び，その集合を仮クラスターとみなすと，図10.6が得られる．

この処理によって，初期シードから，三つクラスターが得られた．しかし，得られた仮クラスターは，△クラスターが縦に長かったり，☆クラスターの点が一つしかなかったりなど，極端な偏りがある．直観的にもこのようなクラスターは最適ではなさそうである．

そこで，この仮クラスターをより適切なクラスターになるように調整する．具体的には，クラスターの中心的な存在（**シード**）を，仮クラスターに属する点の中から新しく選び直す．シードが中心的な存在であることを考慮し，仮クラスターの重心（真ん中の辺り）にもっとも近い点を新しいシードとする．ここでいう重心は，そのクラスターに含まれるデータの各要素を平均したものとする（図10.7）．

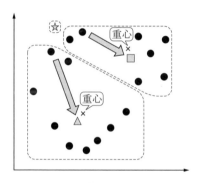

図 10.7 ▮ 非階層型 (3)

この作業で得られた新しいシードを利用して，再度仮クラスターを生成し（図10.8(a)），さらにシードを変更する（図 (b)）．このサイクルを複数回繰り返すと，徐々に仮クラスターが変化しなくなってくる．

仮クラスターが変化しなくなったとき，あるいは変化量が一定の値以下になったら完了とする．また，データによってはどんなに繰り返しても収束しない（仮クラスターが変化し続ける）場合があるため，繰り返し回数の上限を設定することもある．今回の例では図10.9のようなクラスターが得られる．最終的に得られたクラスターと初期シードのときの仮クラスターと比較すると，極端な偏りが解消されていて妥当そうにみえるだろう．

以上が非階層型の具体的なアルゴリズムであり，これを **k–means** とよぶ．

ここで，非階層型の手順を振り返ってみよう．

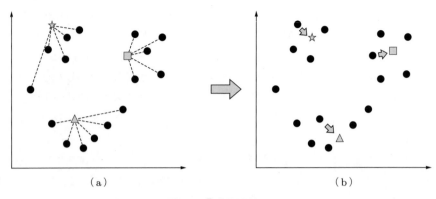

図 10.8 非階層型 (4)

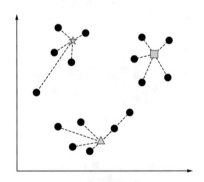

図 10.9 非階層型（最終図）

1 各クラスターの中心的な存在（シード）を仮定し，その仮定のもとにすべての点を妥当なクラスターに割り振る．
2 割り振った点の分布をみて，各クラスターの中心的な存在を，より妥当な点へと仮定し直す．
3 仮クラスターが変化しない，あるいは変化量が一定の値以下になるまで，1, 2 を繰り返す．

最後に，非階層型の特徴について触れておこう．非階層型は，データ数が多くても計算量は比較的小さくて済むという利点がある．一方，最初に何個のクラスターにグループ分けするか指定する必要がある（初期シード数がそれに対応している）．また，一般に，初期シードの選び方によって，最終的に得られる結果は異なることがある．

◉ 階層型 〜デンドログラム〜

次に，階層型の分析方法について説明を行う．階層型では，距離が近い（似ている）

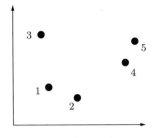

図 10.10 ▎階層型 (1)

対象同士を階層的に結合していき，最終的に一つになるようなクラスターを生成する．ここでは例として，図 10.10 の 5 個の点を考えてみよう．

　まず，すべての点「1」～「5」のうち，もっとも距離が小さい点同士を一つのクラスターとする．今回の例では「4」，「5」がもっとも距離が小さい点同士なので，一つのクラスター「4–5」になる．このとき，図 10.11 (a) のようなグラフでクラスターを表現する．

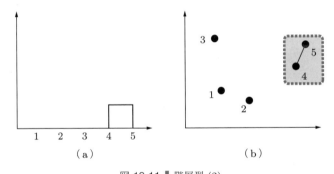

図 10.11 ▎階層型 (2)

　次に，「1」，「2」，「3」，「4–5」のうちもっとも距離が小さいもの同士をクラスターとする．ここで，「4–5」とほかの点との距離の決め方にはいくつかの方法があり後述するが，ここではクラスター「4–5」に含まれるデータの平均値（重心のこと．直観的にはクラスターの真ん中付近と思ってよい）からの距離を求めることにする．今回の場合は「1」と「2」がもっとも近いので，「1」と「2」が一つのクラスター「1–2」となる．このとき，グラフは図 10.12 (a) のように表現する．「4–5」の距離と比べ，「1–2」の距離のほうが大きいので，その分だけ縦の線を長くする．

　次に，「1–2」，「3」，「4–5」のうちもっとも距離が小さいものをクラスターとする．今回の場合は，「1–2」と「3」がもっとも近いので，「1–2」と「3」が一つのクラスター「1–2–3」になる．このとき，グラフを図 10.13 (a) のように表現する．この処理を複

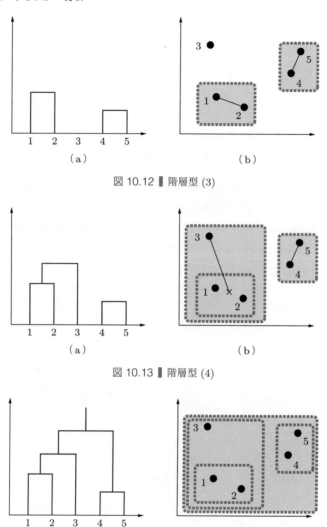

図 10.12 ▌階層型 (3)

図 10.13 ▌階層型 (4)

図 10.14 ▌階層型（最終図）

数回繰り返すと，最終的に一つのクラスターまで結合される（図 10.14）.

　以上が階層型のアルゴリズムであり，とくにこの階層型の方法によって得られた図 10.14 (a) のグラフのことを**デンドログラム**とよぶ．デンドログラムは，どのデータとどのデータがどれだけ似ているか，またどのクラスターとどのクラスターがどれだけ類似しているのかを概観するのに適している．

　先ほど，クラスターと点（クラスター）の距離の求め方はいくつかあると述べたが，

実 装

10.5　Rでのクラスター分析（kmeansとhclust）の実行例 | **177**

ほかには表10.1のような手法もある．先の例で用いたのは，重心法である．とくにどの手法が優れているとか，特定の場面で適している手法があるというわけではない．実際に分析を行う際は，それぞれの手法を試してみるとよいだろう．

表 10.1 ▎距離の決め方

手法名	距離の定義
重心法	2個のクラスター各々のデータの重心間の距離
群平均法	2個のクラスター各々の中から1個ずつデータを選択して求めた距離の平均値
単連結法	2個のクラスター各々の中で，もっとも近いデータ間の距離
完全連結法	2個のクラスター各々の中で，もっとも遠いデータ間の距離

　階層型の特徴にも触れておこう．階層型は，一般的に非階層型に比べて計算量が大きく，環境によっては処理できなくなってしまうことがある．一方，クラスターが分割される過程を観察できるため，結果を理解しやすいことや，分析前にクラスター数を指定する必要がないという利点があげられる．

　ここまでで，クラスター分析の二つの方法について説明を行った．では，既存のデータでクラスターを構築した後に，未知のデータが新たに与えられた場合どうしたらよいだろうか．その場合は，構築済みのクラスターを利用して未知のデータをもっとも距離の近いクラスターにグループ分けしてもよいし，新たにクラスターを作り直してもよい．既に "システムとして" 構築済みのクラスターを運用しているのであればそのまま利用すべきだろう．一方，追加されるデータが多ければ，データ全体の傾向は大きく変わる可能性が高い．どこかのクラスターに新しいデータが偏るなどの傾向がみられたら，再度作り直したほうがよいだろう．

実 装

10.5 ▶ Rでのクラスター分析（kmeansとhclust）の実行例

　ここでは，政府統計ポータルサイトにある茶と米の生産量を利用して，類似した都道府県をクラスター化して，特徴を分析する例を扱う．
　やや古いデータだが，表10.2を求いる[†]．

---

† 　CSVファイルを "https://www.morikita.co.jp/books/mid/085451" にて提供しているので，適宜利用されたい．

178 | 10 クラスター分析

表 10.2 ▍米と茶の生産量（「28 年産水陸稲の時期別作柄及び収穫量（全国農業地域別・都道府県別）イ　水稲」および「全国農業地域別・都道府県別累年統計表（平成 24 年産～28 年産）7 工芸農作物」を加工して作成）

都道府県	米	茶	都道府県	米	茶
北海道	545500	0	滋　賀	161300	0
青　森	222300	0	京　都	73800	14400
岩　手	254300	0	大　阪	26800	0
宮　城	352300	0	兵　庫	177400	0
秋　田	409600	0	奈　良	45600	7130
山　形	345300	0	和歌山	34100	0
福　島	333600	0	鳥　取	65300	0
茨　城	350100	0	島　根	91300	0
栃　木	295300	0	岡　山	155600	0
群　馬	71200	0	広　島	124300	0
埼　玉	154100	3060	山　口	101400	0
千　葉	295900	0	徳　島	56400	0
東　京	627	0	香　川	67100	0
神奈川	15400	0	愛　媛	72100	0
新　潟	589700	0	高　知	53100	0
富　山	191300	0	福　岡	177400	9220
石　川	123900	0	佐　賀	128200	5490
福　井	126300	0	長　崎	59500	3880
山　梨	27000	0	熊　本	171300	6250
長　野	197800	0	大　分	106300	0
岐　阜	105500	0	宮　崎	77200	17900
静　岡	83000	141500	鹿児島	97600	120700
愛　知	140100	4460	沖　縄	2300	0
三　重	140900	30500			

　まずは，事前準備として CSV ファイルを下記のコマンドにより読み込み，x という
データを作っておく．header は CSV ファイルの 1 行目が列名かどうかを指定するオ
プションである．今回は 1 行目が列名であるため，TRUE を指定する．row.name=1 は
CSV ファイルの 1 列目を各行ユニークに表す ID として指定することを表している．

```
x <- read.csv("cluster.csv", header=TRUE, row.names=1)
```

実 装
10.5 Rでのクラスター分析（kmeans と hclust）の実行例 | **179**

◉ 非階層型

非階層型は下記のコマンドで実現できる.

```
result_k <- kmeans(x, 3, iter.max=10)
```

kmeans の引数は順番に，分析に利用するデータ x，クラスター数 3，クラスター調整の最大回数 10 である．k-means ではグループ分けしたいクラスターの個数を指定する必要があり，その個数を指定するパラメータが 2 番目の引数である．3 番目の引数である iter.max について説明しよう．k-means では前述のとおり，データによってはどんなに繰り返しても収束しない場合があるため，iter.max で，繰り返し回数の上限を指定している.

次に，得られたクラスター分析結果 result_k を使って，都道府県がどのクラスターに割り振られたかをみてみよう．下記のコマンドでどのクラスターに割り振られたのかを調べることができる.

```
result_k$cluster
```

得られる出力は下記のとおりである.

北海道	青森	岩手	宮城	秋田	山形	福島	茨城	栃木	群馬	埼玉
1	2	2	1	1	1	1	1	1	3	2
千葉	東京	神奈川	新潟	富山	石川	福井	山梨	長野	岐阜	静岡
1	3	3	1	2	2	2	3	2	3	3
愛知	三重	滋賀	京都	大阪	兵庫	奈良	和歌山	鳥取	島根	岡山
2	2	2	3	3	2	3	3	3	3	2
広島	山口	徳島	香川	愛媛	高知	福岡	佐賀	長崎	熊本	大分
2	2	3	3	3	3	2	2	3	2	3
宮崎	鹿児島	沖縄								
3	3	3								

上記のように，1 から 3 までの 3 クラスターにグループ分けができたことがわかる．北海道や新潟がクラスター 1 に割り振られていることから，米の生産量が多い都道府県がクラスター 1 に割り当てられているように予想できる.

次に，クラスターのサイズについて調べてみよう．下記のコマンドを実行することでクラスターのサイズを調べることができる.

180 | 10 クラスター分析

```
result_k$size
```

得られる出力は下記のとおりで，クラスター1が9件，クラスター2が16件，クラスター3が22件ということがわかる．

```
[1]  9 16 22
```

最後に，各クラスターの特徴について読み解いてみよう．下記のコマンドを実行することで各クラスターにおける米と茶の生産量の中心値（平均値）を得ることができる．

```
result_k$centers
```

得られる出力は下記のとおりである．

```
         米        茶
1 390811.11      0.00
2 165406.25   3686.25
3  60573.95  13886.82
```

この結果を読み解いてみると，先ほどの予想のとおり，クラスター1は米の生産量が多く，茶の生産量がゼロであることがわかる．また，クラスター3は米の生産量が少なく茶の生産量が多い都道府県が割り振られているようにみえる．

　非階層型のクラスター分析の実装の説明は以上で完了となるが，少し補足しておこう．今回得られた結果についてよく観察してみると，やや違和感がある都道府県が多いことがわかる．たとえば，クラスター3は「米の生産量が少なく茶の生産量が多い」と先ほど説明したが，クラスター3に割り振られている沖縄は，米の生産量は確かに少ないが，茶の生産量はゼロであり，クラスター3の特徴どおりではない．

　今回分析に利用したデータは，米の生産量と茶の生産量の平均および値のばらつき方が大きく異なっており，とくに，米の生産量の平均値は，茶と比較して大きい．そのため，茶の生産量の差異がクラスターの生成に影響を与えにくくなってしまったと考えられる．

　このようなデータを扱うときは，一般的に標準化を用いることが多い．今回の結果についても，標準化を行うことで結果が変わる可能性は大いにあると考えられる．興味のある読者はぜひ挑戦してみてほしい．

● 階層型

階層型は下記のコマンドで実現できる.

```
x.d <- dist(x)
result_d <- hclust(x.d, method="centroid")
```

まず，各データ間の距離を求めておく必要があり，その処理を最初に行っている．次に，階層型によるクラスター分析 (`hclust`) を行う．その引数として，一つ目に各データ間の距離のデータ `x.d` を指定できる．また，二つ目には，距離の定義方法 `method` を表 10.3 に従って指定できる．

次に，階層型によるクラスター分析の結果を表示する．下記のコマンドを実行することで，図 10.15 のような結果を得ることができる．

表 10.3 ▌ 距離の定義方法 `method`

手法名	method	距離の定義
重心法	centroid	2 個のクラスター各々のデータの重心間の距離.
群平均法	average	2 個のクラスター各々の中から 1 個ずつデータを選択して求めた距離の平均値.
単連結法	single	2 個のクラスター各々の中で，もっとも近いデータ間の距離.
完全連結法	complete	2 個のクラスター各々の中で，もっとも遠いデータ間の距離.

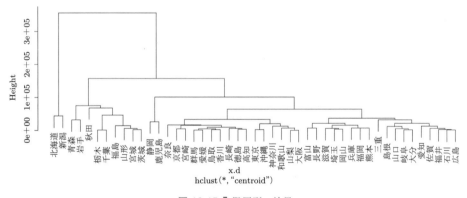

図 10.15 ▌ 階層型の結果

```
plot(result_d)
```

それでは，得られた結果をみてみよう．北海道と新潟がクラスター化され，その後最後までほかのクラスターと結合されていないことがわかる．まず，北海道と新潟は，

182 | 10 クラスター分析

米の生産量が多い点で似たモノ同士であるという評価がされたと考察される．さらに，北海道・新潟クラスターの米の生産量はほかの都道府県と比較して明確に多く，ほかに似ている都道府県がないという評価がされ，最後までほかのクラスターに結合されないという結果になったと考えられる．

また，静岡と鹿児島がクラスター化されている．静岡と鹿児島は茶の生産量がほかの都道府県と比較して多く，この点で似ているモノ同士であるという評価がされたと考察される．一方，非階層の分析でも説明したが，茶は米と比較して値が小さく，北海道・新潟クラスターが最後まで結合されなかった例と比べ，比較的早い段階でほかのクラスターと結合されていることがわかる．階層型についても，標準化を行うことで結果が変わる可能性は大いにあると考えられる．興味のある読者はぜひ挑戦してみてほしい．

発展的な話題

10.6 ▶ EM アルゴリズム

ここでは，k-means を例にして，生成モデル推定でよく使われる **EM アルゴリズム**について説明する．EM アルゴリズムは下記の手順によって，パラメータの最尤推定値を求めるアルゴリズムである．Expectation ステップ（以下 E ステップ）と，Maximization ステップ（以下 M ステップ）を交互に繰り返しており，両者の頭文字を取って EM アルゴリズムとよばれている．

1 パラメータ θ の初期値を定める．

2 [E ステップ] 現状のパラメータ θ によって，ある隠れ変数 Z を求める．

3 [M ステップ] 隠れ変数 Z によって，ある目的関数 Q の値を最大化（最小化）するパラメータを求める．

4 収束条件を満たさない場合，ステップ 2 に戻る．

θ というパラメータ，θ によって生成される隠れ変数 Z，そして Z によって求まる目的変数 Q が存在するという問題設定において，隠れ変数 Z に影響を受ける目的変数 Q の値を最大化（最小化）させるために θ を調整しよう，という考え方であるといえる．

実は，k-means は EM アルゴリズムの一種である．k-means はデータからクラスターを生成するという観点において，生成モデルの一種として考えることができる．EM アルゴリズムの手順で k-means を説明すると，下記のようにまとめることができる．先程の隠れ変数 Z がクラスターに対応しており，EM アルゴリズムによりクラス

発展的な話題
10.7　その他のクラスター分析　〜LDA〜　**183**

ターを生成していることがわかる.

1　初期シードを定める.

2　［E ステップ］現状のシードによって，各データがどのクラスターに属するか求める.

3　［M ステップ］各クラスターの平均を求めて，新しいシードを求める.

4　シードの変更がなくなれば終了，シードの変更があればステップ 2 に戻る.

k-means において，偏りがない妥当なクラスターになるほど，シードと各データとの距離の和が小さくなることは直観的に理解できるだろう. つまり，k-means は，目的変数をシードと各データとの距離の和と定め，その目的変数の最小化を行うアルゴリズムであるといいかえることができる. ステップ 3 において新しいシードを求めるということは，シードと各データの距離の和をもっと小さくすることができるという意味であり，EM アルゴリズムにおける「ある目的関数 Q の値を最小化」することに対応していることがわかる.

10.7 ▶ その他のクラスター分析　〜LDA〜

第 7 章のベイズ推定を利用した，**LDA** (Latent Dirichlet Allocation) という手法を紹介しよう. LDA はトピック解析手法とよばれる手法であり，ドキュメントが一体何の話題（ここでは**トピック**とよぶ）であるかを分類することに利用される.

LDA においては「データがどのように生成されているか」という考え方が非常に大切である. 前述のベイズ理論で触れたように，LDA は第 2 章で述べた生成モデルの一つであり，「どういった経緯でデータが生まれたのか」を仮定することで性能を高めているためである. そこで，LDA が仮定している，データが生み出される過程について，重点的に説明する.

LDA の世界では，「LDA の神様が，潜在的なモノを利用して，確率的にドキュメントを生成する」と仮定している. 潜在的なモノとは，「トピック」，「単語集」，「単語サイコロ」，「トピックサイコロ」である. それでは，LDA の神様がドキュメントをどのように生成するか，手順を追ってみてみよう.

1　**「トピック」を定める**　どのような話題（トピック）のドキュメントを作るか LDA の神様が定める. ここでは「経済」，「政治」，「スポーツ」の 3 トピックとする.

2　**単語集を定める**　ドキュメントに現れる単語を LDA の神様が定める. ここでは「国会」，「政権」，「日銀」，「株価」，「日本代表」，「金メダル」の 6 単語とする.

3　**単語サイコロを作る**　単語集で定めた単語が出目となるサイコロをトピック数だけ LDA の神様が作る. 今回は 3 トピックであるため，三つの単語サイコロ

184 | 10 クラスター分析

を作る．下記のようにトピックごとに関連のある単語の出目が出やすくなるように，LDA の神様が調整する．

経済単語サイコロの 単語が出る確率	政治単語サイコロの 単語が出る確率	スポーツ単語サイコロの 単語が出る確率
● 国会：2.5%	● 国会：45%	● 国会：2.5%
● 政権：2.5%	● 政権：45%	● 政権：2.5%
● 日銀：45%	● 日銀：2.5%	● 日銀：2.5%
● 株価：45%	● 株価：2.5%	● 株価：2.5%
● 日本代表：2.5%	● 日本代表：2.5%	● 日本代表：45%
● 金メダル：2.5%	● 金メダル：2.5%	● 金メダル：45%

4 **トピックサイコロを作る**　トピックが出目となるサイコロをドキュメントごとに LDA の神様が一つ作る．ここで，一般的にドキュメントは一つのトピックだけで構築されているわけではない（これをマルチトピックとよぶ）．たとえば，「アントニオ猪木選手がプロレスをした」ならば，スポーツの純度が 100% に限りなく近いが，「アントニオ猪木議員が国会で答弁した」ならば，政治とスポーツのトピックが混在していると考えられる．そこで，いまから生成したいドキュメントをどのようなトピックの混合具合にしたいか考え，それに応じたサイコロを作る．たとえば，経済の話題とスポーツの話題が中心のドキュメントを生成したいならば，以下のような確率でトピックが出るサイコロを作ればよい．

- 経済：47.5%
- スポーツ：47.5%
- 政治：5%

5 **トピックサイコロを振る**　LDA の神様がトピックサイコロを振る．ここではステップ4で定めたとおり「経済」と「スポーツ」の出目が出やすいサイコロになっているため，「経済」または「スポーツ」の出目がたくさん出ることになるだろう．

6 **単語サイコロを振り出た目を原稿用紙に書く**　LDA の神様がステップ5で出た出目の単語サイコロを振り，単語サイコロの出目を原稿用紙に書く．

7 **ステップ5と6を繰り返してドキュメントを生成する**　ステップ5と6を繰り返すことで，単語が複数並んだドキュメントが生成される．今回は経済とスポーツの出目が出やすいトピックサイコロにしたため，経済とスポーツに関する単語が多く並ぶドキュメントが生成されることになるだろう．もし新しいドキュメントを生成したければ，単語サイコロは同じものを利用し，トピックサイコロの形を変えるだけで，違うトピックからなる新しいドキュメントを生成する

発展的な話題
10.7 その他のクラスター分析 〜LDA〜 | **185**

ことができる.

　以上が, LDA の世界において LDA の神様が, あるドキュメントを生成する流れである. この解釈を利用して, そもそもの目的である「あるドキュメントが一体何の話題 (トピック) であるかを判別, 分類する」方法について考えよう. 発想としては, LDA の神様しか知りえない「トピック名」, 「単語サイコロ」, 「トピックサイコロ」をつきとめることを目指すのである.

　詳細説明は省くが, 分析者は以下のような手順で分析する.

1 トピック数が何個あるかを決める. もし納得感のあるトピックができなかった場合, LDA の神様が定めたトピック数と合致していない可能性があるので, トピック数を変更してやり直すとうまくいく可能性がある.

2 大量のドキュメントから, 二つの単語の同時発生のしやすさなどを手掛かりとして, 「トピックごとの単語サイコロ」と, 「ドキュメントごとのトピックサイコロ」を LDA の計算により求める.

3 「トピックごとの単語サイコロ」の出目の出やすさを考慮してトピック名を考える.

4 「ドキュメントごとのトピックサイコロ」の出目の出やすさを調べ, そのドキュメントがどのようなトピックに属するのか分類する.

　ドキュメントなど複数のトピックをもっていると考えられるケースでは, LDA を利用することで一般的なクラスター分析に比べて, 妥当な推定結果を得られる可能性が高くなる.

主成分分析

本章では，主成分分析について述べる．近年のビッグデータ化も手伝って，人が直接的にデータを概観することは難しくなってきている．何十，何百もある項目を人が把握するのは，およそ現実的ではない．うまくこれらの情報を少ない項目へと集約できないだろうか．その答えの一つが主成分分析である．

主成分分析は人だけでなく，AIにとっても情報を把握しやすくなる効果がある．たとえば第5章で示したディープラーニングの技術の一つであるAutoEncoderは，主成分分析をより複雑にした技術に相当することがわかっている．ディープラーニングでは，その学習過程の中で自然に主成分分析に近いことが行われていると考えられており，主成分分析などの情報集約（**次元削減**とよばれる）技術は，近年のAIにも大きく貢献している重要な技術であるといえる．

発　想

11.1 ▶ データをわかりやすく縮約する

主成分分析とは，「多くの項目をもつデータについてその差異がわかりやすいように，できるだけ情報損失なしに少ない指標に縮約する分析のこと」である．

主成分分析を行う動機は，「人が扱うにはデータの項目数が多すぎるとき，データの差異がわかりやすくなるように縮約したい」ことにある．具体的な導入として，あなたがある複数の店舗をもつ小売業のマーケティング責任者だとして，表11.1のような各店舗の特徴を分析して，今後の店舗展開について考えてみよう．

このデータを一目みて，マーケティング責任者であるあなたは，各店舗がおかれた状況を直観的に理解できるだろうか．一般的に人間は，変数の多いデータを直観的に理解することが苦手である．これだけ多くの情報が一度に与えられると，どの情報をどのように処理すればよいのか戸惑う人が多いのではないだろうか．そこで，できるだけ情報損失なしに，かつ差異がわかりやすい形で，少ない指標（主成分）に縮約することを考えてみる．多変数を「労働生産性の高さ」と「市場のよさ」という2変数に

11.1 データをわかりやすく縮約する

表 11.1 各店舗の特徴

	営業時間	年間売上高(百万)	従業員数	平均来客数	地域の平均年収（万）	……
A 支店	8	800	25	900	400	……
B 支店	9	1400	35	1500	410	……
C 支店	9	2900	39	2000	520	……
D 支店	10.5	2500	28	1800	580	……
E 支店	9	900	42	1000	390	……
F 支店	8	1400	35	1500	430	……
G 支店	8.5	2100	32	1600	430	……

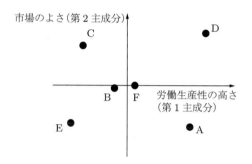

図 11.1 各店舗の特徴（主成分分析結果イメージ）

縮約して各店舗を評価できるとしたらどうだろうか．図 11.1 のように，各支店を 2 変数に縮約したグラフにプロットすることで，視覚的に確認することが容易になる（なお，この図はイメージ図であり，主成分分析の正確な結果とは異なる）．

この図によると，D 店はよい市場に位置しており，かつ，労働生産性も高い優良店舗であると評価できる．また A 店は，市場はよくないが，労働生産性が高い店舗であると評価できるので，A 店の販売ノウハウを別の店でも活用することを検討するとよいかもしれない．一方，E 店については市場としても労働生産性についても芳しくないため，場合によっては撤退を考えるべきかもしれない．このように，主成分分析によって，各データ（店舗）の差異を表現できる指標に縮約してデータをわかりやすくすることで，その後の分析および戦略立案が容易になる．

以降では，主成分分析の具体的な内容についてみていこう．

188 | 11 主成分分析

モデル

11.2▶主成分分析の直観的な理解

主成分分析を実行する際には，固有値や固有ベクトルという数学の考え方が必要であるが，本書の範囲を超えるため具体的な処理方法については取り扱わず，多少厳密性を欠いたとしても，主成分分析の考え方を直観的に理解することを目指す．

まず，2変数の場合について説明を行い，次に多変数に拡大した場合について説明を行う．表11.2は，7人の国語と社会の試験結果からなる2変数のデータである．ここで，「このデータを別の一つの変数に縮約」し，「その変数で各生徒を評価する」方法について考えてみよう．

表 11.2 ▌国語と社会の試験結果

生徒名	国語	社会
太郎	55	41
次郎	40	18
三郎	75	76
四郎	10	5
五郎	59	49
六郎	35	25
七郎	70	50

2変数を1変数にするだけであれば，国語と社会の点数を足して「合計点」という変数を作るだけという方法がまず思いつくが，実は，これは最適とはいいがたい．「合計点」は総合成績という意味合いの評価指標になると考えられるが，上記のデータは国語の平均点が49点，社会の平均点が38点である．国語の平均点が社会の平均点より低いため，ただ足し合わせるだけでは社会が合計点に与える影響が小さくなってしまう．たとえば，「社会は得意だが国語は苦手」という人にとって不利な指標になってしまうのである．今回の目的は，各データ（生徒）の差異を，少ない項目で明らかにすることである．主成分分析を利用することで，生徒の能力の差異を際立たせる指標を発見できるようになる．

◉ 第1主成分の獲得

まず，7人の成績を2次元のグラフに描き，すべての点を代表できるような「よい直線」を引き，それを**第1主成分**とよぶ．

表11.2のデータに対して生成される第1主成分は，図11.2のように国語の点数が低く，かつ社会の点数が低いほど，大きな値をとることがわかる．なお，第1主成分

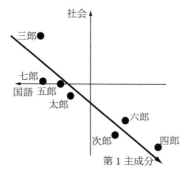

図 11.2 ■「よい直線」を引く

の矢印の向きが逆だが，符号が逆になったと考えれば問題はない．

ここで述べている「よい直線」は，回帰分析の「よい直線」とはやや意味合いが異なることに注意してほしい．主成分分析における「よい直線」とは，「データの広がりを大きくするように引いた直線」のことである．たとえば，図 11.3 において，第 1 主成分は軸 1 と軸 2 でどちらが適切であろうか．軸 1 のほうが軸 2 と比べてデータの広がりが大きく，各データをより広い幅で評価できている．主成分分析のそもそもの目的は，「多変数のデータについてわかりやすいように，できるだけ情報損失なしに少ない指標（主成分）に縮約する」ことであり，一つの主成分の表現できる幅の広がりは，大きいほうが効果的であるということは直観的に理解できるだろう．したがって，第 1 主成分としては軸 2 より，軸 1 を選ぶほうが適切であるといえる．この広がりは**分散**という統計量で評価されており，基本的な考え方として，主成分は分散を大きくするように引かれる．

教師あり学習では，目的変数との残差が小さくなる直線が「よい直線」だったが，教師なし学習は目的変数がなく，残差を定義できないため，教師あり学習と同様の定義

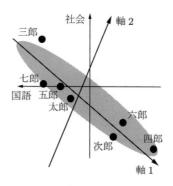

図 11.3 ■ データの広がり

で「よい直線」を定めることはできない．そこで，「より広い幅で評価する」ことを目指し，「データの広がりを大きくするように引いた直線」のことを「よい直線」と定め，その評価指標として分散を利用するのである．

本書では，この「よい直線」の引き方の数理には深く踏みこまない．（R などのツールで）自動的によい直線が引かれたという理解でかまわない．

次に，第 1 主成分が斜めの線であると直観的にわかりにくいので，図 11.4 のように第 1 主成分が真横になるようにグラフを回転させて，各点から第 1 主成分軸に垂線をおろす．垂線が下ろされた位置を評価することで，すべての生徒を第 1 主成分だけで評価することができるようになった．このように，国語と社会の 2 変数で評価しなければいけなかった生徒が 1 変数だけで評価できるようになったことが，主成分分析のポイントである．そうすると，「四郎は第 1 主成分の度合が大きい」，「三郎は第 1 主成分の度合が小さい」と評価することができるようになる．

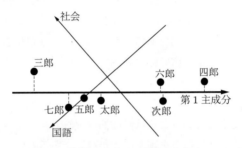

図 11.4 ▍第 1 主成分で生徒を評価する

◉ 第 1 主成分に名前をつける

ここまでの処理で第 1 主成分を得ることができた．次に，分析者にとって直観的にわかりやすいように，第 1 主成分に適切な名前（変数名）をつける．第 1 主成分は，国語と社会の軸の向きで評価をすると，国語と社会の得点が低いほど大きな値となるため，「文系科目の苦手度」という変数名にしてみよう．すると，図 11.5 のようになる．

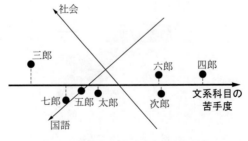

図 11.5 ▍第 1 主成分に名前をつける

モデル
11.3 多変量を縮約する **191**

◉ 第1主成分を用いて評価する

得られた主成分を利用することで,「四郎は文系科目の苦手度が高い」,「三郎は文系科目の苦手度が低い」などのように各生徒を評価できるようになった.

以上で,国語と社会の2変数を,「文系科目の苦手度」という一つの主成分に縮約し,得られた主成分で生徒を評価することができた.このような,変数を縮約する一連の流れが,主成分分析である.

11.3 ▶ 多変量を縮約する

ここまでは,2変数を1変数に縮約する,主成分分析の中でもっとも簡単な例について説明した.ここでは,多変数に拡大して説明を行う.たとえば,表11.3のような「国語・数学・理科・社会」4科目のテストの場合について考える.多変数に拡張したところで,主成分分析の基本的な考え方に変わりはない.そこで,2変数の説明と同じ筋立てで多変数の例を説明することとする.

表 11.3 ▍ 4 科目の試験結果

生徒名	国語	数学	理科	社会
太郎	55	78	46	41
次郎	40	85	70	18
三郎	75	31	28	76
四郎	10	34	18	5
五郎	59	29	37	49
六郎	35	80	77	25
七郎	70	85	78	50

◉ 複数の主成分の獲得

2変数の例においては,主成分を第1主成分の一つだけに絞って説明を行った.実は,変数の数だけ主成分を獲得できることが数学的に知られている.すなわち,今回の例では第4主成分まで獲得できる.ここでは複数の主成分を獲得する流れについて直観的な理解を与えることにしよう.

まず,第1主成分については2変数のときと同様に,「すべての点を代表できるようなよい直線(超平面)」を引く.今回は4次元のデータであるため図示することは困難だが,次元が増えただけで基本的な考えは2変数のときと何ら違いはない.

次に,第2主成分以降は図11.6のように,いままで獲得してきた主成分と直交する(直角に交わる)線を引く.これは第1主成分で獲得してきた情報との重複部分を避ける意味がある.簡単のため先ほどの2変数の例で説明するならば,下記のような第2

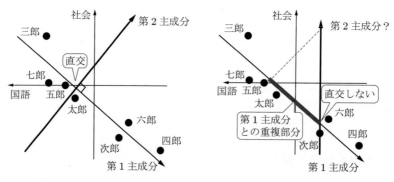

図 11.6 ■ 第 2 主成分の獲得　　図 11.7 ■ 第 1 主成分と第 2 主成分の重複部分

主成分を引くことになる．第 3 主成分以降についても同様の考え方に基づいて獲得される．

第 2 主成分以降を引くときに，これまでの主成分と直交する線を引く理由としては，図 11.7 のように直交しない主成分を許した場合，第 1 主成分の意味との重複部分が発生してしまうためである．第 1 主成分で説明できることを第 2 主成分で説明することは無駄である．そこで，第 1 主成分との重複部分がないように第 2 主成分を引くことを考えると，第 1 主成分と直交した線となることがわかる．3 次元以上の情報を使っている場合，直交する線は複数引くことができるが，その際も先ほどの説明のとおり，直交するという条件のもと，広がりが大きくなるように主成分は獲得される．

このように，第 1 主成分の分散を最大化した後，いままでに得られた主成分と直交するという条件下において分散を最大にするようにして，第 2 主成分以降の主成分が順次獲得される．この処理を高速に実行する手法は，数学的な背景として，「固有値」や「固有ベクトル」という理論に基づいている．興味のある読者は各自学習してみるとよいだろう．

〈累積寄与率と採用する主成分の個数について〉

主成分の数が増えるほど元のデータをより正確に表現できることは，直観的に理解できると思う．しかし，われわれは変数を縮約したいために主成分分析を使うのであるから，できる限り少ない主成分だけでデータを表現できることが望ましい．そこで，主成分何個で元のデータをどれだけ表現できているか，という指標である**累積寄与率**を使って，主成分をいくつ使えば十分かを判断する．一般的には，累積寄与率は 70% から 80% ほどあればよいとされている．たとえば，4 科目のデータについて，累積寄与率の基準を 70% としたときについて考えてみよう．図 11.8 のような累積寄与率となった場合，第 1 主成分から第 2 主成分まで利用すると累積寄与率が 96.7% となり 70% を

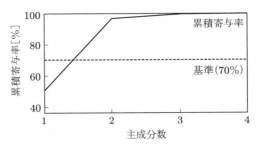

図 11.8 ▎累積寄与率

超えるため，2 個の主成分を使えば十分であると評価できる．

　主成分分析を行うことで，どうしても落ちてしまう情報量がある．たとえば，図 11.9 において第 1 主成分でデータを評価すると，第 1 主成分に下ろした垂線の長さの情報が落ちてしまう．寄与率は，その主成分では評価から落ちてしまう情報量がどれだけあるかを，上述の考え方に基づいて数学的に評価したものである．数学的な背景としては，主成分の獲得方法と同様，「固有値」や「固有ベクトル」という理論に基づいている．興味のある読者は各自学習してみるとよいだろう．

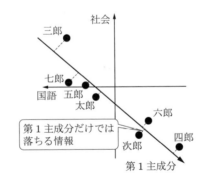

図 11.9 ▎縮約でこぼれ落ちた情報の大きさ

● 複数の主成分に名前をつける

　2 変数の例では，グラフから視覚的に主成分を評価して名前をつけるという直感的な考え方で説明したが，多変数ではグラフを描けないため，2 変数と同じ手法を使うことは難しい．ここでは数式的なアプローチと，プロット図を利用した視覚的なアプローチについて説明する．

〈数学的なアプローチ〉

　主成分を得る作業である「すべての点を代表できるようなよい直線」を引くと，結

果として下記のような式が一意に得られる．すなわち，各主成分は「線」という視覚的な表現だけではなく，下記の「式」でも表現することができる．

$$第 1 主成分 = u_{11}X_1 + u_{12}X_2 + \cdots + u_{1n}X_n$$
$$第 2 主成分 = u_{21}X_1 + u_{22}X_2 + \cdots + u_{2n}X_n$$
$$\vdots$$
$$第 n 主成分 = u_{n1}X_1 + u_{n2}X_2 + \cdots + u_{nn}X_n$$

ここで，$X_1 \sim X_n$ は入力として与えられた変数（国語などの点数）である．また，係数 $u_{11}, \ldots, u_{1n}, u_{21}, \ldots, u_{2n}, \ldots, u_{n1}, \ldots, u_{nn}$ はそれぞれ**固有ベクトル**とよばれる値である（より正確には，$(u_{11}, \ldots, u_{1n}), \ldots, (u_{n1}, \ldots, u_{nn})$ という n 個のベクトルで表現されている）．

固有ベクトル（を構成する要素）の絶対値が大きいほど，掛け合わされている入力変数 X の影響が大きいことを表している．分析者は「主成分の式に現れた固有ベクトルの値から，固有ベクトルの示す意味を読み取り，主成分に適当な名前をつける」．

今回の 4 科目のデータにおいて，第 1 主成分は下記のような式で表される．

$$第 1 主成分 = (-0.478) \times 国語 + 0.493 \times 数学 + 0.407 \times 理科 + (-0.602) \times 社会$$

第 1 主成分の値は，数学と理科の得点が高くなるほど大きくなることがわかる．この解釈をもとに分析者が適切な名前をつければよい．今回の例でいえば理系科目の固有ベクトルの要素がプラス，それ以外の固有ベクトルの要素がマイナスとなっているので，「理系学力」と表現することができるだろう．また，さらに深い分析を行うのであれば，文系科目についてすべてマイナスになっていることから，「理系科目が得意で分析科目が苦手（理系脳）」という解釈も可能であろう．

次に，第 2 主成分についても名前をつけよう．第 2 主成分は下記の式で表される．

$$第 2 主成分 = 0.53 \times 国語 + 0.497 \times 数学 + 0.575 \times 理科 + 0.372 \times 社会$$

すべての固有ベクトルがプラスとなっている．すべての科目について点数が高いと値が大きくなることから「総合学力」という名前をつけることにしよう．

〈プロット図によるアプローチ〉

主成分分析ツールによってはプロット図を表示することができる．プロット図は平面上で表現する都合上，第 2 主成分までしか評価することができない．しかし，第 2 主成分までで累積寄与率が 70%を超えているのであれば第 2 主成分までで十分なので，

プロット図を利用して評価することで，視覚的にわかりやすく整理できる．

図 11.10 が得られるプロット図であり，横軸が第 1 主成分 (PC1)，縦軸が第 2 主成分 (PC2) である．矢印が向いている方向で各教科の得意度合を評価することができる．たとえば，第 1 主成分であれば理科と数学の矢印が同じ方向（プラス方向，つまり右方向）で，かつ国語と社会が逆（マイナス方向，つまり左方向）を向いているので「理系脳」，第 2 主成分はすべての科目が同じ方向（プラス方向，つまり上方向）を向いているので「総合学力」と，数学的なアプローチと同様の名前をつけることができる．

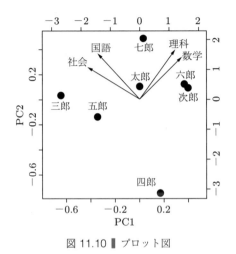

図 11.10 ▍プロット図

◉ 複数の主成分を用いて生徒を評価する

主成分を利用して，各生徒を評価する．ここでも数学的なアプローチとプロット図によるアプローチの両面から説明する．

⟨数学的なアプローチ⟩

第 1 主成分と，第 2 主成分は下記の式で表されることを先ほど述べた．各生徒の評価にもこれらを利用する．

第 1 主成分 = $(-0.478) \times$ 国語 $+ 0.493 \times$ 数学 $+ 0.407 \times$ 理科 $+ (-0.602) \times$ 社会

第 2 主成分 = $0.53 \times$ 国語 $+ 0.497 \times$ 数学 $+ 0.575 \times$ 理科 $+ 0.372 \times$ 社会

上記の式に対して，各データ（各生徒の試験結果）の値を当てはめて得られる値を**主成分スコア**とよぶ．

ところで，とくに各データの単位やスケールが違うときにはデータを標準化してから分析することが多い．今回の例でも主成分分析の中で標準化したものを当てはめて

いる．たとえば，六郎の場合，「国語：35 点，数学：80 点，理科：77 点，社会：25 点」
であり，標準化すると「国語：-0.627 点，数学：0.724 点，理科：1.078 点，社会：
-0.536 点」となる（この標準化された値が 0 点であれば，平均点をとっていることを
意味している．また，プラスの値であれば平均点以上，マイナスの値であれば平均点
以下であることを意味する）．第 1 主成分（理系脳）の式に当てはめて計算すると，下
記のように計算される．

$$六郎の第 1 主成分スコア = (-0.478) \cdot (-0.627) + 0.493 \cdot 0.724$$
$$+ 0.407 \cdot 1.078 + (-0.602) \cdot (-0.536)$$
$$= 1.418$$

同様に計算すると，生徒に対する主成分スコアは表 11.4 のとおりになる．

表 11.4 ▎各生徒に対する主成分スコア

	第 1 主成分 （理系脳）	第 2 主成分 （総合学力）	第 3 主成分	第 4 主成分
太郎	0.037	0.406	-0.615	-0.008
次郎	1.465	0.381	-0.023	0.128
三郎	-2.425	0.149	-0.036	-0.138
四郎	0.642	-2.682	-0.071	-0.007
五郎	-1.287	-0.478	0.359	0.169
六郎	1.419	0.445	0.330	-0.220
七郎	0.150	1.780	0.056	0.076

この結果をもとに，どのような特徴があるかを，主成分の名前を考慮して分析する．
たとえば，七郎は「総合学力」が非常に高く，「理系脳」は 0 に近いため，「理系文系
問わないバランスのよい優等生」と評価することができる．一方，四郎は「総合学力」
が著しく低く，彼は残念ながら劣等生のようである．また，次郎や六郎は，「理系脳」
が非常に高く，「総合学力」はややプラスという結果となっている．理系科目で成績を
稼いでいる生徒なのだろう．

その他，太郎，三郎，五郎はどのような評価ができるだろうか．本書では答えを示
さないが，ぜひ考えてみてほしい．

〈プロット図によるアプローチ〉

主成分分析の名前のつけ方で利用したプロット図 11.10 を図 11.11 に再掲する．第
1 主成分と第 2 主成分の 2 軸からなるプロット図上に，各生徒がプロットされており，
プロット図のどの位置にいるとどのような特徴があるかを評価することができる．

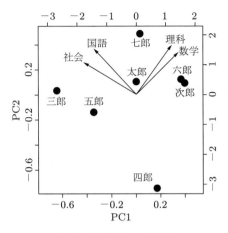

図 11.11 ▎図 11.10 再掲

　プロット図の矢印の方向を参考に，プロット図のどの位置にどのような特徴があるか推測することで，主成分の名前をつけなくても評価できることがある．図 11.12 のような特徴があると推測できれば，その図をもとに各生徒を評価することができる．プロット図からも，数学的アプローチによる評価と同じことがいえる．

　ここまでで，主成分を利用して生徒を評価する方法について説明してきた．ここで，主成分分析を行った後に，新しい生徒が登場したらどうするべきだろうか．考え方は

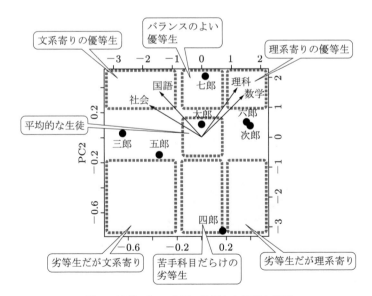

図 11.12 ▎プロット図の位置から特徴を推測

二つある.

一つ目は,得られた主成分を変更せず,新しい生徒を評価する方法である.この方法は新しい生徒が少ないときに効果的である.たとえば,花子という生徒が新たに登場したケースを考えてみよう.プロット図の例であれば,プロット図のどこかに花子が配置されるので,もともと名付けていた主成分の名前や位置の特徴を利用して,花子を評価すればよい.

もう一つは,新規に主成分を作り直す方法である.この方法は新しい生徒が多いときに効果的である.たくさんの生徒が増えると,全体の傾向が変わる可能性が高い.すなわち,最初に引いた「すべての点を代表できるようなよい直線」がよい直線でなくなっている可能性があるためである.

実　装

11.4 ▶ R での主成分分析 (pca) の実行例

ここでは野球の打撃成績を利用して,主成分を獲得して各選手を評価する例を扱う.本書では表 11.5 の打撃成績を CSV 化して利用する†.

まずは事前準備として CSV ファイルを下記のコマンドにより読み込み,x という打撃成績のデータを作る.引数の設定は第 10 章と同様である.

```
x <- read.csv("data/PCA.csv", header=TRUE, row.names=1)
```

主成分分析は,下記のコマンドによって実行される.

```
pca = prcomp(x, scale=TRUE)
```

引数として,分析に利用するデータ x と,標準化を行う設定 scale=TRUE を与えている.主成分分析の結果が pca に格納される.

次に,主成分分析を行った結果得られる固有ベクトルをみてみよう.下記のコマンドを実行することで固有ベクトルを確認することができる.

```
pca
```

その結果得られる結果は下記のとおりである.

---

† CSV ファイルを "https://www.morikita.co.jp/books/mid/085451" にて提供しているので,適宜利用されたい.

実　装
11.4　Rでの主成分分析 (pca) の実行例 | **199**

表 11.5 ┃ 打撃成績

名前	試合数	打数	安打数	本塁打数	打点	三振	四死球
A	142	532	180	14	84	64	46
B	144	579	188	11	58	79	24
C	143	596	193	29	89	95	74
D	141	585	186	2	28	56	43
E	127	467	148	17	73	98	51
F	141	547	173	23	90	103	48
G	144	550	172	8	73	80	87
H	113	422	131	17	79	54	36
I	144	536	166	19	67	95	100
J	142	580	177	10	69	62	43
K	112	366	110	31	69	95	75
L	114	410	123	22	77	100	47
M	130	472	140	13	62	75	42
N	141	507	146	13	86	66	69
O	143	537	152	26	109	166	67
P	144	545	152	16	61	88	55

```
Standard deviations (1, .., p=7):
[1] 1.7901711 1.4814066 0.8913867 0.6388806 0.5449332 0.2812976 0.1479959




Rotation (n x k) = (7 x 7):
              PC1        PC2         PC3          PC4          PC5         PC6         PC7
試合数   -0.4475497  0.3710938 -0.05131904  0.023435173 -0.240839024  0.63642647 -0.44245195
打数     -0.4956797  0.2906490  0.09794018  0.055954107  0.112933122  0.08541403  0.79815551
安打数   -0.4955009  0.2230935  0.14085949 -0.101946283  0.426468005 -0.57841015 -0.39754301
本塁打数  0.4172758  0.3403754  0.11740985  0.005170045  0.747551649  0.36980941 -0.02492411
打点      0.2557471  0.4578971  0.37237427 -0.671497645 -0.342124905 -0.12355957  0.05509566
三振      0.2404153  0.5009959  0.18509416  0.717231068 -0.267291055 -0.26357305 -0.04010032
四死球    0.1056154  0.3892553 -0.88386943 -0.143424767 -0.006347334 -0.17779420  0.06228017
```

　PC1〜PC7 が，それぞれ第 1 成分〜第 7 成分を表している．
　上記のように，主成分を 7 個取得することができた．上記の結果をもとに主成分の名
前をつけるのだが，累積寄与率をみて累積寄与率が 70% となる主成分まで名前をつけ
ることにしよう．下記のコマンドを実行することで，累積寄与率を得ることができる．

```
summary(pca)
```

200 11 主成分分析

その結果得られる結果は下記のとおりである.

```
Importance of components:
                        PC1    PC2    PC3     PC4     PC5    PC6     PC7
Standard deviation     1.7902 1.4814 0.8914 0.63888 0.54493 0.2813 0.14800
Proportion of Variance 0.4578 0.3135 0.1135 0.05831 0.04242 0.0113 0.00313
Cumulative Proportion  0.4578 0.7713 0.8848 0.94315 0.98557 0.9969 1.00000
```

Standard deviation が標準偏差,Proportion of Variance が寄与率である.そして,Cumulative Proportion が累積寄与率であり,寄与率を第 1 主成分から順に累積した値である.Cumulative Proportion の値をみると,第 2 主成分までで累積寄与率が 77.13%となることがわかり,基準を 70%とするならば,第 2 主成分までで元データを十分評価できると判断できる.しかし,第 2 主成分までで評価する例は,4 科目の例で説明済みなので,ここでは試しに第 3 主成分まで名前をつけてみよう.

第 1 主成分は,本塁打,打点,三振の値が大きくなっている.一方,試合数,打数,安打数の値が大きくマイナスとなっている.ここでは本塁打数や打点が高く,さらに三振が多いことから,「長距離砲」という名前をつけることにしよう(一般的に,ホームランバッターはバットを強く振るため,三振が多くなる傾向にある).次に,第 2 主成分であるが,すべての値がプラスになっている.適切な評価は難しいが,さまざまな指標を稼いでいるので,「バランスのよい選手」という名前はどうだろうか.最後に,第 3 主成分であるが,四死球のマイナスが際立っている.四死球を選ぶことが得意な選手に対して「選球眼がよい」と表現することがあるので,それにならい第 3 主成分は「選球眼の悪さ」としておこう.

ここまでの作業で第 3 主成分まで名前をつけることができた.それでは第 3 主成分までを利用して,各選手を評価してみよう.主成分スコアを表示するコマンドを実行する.

```
pca$x
```

得られる結果は下記のとおりである.

```
      PC1          PC2          PC3          PC4          PC5          PC6          PC7
A -1.06154589  0.002715593  0.61451598 -0.9737758  0.003820987 -0.03187658 -0.34294079
B -2.15094848 -0.608208473  1.19863031  0.5694610  0.250471027  0.03007000 -0.15784216
C -0.52812237  2.321335845  0.09087952 -0.5248639  1.334218336 -0.08070741  0.16561917
D -3.05959230 -1.916142262 -0.54473824  0.9531762  0.224262980 -0.23282369  0.08287425
E  0.93832146 -0.445134295  0.23207281  0.3631869 -0.199741848 -0.31028388 -0.11623371
F -0.06790915  1.282623700  1.04113837 -0.1296080  0.283928294  0.08244818 -0.08068641
```

```
G -1.22516975  0.614228745 -1.42167332 -0.3769951 -0.678207641 -0.44233156  0.01078920
H  1.73761054 -2.173584640  0.61052649 -0.9223338  0.037106591 -0.18214075  0.18206760
I -0.30082473  1.354985416 -1.90326874  0.1769119  0.207706778 -0.01939883 -0.09159779
J -1.81111109 -0.475055584  0.41046567 -0.3915139 -0.042069498  0.05942734  0.22536327
K  3.77541593 -0.763709749 -1.01254238  0.3178122  0.711251249  0.17294883 -0.11232585
L  2.65463027 -1.031500192  0.41061209  0.3290528 -0.085213892 -0.25442647  0.07780015
M  0.32816033 -1.462823180  0.12749992  0.2691111 -0.329040376  0.23307490 -0.05344553
N -0.04691717  0.047788631 -0.57921292 -1.0420681 -0.766225682  0.39780676  0.02725115
O  1.44724966  3.269861458  0.94051923  0.7825457 -0.845198691 -0.10718031  0.08197666
P -0.62924726 -0.017381015 -0.21542479  0.5999007 -0.107068614  0.68539348  0.10133079
```

続いて，第 3 主成分までを使って各選手を分析してみよう．

まずは，L 選手と K 選手について評価してみよう．L 選手も K 選手も，「長距離砲」の主成分スコアが非常に高くなっており，両者ともに長距離打者であると考えられる．一方，「選球眼が悪い」の主成分スコアが K 選手はマイナス，つまり「選球眼がよい」と評価されているが，L 選手は「選球眼が悪い」と評価されている．四死球の多さはチーム状況によるため必ずしも選手個々の実力だけによるものではないが，四死球をどのように選ぶかということが L 選手の今後の課題であるといえるだろう．

次に，C 選手について評価してみよう．C 選手は「バランスのよい選手」の主成分スコアが非常に高くなっていることから，「バランスのよい」選手であると評価できる．実際の成績をみてみると，試合数も安打数も本塁打数も，ほかの選手と比較して優秀な成績を残している．確かに「バランスのよい」選手といえそうである．

最後に，G 選手と I 選手について評価をしてみよう．G 選手と I 選手は「選球眼が悪い」の主成分スコアが大きなマイナスとなっていることから，「選球眼のよい」選手であると評価できる．実際の成績をみてみると，ほかの選手と比較して明らかに四死球が多い選手であることがわかる．

最後に，プロット図を使って各選手を評価してみよう．下記のコマンドを実行する．

```
biplot(pca)
```

その結果得られるプロット図は図 11.13 のとおりである．ただし，プロット図では第 2 主成分までしか表示できないため，「選球眼が悪い」という主成分は確認することができないことに注意してほしい．

読者はこのプロット図を利用して自由に分析を行ってみよう．先ほど数学的なアプローチを行ったときの分析と同じ結果が得られただろうか．あるいは図示することで新たな発見があっただろうか．

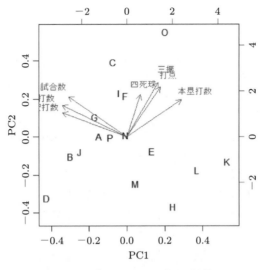

図 11.13 ■ プロット図（打撃成績）

コラム　コンピュータ将棋

「私の価値観や感覚にはない，ponanza の独特な感性といえるようなモノをみせられて負けてしまいました．序盤はよかったのですが，いまはどこにチャンスがあったのか，そしてどこに問題があったのかはわかりません．」

2018 年，将棋界における名人の座に君臨していた佐藤天彦名人の言葉である．

佐藤天彦名人は，2017 年 5 月 20 日，ドワンゴ主催の電王戦二番勝負にて，山本一成氏開発の将棋プログラム ponanza に 2 連敗を喫した．人工知能研究の世界的権威であるレイ・カーツワイルはかつてこう予言した．「2045 年に AI が人類の頭脳を追い越す技術的特異点が訪れるだろう」と．現役の名人に対して将棋プログラムが勝利を収めた瞬間は，将棋という思考ゲームという範疇において，AI が人類の頭脳を追い越した瞬間ともいえる，まさに「技術的特異点」到来の瞬間でもあった．

古くから，AI 研究の一環として，将棋やチェスなどの強いゲームプログラムを開発する試みは広く行われてきた．AI の性能がゲームプログラムの強さにダイレクトに影響するため，強さで AI の性能を評価することができるためである．そこで本コラムでは，AI の進化を，ゲームプログラムの一つであるコンピュータ将棋の進化と比較して振り返ってみることにしよう．

コンピュータ将棋は「探索」とよばれる先読み技術と，「評価関数」とよばれる局面のよさを点数で評価する仕組みからできている．そして評価関数の精度は，コンピュータ将棋の棋力に大きな影響を及ぼしており，多くのプログラマはその評価関数の調整に力を注いできた．

コンピュータ将棋の黎明期では，開発中のプログラムで自己対戦をさせ，悪手をみつ

けてはその悪手を指さないように評価関数を手調整するという，手間と開発者の棋力が必要な方法が取られてきた．本コラムではその作業のことを「職人芸」とよぶことにしよう．その「職人芸」により，プロ棋士に二枚落ちや角落ちなど（プロ棋士にハンデをもらった対局のこと）であれば勝てるほどの強さまでコンピュータ将棋は成長した．

しかし，評価関数の評価項目を増やすほど強くなることは知られていたが，増やすたびにプログラマが手調整するのは手間がかかるため，限界は近いだろうというのが多くの関係者の見解であった．このような状況は 2000 年中旬まで続いたのである．

コンピュータ将棋において大きな転換点となったのは，当時化学系の留学生で現電気通信大学准教授である保木氏が発表した Bonanza method の登場である．Bonanza method とは，プロ棋士の棋譜（対局ログ）を学習データとして，プロ棋士の棋譜に似た着手を AI が選択できるように評価関数を自動調整しようという考え方に基づく「教師あり学習」である．Bonanza method によって，複雑な評価要素を高い精度で自動獲得できるようになった．Bonanza method の有効性は圧倒的であり，Bonanza method が発表された後，ほとんどのプログラムが「職人芸」から「教師あり学習」に鞍替えしていったのである．

一方，Bonanza method にも限界があることは囁かれていた．プロ棋士の棋譜を学習データとして利用した「教師あり学習」である以上，コンピュータ将棋の教師であるプロ棋士を超えることは期待できない（前述のとおり，探索という要素もあるため一概にはいえないが）という点である．

そこで近年，教師に頼らずに，AI 自ら学習して強くなる手法である，「強化学習」という手法に注目が集まってきた．たとえば，「本来は深く探索しないと得られなかった情報を，浅く探索してもわかるように学習する」，「自己対局を行い，その勝ち負け情報から局面の有利さを学習する」といった考え方に基づいている．

強化学習の確立により，コンピュータ将棋はプロ棋士から教わることなく，自分だけでメキメキと実力をつけられる土壌を手に入れた．そして，プロ棋士のレベルを超えた棋力を獲得するに至った将棋プログラム ponanza はついに，2017 年に現役の名人である佐藤天彦名人を下すという偉業を成し遂げたのである．

ここで，AI が人間を超えるまでの経緯について整理してみよう．

1　職人芸：人間の知識を，人間がプログラムした AI（AI ＜ 人間）
2　教師あり学習：人間の知識を学習した AI（AI 〜 人間）
3　強化学習：人間の知識に頼らず自動学習した AI（AI ＞ 人間）

かつて一世を風靡した「エキスパートシステム」とよばれるシステムがある．エキスパートシステムとは，人間の専門家の知識をプログラミングすることで，専門家の意思決定を機械に肩代わりさせるシステムのことである．いわば「職人芸」的に構築された AI システムであり，1980 年代に大成功を収め，当時 AI ブームを引き起こした．

しかし，新しいことを覚えることができなかったり，人間には明らかであるのにプロ

グラミングされた質問と少しでも異なる質問をされると答えられなかったり，といった弱点が露呈され，あっという間に AI ブームは過ぎ去ってしまったのである．そしてしばらくの間，AI 技術への投資が控えられることとなる．俗にいう「AI の冬の時代」の到来である．

しかし約 30 年が経ち，ディープラーニングなどの技術が確立して「職人芸」では解決できなかった問題を解決できるようになり，再び AI ブームが到来している．そしてその多くは「教師あり学習」を用いて実現された AI である．次のフェーズとして，人間が教師を用意できない課題の解決や，あるいは人間の知性を超えた AI を開発する必要に迫られることになるだろう．そしてその際は，「強化学習」の枠組みが必要になるだろう．

本書では「教師あり学習」を重点的に取り扱ったが，今後人間の知性を超える AI の開発に興味がある読者は，ぜひ「強化学習」について学習してみて欲しい．本書の読者が新たな分野で「技術特異点（シンギュラリティ）」を超える AI を開発することができれば幸いである．

付録A　学習以前の課題　〜データ参照〜

　　ここでは，学習を使わず処理する方法である，データの検索処理の技術を紹介する．すなわち，参照の仕組みおよびシステム全体に対するその位置づけを述べる.

　　たとえば，単に性別と年齢しかないデータから嗜好を推定するのであれば，性別・年齢と嗜好の対応表をデータから作っておいて，それを参照することで十分処理できる．説明変数（性別と年齢）が取りうる値の組み合わせはそれほど多くないので，ある程度のデータ量があれば，（同じ性別・年齢で違う嗜好をもつ人もいるだろうが）すべての組み合わせについてデータから直接得ることができる．これをデータ参照という．このような学習やデータマイニングによらない AI も，有用な方法としてありふれたものである.

　　教師あり学習の目的はおもに，学習データに含まれる説明変数 X から出力となる目的変数 Y を推定するメカニズムを作り出すことであった．一方，以下では学習されたモデルを使わず，既知の多量の X と Y の組に対し，単に（学習）データ X を参照して Y を得る方法を紹介する．性能はモデルより劣ることが多いが，参照のほうがモデルより優れている面もある．また，モデルと参照とを組み合わせて効率的に実行する方法もあり，これらについても解説する.

A.1 ▶ データ参照が適しているのはどんな場合か

データ参照することで目的変数 Y を得るほうがよい状況としては，以下のような場合がある.

- 対象とする課題の規模（説明変数の数，（説明変数がとる）値の種類数など）が小さく，学習データの参照で網羅可能な場合.
- 学習データの中に存在する説明変数 X の値しか推定対象として扱わない場合.
- 対象とする課題の規模が小さく，あらかじめすべての X に対して，その推定値 Y を（何らかの方法で）求めておくことが可能な場合.
- 対象とする課題の規模が大きくても，X を圧縮することで，その数を大きく減らせる場合.
- 対象とする課題の規模が大きくても，推定の対象となる X が，ごく一部分に大きく偏っている場合（ごく一部の年代の顧客しか推定対象にならないなど）.

これらをカバーするような手法を以下に論じる.

A.2 ▶ 学習データを参照して答えを得る

教師あり学習では，用意した大量の学習データ (X, Y) の組から，推定装置であるモデル f を作る．ここで，f はモデルの手続き（処理）を関数で表現したものであり，推定したいデータ X' を入力することで，推定結果 Y' を得ることができる．このことを関数の表現方法にならい，$f(X') = Y'$ と表現する．これは図 A.1 のように，学習フェーズと実行フェーズに分かれている．

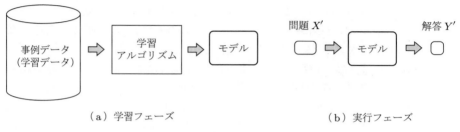

（a）学習フェーズ　　　　　　　　　　（b）実行フェーズ

図 A.1 ▎教師あり学習

これに対し，単純にもっているデータベースを検索して $d(X') = Y'$ を得ることもできる．データベース（データ集）は多くの X' と Y' の組 (X'_1, Y'_1), (X'_2, Y'_2), …, (X'_n, Y'_n) である．d はデータベース内を検索して，対応するデータを参照する手続きである（図 A.2）．この単なる参照が考え方の原点であり，すべてここから出発する．

図 A.2 ▎参照による解答

参照を使うもっとも単純な状況は，データベースに蓄積した学習データの中に存在する X と同じものしか問題として出現しない場合である．住所録や電話帳への参照などがそうである．

より一般のデータで参照だけで済むのは，対象とする課題の規模が小さく，事例データの参照で十分な場合などである．この場合，まず説明変数 X に含まれる値が年齢などのように離散的である必要がある．たとえば，自宅の床面積 $32.43\,\mathrm{m}^2$ のように，数値が小数点以下まで長く続くような値では，同じ値のデータがデータベースにない

ケースが増えてしまう．値の粒度を大きくすると，このような参照だけで行う方法が容易になる．

A.3 ▶ データを離散化，縮約してから参照する方法

上述の理由から，説明変数をさらに丸めて（自宅の床面積 $32.43\,\mathrm{m}^2$ を $32\,\mathrm{m}^2$ に丸めるなど），縮約した学習データを生成して参照することにも意味がある（図 A.3）．

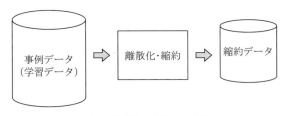

（a）事前準備：離散化・縮約

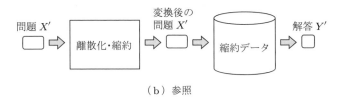

（b）参照

図 A.3 ▌ コンパクト化されたデータの参照

縮約は，推定にあまり役に立ってない説明変数を破棄したり，離散化の粒度を粗くしたりすることで行える．

気の利いた方法としては，自己コーディング（第 5 章で示した AutoEncoder）というものがある．これは一種のニューラルネットワークであり，学習アルゴリズムを使って説明変数 X をよりコンパクトな形に変換する方法である．これは，説明変数の大きさよりも狭いトンネルを通り抜けた後でも，元の説明変数の大きさに戻せるように学習することで，説明変数のきれいな折り畳み方を獲得する．この折り畳まれたデータが，縮約されたデータということになる．

上記のデータ縮約は，情報を獲得するという学習的側面ももっている．ここではデータの縮約を参照の前処理として説明している．

A.4 ▶ すべての問題について事前に計算しておく方法

対象とする課題の規模が小さければ，説明変数 X が取りうるすべての値に対して，あらかじめ学習アルゴリズムで作成したモデル f を使って解答 Y を生成しておき（全

付録 A 学習以前の課題 〜データ参照〜

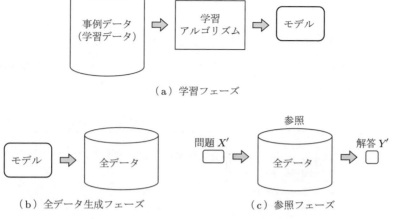

(a) 学習フェーズ

(b) 全データ生成フェーズ (c) 参照フェーズ

図 A.4 ▎教師あり学習と全データ生成

データ生成)，これをデータベースに格納しておく方法も可能である（図 A.4).

これは，モデルの計算を実行するのに大量の時間がかかる場合において有効な解決法である．この方法であれば，f は各 X について 1 回しか使わなくて済む．さらに，参照フェーズではデータを参照するだけになる．

第 2 章で示した k–近傍法などをこれに組み合わせることも可能であり，そうすれば（大がかりな）学習によらずに学習・全データ生成フェーズを実行できる．

A.5 ▶ 過去の出力結果を再利用する方法 〜キャッシュ手法（表参照形式）〜

キャッシュ法とは，与えられた入力に対する計算やシステムからの出力に時間がかかる場合に，以前出力した結果を別の記憶領域に記憶しておき，再度同じ問題が入力された際に，再計算やシステムへの再アクセスをせず，出力を保管した記憶領域を参照して答えを得る方法である．キャッシュの手法は，すべてのデータをあらかじめ計算しておく方法を，動的に（逐次的に）行うように変更したバージョンである，と考えてもよい．ここで，保管する記憶領域のことをキャッシュという．

キャッシュを用いる方法は，以下の手順のように行う．f を学習で得られたモデル，つまり学習によって作り出された推定の関数とする．これを実行する際，つまり $f(X')$ を計算するところを，次の新しい関数 $F(X')$ でおきかえる．

$F(X')$:
    1 X' がキャッシュの中に存在するならば，
        1.1 X' に対する Y' を出力として返して終了．

A.5 過去の出力結果を再利用する方法 〜キャッシュ手法（表参照形式）〜

2 そうでなければ，
   2.1 $f(X')$ を計算して解答 Y' を得る．
   2.2 X' と Y' の組をキャッシュに追加する．
   2.3 Y' を出力として返して終了．

図示すると，図 A.5 のようになる．まず，1 のところでキャッシュを参照し，対応するデータがあれば，対応づけて保存されていた Y' を解答として出力する．それがないときには，2 を行う．通常の計算と同じように f を適用し，得られた Y' を解答とする．ただし，付加的作業としてそのデータ（問題 X' と解答 Y' の組）をキャッシュに格納する．

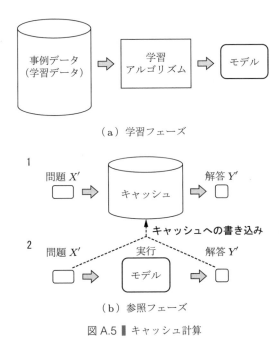

図 A.5 ┃ キャッシュ計算

キャッシュ計算は，モデル実行の計算が重く，また同じ問題 X' を適用する頻度と可能性が高い場合に非常に有用である．

将棋のゲーム木探索などのように，盤面が同じ形になるような手順が複数存在する思考ゲームでの探索では，同じ盤面を入力としてモデルを適用するケースが繰り返し現れる．これを高速化するためには，キャッシュ計算が重要な役割を果たすことになる．その際に使われるキャッシュのことをトランスポジション・テーブルとよぶ．

近年，さまざまなところで応用されているディープラーニングの計算は，ほかの手法より著しく重い．それにもキャッシュ計算を使って効率化できる可能性がある．

210 付録A 学習以前の課題 〜データ参照〜

A.6▶ キャッシュ手法のテクニック 〜ハッシュ法〜

上に述べたキャッシュ計算を効率的に行うには，普通，**ハッシュ法**という方法を使う．キャッシュのサイズを N とすると，頭から順番に一致するものを探すのでは大きな手間（N に比例する）がかかる．効率化の方法として知られる二分法などの分割統治の方法でもそれなりの手間（$\log N$ に比例する）がかかる．それに対し，ハッシュ法はそれより圧倒的に少ない，一定の手間で検索できる．

ハッシュ法では，ハッシュ関数というものを使う．ハッシュ関数の入力は検索キーであり，出力はキャッシュにおける格納の位置である．ハッシュ関数の出力は，キャッシュの位置に対して偏りがなく（上のほうに多く偏って現れたり，下のほうに偏って現れたりせず），また入力のどんな差異に対しても偏りなくランダムに出力されるように作られている．このようなハッシュ関数は，素数を使うなどして作ることができる．本書の主題を外れるため詳細は割愛するが，興味のある方は是非調べてみてほしい．

ハッシュ関数を h とすると，問題 X，解答 Y は，キャッシュの $h(X)$ の位置に格納される．与えられた課題 X' に対する参照に際しても $h(X')$ を計算してその位置の X，Y を取り出せる．X と X' が同じならキャッシュの参照先 $h(X)$ と $h(X')$ も同じとなるため，与えられた課題 X' に対応する Y' を得ることができる．

異なる X_a と X_b に対して同じ位置になってしまう場合，つまり $h(X_a) = h(X_b)$ となる場合がある．これを衝突という．それに誤りなく対応するためには，さらに異なるハッシュ関数などを用意しておいて別の場所に格納するようにする．一方で，追加する際に衝突が起きた際に，そのまま上書きしてしまうハッシュ法もある．その方式では上書きされて消えてしまったデータは，また参照されたときに再計算されるだけである．

差分計算（インクリメンタル計算ともいう）という手法もある．これは説明変数の一部を変化させながら参照しなければならないケース，たとえば将棋で駒を一個動かす前と後での盤面を入力として参照する場合などに，効率的に計算する方法である．たとえば，駒を動かす前の問題（盤面）X を参照したとする．このとき，$h(X)$ は計算済みとなっている．その後で駒を一つ動かした結果，つまり X を構成する一部分 x が x' に変わっただけの，よく似た問題 X' を参照したいとしよう．そうすると，新しい $h(X')$ を計算しなければならないが，x' と x の差異だけを表現できる関数 p（変更後，変更前）が用意できるならば，$h(X') = h(X) + p(x', x)$ というような形で，差分 $p(x', x)$ を計算するだけで済ませることができる．

以上，参照を中心としたデータ処理を述べた．

付録 B　教師あり・教師なし学習以外の 機械学習の枠組み

本編では，教師あり学習と教師なし学習について説明してきた．ここではその他の話題として，これら以外の学習手法である，強化学習と半教師あり学習，および転移学習ついて説明する．

いずれも単独で一冊の本にできる内容であるが，要点を絞って説明する．さまざまな学習の枠組みとその関係を鳥瞰することで，幅広い考え方を養う一助としてほしい．

なお，この付録 B については新納浩幸先生にさまざまなご助言をいただいた．深く感謝いたします．

B.1 ▶ 目的に応じた報酬を定めて試行錯誤させる学習　～強化学習～

教師あり学習とも教師なし学習と並ぶ機械学習の大きなカテゴリに，**強化学習**がある．これは，生物界における「強化」を真似た学習方法である．これはエージェントの行動を学習していく手法であり，このエージェントがとった行動が成功に結びついた場合，正の報酬が与えられ，行動が失敗に結びついた場合には負の報酬が与えられるという仕組みである．観測状態ごとに正解を必要としないが，報酬を与えているので，まったく何の情報も与えていないわけではない．動的計画法，TD 法，最小平均二乗法，モンテカルロ法などがこの枠組みの中に含まれている．

強化学習は報酬を目的変数ととらえて，教師あり学習に似た枠組みで学習されることも多いが，大別して二つの点で教師あり学習と異なる．一つ目は，**遅延報酬**も扱うという点である．遅延報酬とは，行動をとった直後に得られる報酬（即時報酬)とは異なり，時間が経ちさまざまな行動を重ねた後で得られる報酬のことである．一つひとつの行動がどう遅延した報酬と結びつくかはすぐにはわからないため，どうやって遅延報酬を各行動の評価に反映するかが課題となる．二つ目は，エージェントをより強化するために，どんなデータを収集するべきか（つまり，どんな行動をするべきか）という観点も含まれている点である．エージェントは選んだ行動の結果として（遅延）報酬を受け取ることができる．そこで，できる限り少ない試行で効率的に強化するために，試してみるべき行動はどれかという評価を行うことが重要になる．

強化学習はゲームの AI に利用されることが多い．これは，長期的にみた最終的な結果をもとに個々の行動を学習していくという点が，最終的な勝ち負けをもとに，着手

212 | 付録 B　教師あり・教師なし学習以外の機械学習の枠組み

の仕方を学んでいくゲームと親和性が高いためである．とくにゲームは，行動の結果として得られる遅延報酬をコンピュータ上でシミュレーションできるため，短時間で膨大な数の試行を行うことができる．近年，強化学習は深層学習と組み合わせた**深層強化学習**として利用されるようになってきた．囲碁では AlphaGo やその改良版である AlphaGo Zero が，人間を凌駕する性能を得るにいたっている．興味のある方は，『ゲーム計算メカニズム（コロナ社）』などを読むことをお勧めする．

B.2 ▶ 正解を一部のデータにだけ与えている学習　〜半教師あり学習〜

第 1 章でも触れたが，半教師あり学習は，一部のデータにしか正解が与えられていないケースで用いられる学習法である．データに正解を付与する際，人手で行うのが一般的であるが，手間や時間がかかる．そのうえ，正解を判断することに経験が必要となることもあるため，誰にでもできるとは限らない．そのため，正解が一部にしかついていないことはよくある．

半教師あり学習も，教師あり学習などと同様，さまざまな手法が存在する．以下ではその主要な方法について概観していく．

◉　能動学習

能動学習は，正解が知りたい教師なしデータを選び出し，人間につけてもらうという手法である．能動学習では，以下のアルゴリズムを利用する．

1　教師ありデータ（L と名づける）でモデルを学習する．
2　教師なしデータ（U と名づける）をモデルに適用して推定結果をつける．
3　U のうち，モデルによる推定結果が不正確と思われるデータを何らかの基準を使って選びだす．選んだデータを「selected(U)」とよぶ．
4　「selected(U)」に人手で正解づけをしてもらい，正解が付与された教師ありデータ L を増やす．つまり，「selected(U)」の分だけ，教師ありデータ L が増え，教師なしデータ U は減ることになる．
5　この増減したデータ L と U を利用して，1〜4 を繰り返す．繰り返すごとに評価を行い，性能が変わらなくなってきたら，学習を終える．

最後に作成したモデルを完成版のモデルとし，その性能が能動学習のモデルの性能として評価される．

能動学習では，教師ありデータ L は教師なしデータ U に比べて，あまり量が多くないことが多い．また，「selected(U)」は人手で正解づけをすることができるくらいの量であるので，当然少量になる．この方法を利用すると，分類に自信のないデータだけに正解づけをすればよいので，効率がよい．しかし，能動学習には，学習の最中

に正解づけをする能力のある人が必要となる．また，何度も学習し直す必要があるうえ，人手を介するため，一度の学習にはあまり時間がかからない学習アルゴリズムが好まれる．

また，能動学習では，「モデルの推定結果の不正確なデータ」を選ぶための何らかの基準が必要である．学習アルゴリズムの中には，「どのくらいの自信をもって検証データに推定結果をつけられたか」という度合を示す推測値を出力するものがある．この推測値が低いものを「selected(U)」に選ぶことが多い．もっともよくみるのは学習アルゴリズムに SVM（第 6 章）を利用したものだろう．この際，分類（正解の推定）の確かさの基準としては「分離超平面からの距離」が利用される．どのような基準でモデルの推定結果が不確かなデータを選ぶのか，また，アルゴリズムのステップ 2 でどのような教師なしデータを適用するのかという研究がある．

◉ 自己教示学習

自己教示学習は，学習して作ったモデルに途中段階で正解を付与させる手法である．自己教示学習では，以下のアルゴリズムを利用する．

1 N 件の教師ありデータ L でモデル C を学習する．
2 M 件（大抵 $M > N$）の教師なしデータ U から m 件を取り出し，モデル C に適用して正解を推定する．
3 推定した結果が正しいと信用して，N 件の教師ありデータと m 件の（擬似）教師ありデータを利用して新しいモデル C を学習する．以下，性能が変わらなくなるまで（擬似的な）教師ありデータの追加と新しいモデルの学習を繰り返す．
もっとも長く繰り返した場合には，$N + M$ 件のデータを学習用データに利用することになる．

バリエーションとして，ステップ 1 において，繰り返しの際に前回追加した（擬似的な）教師ありデータを削除することがある．これは，途中段階のモデルによって推定したデータの信頼性が低いためである．また，ステップ 3 において，m 件すべてを利用するかわりに，m 件よりも少ない，十分に信頼性があると推測されるデータだけを（擬似的な）教師ありデータとして追加することもある．なお，能動学習のときと同様，最後に作成したモデルが完成版のモデルであるため，最後のモデルの性能が評価される．

この手法は比較的少量の教師ありデータにより実行できることが利点であるが，自動でつけた（擬似的な）正解に信頼性がないことが欠点である．間違った推定結果を信用してデータを増やした場合には，当然ながらモデルの性能が悪化する可能性がある．また，自信のある推定が得られたデータだけを追加する方法を取った場合は，追加

214 付録 B　教師あり・教師なし学習以外の機械学習の枠組み

データの傾向がどんどん偏っていく危険性を含んでいる．とくに，教師ありデータと教師なしデータでの正解の分布が異なっているときには，注意が必要である．また，もともと教師ありデータでの正解の種類の構成に大きな偏りがある場合，大多数を占める正解と同じ結果であると推定されることが多いため，同じ正解をもつデータがさらに増え，データがさらに偏る可能性がある．

データの足し方のテクニックとして，throttling，balancing，pooling などがある．throttling では，正解の種類にかかわりなく毎回データを一定数追加する．balancing では，すべての正解のデータを同数ずつ追加する．こうしておけば，追加データの正解の分布が偏っていくことはないため，「たまたま追加データが一部の正解に偏る」ということは起こらない．pooling は，ステップ 2 でランダムに選んだ部分集合をモデルに適用する手法である．こうすることで，性能が上昇することが知られている．これらの手法は能動学習に使うこともできる．

◎　自己教示学習のバリエーション

自己教示学習のバリエーションには，上述のほかに，推定結果の自信度を確率で重みづけして自己教示学習を行う，**ソフト自己教示学習**という手法も存在する．

また，ほかのバリエーションとして，**共学習**がある．これは，ステップ 1 においてモデルを一つ学習するかわりに，学習に利用する説明変数を変えるなどして違う視点から二つのモデルを学習し，教師なしデータを適用して，それぞれで自信をもって分類できたデータをともに教師ありデータとして追加する手法である．二つのモデルを作成する際，それぞれ学習アルゴリズムを変えてもよい．また，それぞれのモデルに適用する教師なしデータは同じであっても違っていてもかまわない．

さらに，**トライトレーニング**では，三つのモデルを学習する．これは，教師なしデータに対して，二つのモデルの分類結果が同じであれば，その推定結果をつけたデータを三つ目のモデルを作成する際の学習データとして利用する手法である．

B.3 ▶ 外部情報から正解を自動付与したうえで行う学習　～遠距離学習～

教師あり学習とも教師なし学習ともいいがたい学習手法に，**遠距離学習**がある．遠距離学習では，人手で正解が付与されたデータは利用しない．そのかわり，教師なしデータを用意し，辞書やシソーラス（単語を意味によって体系的に分類したデータベース），知識データベースのような外部のデータを利用して，簡単なルールなどを用いて，自動で正解づけを行う．もちろん，自動で正解づけしているので，それが本当に正解であるとは限らない．しかし，遠距離学習では，「まあ，大半は正しいだろう」と考えて，この自動で正解づけされたデータを教師ありデータの代用とする．そのため，厳

密には教師あり学習ではないのだが，代用データを利用して，教師あり学習の学習ア
ルゴリズムをそのまま使うことができる．

　自己教示学習と少々似ているが，遠距離学習では本来の意味の「教師ありデータ」を
一切用いない点が大きく異なる．そのため，遠距離学習は半教師あり学習にも含まれ
ない．

　遠距離学習の利点として，教師なしデータと外部データだけを利用して，比較的高
性能な学習ができることがあげられる．ただし，遠距離学習を使うには，問題に適し
た外部データが入手可能であること，自動の正解づけがある程度信頼できること，な
どの条件がある．

B.4 ▶ 弱分類期を組み合わせる学習　〜アンサンブル学習〜

　正解が正しく付与されていない可能性があるため，用いられる教師あり学習は，間
違ったデータが含まれていてもある程度安定して性能が得られる（汎用性が高い）こ
とが望ましい．そこでよく使われるのが，第8章でみた，弱分類器を組み合わせるこ
とで高い精度の分類を実現する**アンサンブル学習**である．

　アンサンブル学習は，多様性のある弱い分類器をたくさん使って多数決をとること
で，安定した汎用性の高いモデルを作ることができる手法だった．共学習やトライト
レーニングで，複数のモデルを利用して推定結果の信頼性をあげようとするのも，同
じ考え方に基づいている（B.2節の「自己教示学習のバリエーション」参照）．アンサ
ンブル学習の手法として，第8章で触れたバギング，ブースティング，ランダムフォ
レストなどが有名である．また，第9章ではアンサンブル学習から発展した勾配ブー
スティングについて説明した．

B.5 ▶ 対象とする問題と似たデータを流用する学習　〜転移学習〜

　実際に運用できるシステムを考える際は，思いどおりの学習データを用意できない
ことも少なくない．そのような状況下でもうまく学習を機能させようという試みも存
在する．「そのままでは機械学習には使えないかもしれないけれど，ちょっと似たデー
タをもっているから何かに役に立たないかな」という場合に使われるのが，転移学習
である．たとえば，新聞のデータしかないときに小説のデータについて同じ問題を解
きたい，といった場合に使用できる．

　転移学習の定義は文献によって異なるが，体系的に書かれた日本語の記事である文
献 [15] では，「新規タスクの効果的な仮説を効率的に見つけ出すために，一つ以上の
別のタスクで学習された知識を得て，それを適用する問題」と定義されている．この
ときの新規タスク（適用したい問題）をターゲットタスクとよび，適用元（ちょっと

216 付録 B 教師あり・教師なし学習以外の機械学習の枠組み

似たデータが扱っている問題）をソースタスクとよぶ．

文献 [15] では，ターゲットタスクおよびソースタスクの正解の有無によって以下の
4 通りに分類している．

- **帰納転移学習**：ソースタスクとターゲットタスクの正解が両方ある場合．
- **トランスダクティブ転移学習**：ソースタスクの正解があり，ターゲットタスクの正解がない場合．
- **自己教示学習**：ソースタスクの正解がなく，ターゲットタスクの正解がある場合．
- **教師なし転移学習**：ソースタスクとターゲットタスクの正解がない場合．

本書でも，上記の分類方法に基づいて解説する．

一方，特定の分野では，別の考え方で体系づけることもある．たとえば自然言語分野
では，タスクとドメインの違いに基づいた分類方法が，Daumé III によって提唱され
ている．自然言語分野におけるタスクは，単語への分割や翻訳などである．また，ド
メインとは，コーパス（コンピュータ上で扱える文例集）の違いである．

以下では，転移学習の具体的な手法であるマルチタスク学習と領域適応について，自
然言語処理の例を題材に，上記の二つの分類を明記したうえで紹介していく．

◉ マルチタスク学習

マルチタスク学習は，たくさんのタスクを一度に解くことで，それぞれのタスクの
性能を上げようという学習方法である．

文献 [15] および [19] の分類では，マルチタスク学習は帰納転移学習に含まれる．

自然言語処理でも基本的には両方の正解を使用するが，上述したように，自然言語処
理におけるタスクは，単語への分割や翻訳など，具体的な目的である．そのため，「マ
ルチタスク学習」というと，単語への分割を行いながら固有表現抽出（文中から人名
や地名などを抽出する）を解くといった意味合いで使われることが多い．

深層学習（ディープラーニング）の隆盛とともに，近年「ニューラルネットワークを
利用したマルチタスク学習の技術」という意味で論文中に使われているのをよくみる．
これは，最後の層（または最後から N 個までの層）以外は複数のタスク（またはド
メイン）にわたって，同じニューラルネットワークで学習するという方法である．（層
などの単語の意味がわからない方は，第 4，5 章のニューラルネットワークやディー
プラーニングの章を読んだ後読み返してほしい）．その場合には，自然言語処理でも，
「あるコーパスを利用してあるタスクを解くのと同時に，別のコーパスを利用して同じ
タスクを解く」際にも「マルチタスク学習」という表現をしている．なお，この意味
でのマルチタスク学習と，ファインチューニング（別の問題を解くときに利用したあ
るネットワークで得られたパラメータを，適用先のネットワークのパラメータの初期

値として利用する手法）が，深層学習に使われる一般的な転移学習手法であろう．

● 領域適応

文献 [15] および [19] では，**領域適応**は，トランスダクティブ転移学習に分類される．一方，自然言語処理では，上述したようにドメイン（コーパスの種類）に基づく分類がなされている．すなわち，ソースドメインのデータを利用して，ターゲットドメインのデータの問題を解くことを領域適応とよぶ（分野適応，ドメイン適応とよぶこともある）．つまり，自然言語処理の分野でいう領域適応は，帰納転移学習（ソースタスクとターゲットタスクの正解が両方ある場合）と，トランスダクティブ転移学習（ソースタスクの正解があり，ターゲットタスクの正解がない場合）の両方に含まれる．

さらに，Daumé III は文献 [17] で，教師あり領域適応，半教師あり領域適応，教師なし領域適応に細分化している．文献 [15] および [19] でいうところの領域適応は，自然言語処理の分野における教師なし領域適応に相当すると考えられる．図 B.1 に自然言語処理における教師なし領域適応の枠組みを示し，以下，それぞれについて枠組みを述べる．また，それにあわせて，ソースドメインを新聞とし，ターゲットドメインを小説とした例も示す．

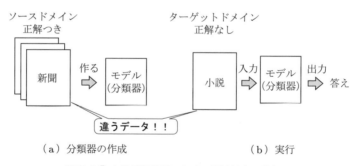

図 B.1 ▍自然言語処理における領域適応の枠組み

- **教師あり領域適応**：正解がついているソースデータに加え（大抵は少量の）正解が付与されたターゲットデータを用いて学習を行うもの．文献 [15] および [19] でいうところの帰納転移学習の一種．たとえば，新聞のデータと正解が付与された少量の小説のデータから，正解のない小説のデータの答えをみつける．
- **教師なし領域適応**：正解がついているソースデータに加え，正解がついていないターゲットデータを用いて学習を行うもの．文献 [15] および [19] でいうところのトランスダクティブ転移学習の一種．たとえば，正解が付与された新聞のデータを使用して，小説のデータの答えをみつける．

- **半教師あり領域適応**：正解がついているソースデータに加え，正解がついていないターゲットデータと（大抵は少量の）正解が付与されたターゲットデータを用いて学習を行うもの．

教師なし領域適応で，ソースデータの教師ありデータを利用していることに注意してほしい．自然言語処理における領域適応の「教師あり」，「教師なし」，「半教師あり」という言葉は，ターゲットデータに正解がついているかどうかに由来するため，ソースデータに正解がついているかどうかとは関係ない．むしろ，文献 [17] の定義によれば，正解がついているソースデータを利用するため，上記で紹介した 3 種類の領域適応は，いずれも教師あり学習または半教師あり学習に含まれる（もっと細かくいうと，教師あり領域適応だけ教師あり学習で，残りの二つは半教師あり学習である）．

図 B.2～B.4 に，それぞれの領域適応の枠組みを示す．

なお，いずれの領域適応の枠組みにおいても，学習データとしてソースデータだけを利用する場合や，ターゲットデータだけを利用する場合よりも，両方利用して学習したほうがよいモデルを作成できるときにしか，領域適応を使う意味はない．

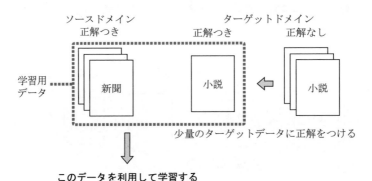

図 B.2 ▋ 教師あり領域適応の枠組み

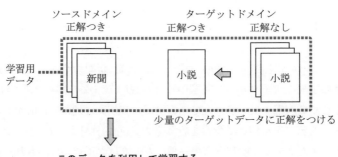

図 B.3 ▋ 半教師あり領域適応の枠組み

B.5 対象とする問題と似たデータを流用する学習 〜転移学習〜

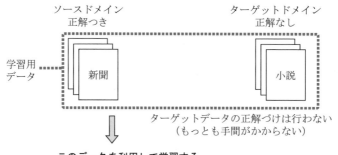

図 B.4 教師なし領域適応の枠組み

領域適応はおもに，用例ベースの手法と素性ベースの手法に分けられる．

- **用例ベース**：ソースデータのうち，重要と思われる用例データを重みづけなどでその分利用して学習を行う．
  例）用例のサンプリングや用例の重みづけなど
- **素性ベース**：ソースデータの素性（説明変数）のうち，ターゲットデータでも重要な素性（説明変数）を重みづけするなど，素性（説明変数）を重みづけして利用する．

また，文献 [15] では，データを変換する段階の違いにより分類を行っており，分離アプローチと統合アプローチに分けている．以下に引用する．

- **分離アプローチ**：ソースドメインでのデータなどを，ターゲットドメインの問題に適合するように変換して用いる．
- **統合アプローチ**：ソースドメイン側のデータは変換せずに，ソースドメインとターゲットドメインの差異を配慮したモデル構築などによって，目的に適した学習結果を得る．

コラム　素性空間拡張法

　領域適応のとても簡単でよく利用される手法として，Daumé III が提案した（文献 [16]），別名「いらいらするほど簡単な領域適応」とよばれる**素性空間拡張法**という手法がある．教師あり領域適応の手法で，素性ベースの分離アプローチにあたる．教師あり領域適応の手法なので，ソースドメインとターゲットドメインの教師ありデータをもっているときに利用できる．名前のとおりとても簡単な手法で手軽に実装できるので，解きたいドメインにおける正解が付与されたコーパスが少量だけあり，かつそれと近いドメインで正解が付与されたコーパスが十分あるときには有用であることが多い．

　まず，ソースドメインのデータを (X_s, Y_s) と書く．ここで，ソースドメインの正解を表す目的変数を Y_s とおき，説明変数を X_s としている．太字にしているのは，たくさ

んの説明変数が連なっていることを示すためである（なお，ここでは説明変数として，数値で表せるものを例にとって考える）．これにあわせてターゲットドメインの目的変数を Y_t とおき，説明変数を $\boldsymbol{X_t}$ とすると，ターゲットドメインのデータは $(\boldsymbol{X_t}, Y_t)$ と書ける．

素性空間拡張法では，この説明変数部分を 3 倍に拡張する．つまり，そもそもの説明変数が n 次元（n 個の説明変数がある）だったとすると，拡張後の説明変数は $3n$ 次元になるということである．まず，ソースドメインのデータは，$((\langle \boldsymbol{X_s}, \boldsymbol{X_s}, \boldsymbol{0} \rangle), Y_s)$ と拡張する．そして，ターゲットドメインのデータは，$((\langle \boldsymbol{X_t}, \boldsymbol{0}, \boldsymbol{X_t} \rangle), Y_s)$ と拡張する．ここで，$\boldsymbol{0}$ というのは 0 が n 個連なっていることを意味する．もともとの素性ベクトルをコピーして大きなベクトルにするだけなので，確かにとても簡単である．図 B.5 に手法の例を示す．なお，説明変数を意味する数値列の左側に書いてある太字は正解を示している．また，この例では $n = 5$ 次元である．

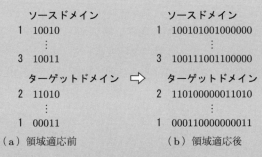

図 B.5 ▌ 素性空間拡張法

このように，説明変数を拡張することで，$0 \sim n$ 次元の範囲において，（領域適応をしない場合と同じように，）ソースドメインのデータにはソースドメインの説明変数が入り，ターゲットドメインではターゲットドメインの説明変数が入る．$n+1 \sim 2n$ 次元の範囲は，ソースドメインのデータではソースドメインの説明変数が入っていて，ターゲットドメインにはすべて 0 が入る．$2n+1 \sim 3n$ 次元の範囲は，ターゲットドメインのデータではターゲットドメインの説明変数が入り，ソースドメインにはすべて 0 が入る．こうすることで，後は教師あり学習の学習アルゴリズムが「ソースドメインとターゲットドメインの両方で有用な説明変数」，「ソースドメインだけで有用な説明変数」，「ターゲットドメインだけで有用な説明変数」を自動的に選んで利用してくれる．

参考文献

第 2 章

[1] Fayyad, U.M., Piatetsky-Shapiro, G., and Smyth, P.: From Data Mining to. Knowledge Discovery in Databases. AI Magazine, Vol.17, No.3, pp.37-54 (1996).

第 4 章

[2] Kenji Kawaguchi, Deep Learning without Poor Local Minima, Advances in Neural Information Processing Systems 29, 2016

第 5 章

[3] Quoc Le, et. al: Building High-level Features Using Large Scale Unsupervised Learning, ICML2012, 2012

[4] P. Baldi, P. J. Sadowski: Understanding dropout, in: C. Burges, L. Bottou, M. Welling, Z. Ghahramani, K. Weinberger (Eds.), Advances in Neural Information Processing Systems 26, Curran Associates, Inc., pp.2814–2822, 2013.

[5] S. Ioffe, C. Szegedy: Batch Normalization: Accelerating Deep Network Training by Reducing Internal Covariate Shift. ICML, 2015.

[6] Goodfellow, Ian J., Pouget-Abadie, Jean, Mirza, Mehdi, Xu, Bing, Warde-Farley, David, Ozair, Sherjil, Courville, Aaron C., and Bengio, Yoshua: Generative adversarial nets. NIPS, 2014.

[7] A Radford, L Metz, S Chintala: Unsupervised representation learning with deep convolutional generative adversarial networks, International Conference on Learning Representations (ICLR). 2016.

[8] I.J. Goodfellow, J. Shlens, C. Szegedy: Explaining and Harnessing Adversarial Examples, International Conference on Learning Representations (ICLR), 2015.

第 7 章

[9] R.Herbrich, T.Graepel, and C.Campbell: Bayes Point Machines, Journal of Machine Learning Research 1, pp.245–279 (2001).

[10] J Kirkpatrick, R Pascanu, N Rabinowitz, J Veness, G Desjardins, A Rusu, K Milan, J Quan, T Ramalho, A Grabska-Barwinska, D Hassabis, C Clopath, D Kumaran, R Hadsell: Overcoming catastrophic forgetting in neural networks, Proceedings of the National Academy of Sciences, pp.3521-3526 (2017).

第 9 章

[11] Tianqi Chen and Carlos Guestrin. Xgboost: A scalable tree boosting system. Proceed-

ings of the 22Nd ACM SIGKDD International Conference on Knowledge Discovery and Data Mining, pp.785-794, 2016.

[12] Z. Zhou and J. Feng: Deep Forest: Towards An Alternative to Deep Neural Networks, CoRR, abs/1702.08835, 2017.

第 11 章

[13] 清水功次：やさしいマーケティングのための多変量解析，産業能率大学出版部 (1998)

付録 B

[14] NIPS 2005 Workshop – Inductive Transfer: 10 Years Later, http://socrates.acadiau.ca/courses/comp/dsilver/Share/2005Conf/NIPS2005_ITWS/Website/index.htm (2005)

[15] 神嶌敏弘. 転移学習. 人工知能学会誌, Vol. 25, No. 4, pp.572–580, 2010. (http://www.kamishima.net/archive/2010-s-jsai_tl.pdf)

[16] Hal Daume III, Frustratingly Easy Domain Adaptation, Proceedings of the 45th Annual Meeting of the Association of Computational Linguistics, pp.256–263, Prague, Czech Republic, June 2007.

[17] Hal Daume III, Abhishek Kumar, Avishek Saha, Frustratingly Easy Semi-Supervised Domain Adaptation, Proceedings of the 2010 Workshop on Domain Adaptation for Natural Language Processing, ACL 2010, pp.53–59, Uppsala, Sweden, 15 July 2010.

[18] Anders Sogaard, Semi-supervised Learning and Domain Adaptation in Natural Language Processing Synthesis Lectures on Human Language Technologies, 2013.

[19] Pan, S. J. and Yang, Q.: A Survey on Transfer Learning, Technical Report HKUST-CS08-08, Dept. of Computer Science and Engineering, Hong Kong Univ. of Science and Technology (2008)

索 引

▶英 数

AdaBoost　*151*
AI　*1*
AlphaGo　*135, 212*
AlphaGo Zero　*212*
AUC　*79*
AutoEncoder　*64*
balancing　*214*
Batch Normalization　*72*
Bonanza method　*203*
C4.5　*140, 142*
CART　*140, 142*
CNN　*83*
DCGAN　*84*
Deep Forest　*166*
DNN　*82*
Dropout　*70*
EM アルゴリズム　*182*
EP 法　*135*
GAN　*83*
gcForest　*166*
Gini 係数　*143*
ID3　*140*
KDD プロセス　*10*
k–means　*173*
k–近傍法　*16*
L1 正則化　*165*
L2 正則化　*163*
LDA　*183*
leave-one-out 法　*144*
MAP 推定　*122*
ponanza　*202*
pooling　*214*
Python　*7*
R　*7*
RBF カーネル　*106*
ReLU　*69*
RNN　*83*
SGD　*70*
SVM　*88*
throttling　*214*

▶あ 行

アンサンブル学習　*21, 150, 215*
鞍 点　*51*
異常値　*11*
一般化線形モデル　*32*
エキスパートシステム　*203*
枝　*137*
枝刈り　*144*
エッジ　*137*
遠距離学習　*214*
エントロピー　*140*
オッカムの剃刀　*19*
重 み　*16*
親子関係　*137*

▶か 行

カーネル関数　*105*
カーネルトリック　*105*
カーネル密度推定　*129*
回帰分析　*23*
回帰問題　*3, 14*
階層型　*172*
ガウス分布　*24*
過学習　*19*
学習データ　*17*
学習フェーズ　*9*
確率的勾配降下法　*70*
隠れ層　*48*
荷重減衰　*56*
カスケードフォレスト　*166*
仮過去　*13*
仮未来　*13*
完全連結法　*177*
機械学習　*2*
帰納転移学習　*216*
客観確率　*117*
キャッシュ　*208*
キャッシュ法　*208*
強化学習　*6, 211*
共学習　*214*

▶さ 行

教師あり学習　*4*
教師あり領域適応　*217*
教師信号　*3*
教師なし学習　*4*
教師なし転移学習　*216*
教師なし領域適応　*217*
局所的最小点　*51*
距 離　*169*
偶然誤差　*24*
クラス　*140*
クラスター　*169*
クラスター分析　*5, 169*
群平均法　*177*
経験ベイズ　*125*
形式ニューロン　*42*
欠損値　*11*
決定関数　*91*
決定木　*136*
決定係数　*35*
検証データ　*20*
交互作用　*107*
交差エントロピー　*40*
合成変数　*12*
勾 配　*51*
勾配消失問題　*62*
勾配ブースティング　*153, 156*
興奮系　*43*
誤 差　*24*
コサイン類似度　*99*
誤差逆伝播法　*55*
誤差の三公理　*24*
五分割交差検定　*144*
固有値　*188*
固有ベクトル　*188, 194*

最急降下法　*51*
サポートベクターマシン　*88*
サポートベクトル　*89*
残 差　*27*

224 索 引

サンプリング　11
シード　173
識別問題　3
軸　索　43
シグモイドカーネル　106
シグモイド関数　40
次元削減　5, 186
次元の呪い　18
事後確率　118
事後確率最大化推定　122
自己教示学習　213, 216
指数損失関数　154
事前学習　65
事前確率　118
実行フェーズ　9
実測値　26
シナプス　43
弱分類器　150
重回帰分析　28
重心法　177
従属変数　3
主観確率　117
樹状突起　43
主成分　188
主成分スコア　195
主成分分析　186
出力層　48
主問題　97
順序（・間隔）尺度　12
情報利得　140
情報利得比　142
初期シード　172
事例データ　4
人工知能　1
深層強化学習　212
深層生成　83
スタッキング　165
ステップ関数　46
ステップワイズ法　30
スムージング　124
正規分布　24
生成モデル　116
生成モデル推定　5
正則化　163
制約条件　91
説明変数　3, 26
ゼロ頻度問題　122
線形カーネル　106
線形和　44

双対問題　97
ソースタスク　216
属性　3
素性　3
素性空間拡張法　219
素性値　3, 139
素性ベース　219
ソフト自己教示学習　214
ソフトマージン SVM　93
損失関数　7, 26

▶た 行
ターゲットタスク　215
第 1 主成分　188
大域的最小点　51
多項式カーネル　106
多重共線性　31
多値分類問題　14
ダミー変数　12
単回帰分析　27
単純ナイーブベイズ　121
単連結法　177
遅延報酬　211
逐次合理性　119
超平面　90
強い AI　1
データ参照　205
データマイニング　2
転移学習　6, 215
デンドログラム　176
伝播関数　44
統計学　2
統計的機械学習　3
統合アプローチ　219
特　徴　3
特徴値　3
独立変数　3
凸 2 次最適化問題　97
トピック　183
トライトレーニング　214
トランスダクティブ転移学習　216
トランスポジション・テーブル　209
貪欲法　146

▶な 行
内　積　90
二乗誤差　28

二値分類問題　14
二分木　138
入力層　48
ニューロン　42
能動学習　212
ノード　137

▶は 行
葉　137
バージョン空間　133
バギング　152
外れ値　11, 31
パターンマイニング　5
発火現象　43
バックプロパゲーション　55
ハッシュ法　210
破滅的忘却　135
汎化性能　18
半教師あり学習　6
非階層型　172
標準化　29
標準偏回帰係数　29
比例尺度　12
ビン化　11
ファインチューニング　65
ブースティング　151, 153
分割情報量　142
分　散　189
分離アプローチ　219
分離超平面　89
分類問題　3
ベイズ推定　116, 125
ベイズの定理　119
ベイズポイント　134
ベイズポイントマシン　134
ベイズ理論　21
ベクトル空間モデル　12
ヘヴィサイドの階段関数　46
偏回帰係数　28
変数増減法　30
変分ベイズ法　135

▶ま 行
マージンエラー　93
マージン最大化　89
前向き段階的な加法的モデリング　154
マルコフ連鎖モンテカルロ法　135

マルチタスク学習　　216
未学習　　19
名義尺度　　12
目的関数　　93
目的変数　　3, 26
モデル　　4
モデル構築　　9

▶や 行
用例ベース　　219
抑制系　　43
弱い AI　　1

▶ら 行
ラプラススムージング　　124
ラベル　　3

ランダムフォレスト　　152
リーフ　　137
領域適応　　217
累積寄与率　　192
ルートノード　　137
ロジスティック回帰分析　　32
ロジスティック曲線　　40

著 者 略 歴

柴原　一友（しばはら・かずとも）
2007 年　東京農工大学大学院工学府博士後期課程修了，博士（工学）
2007 年　東京農工大学大学院工学府情報工学専攻 特任助教
2009 年　テンソル・コンサルティング株式会社入社（現在に至る）

築地　毅（つきじ・つよし）
2010 年　東京農工大学大学院工学府博士前期課程修了
2010 年　シャープ株式会社入社
2013 年　テンソル・コンサルティング株式会社入社（現在に至る）

古宮　嘉那子（こみや・かなこ）
2009 年　東京農工大学大学院工学府博士後期課程修了，博士（工学）
2009 年　東京工業大学精密工学研究所 博士研究員
2010 年　東京農工大学工学研究院 特任助教
2014 年　茨城大学工学部情報工学科 講師（専任）（現在に至る）

宮武　孝尚（みやたけ・たかひさ）
2016 年　東京農工大学大学院工学府博士後期課程修了，博士（工学）
2016 年　東京農工大学工学部情報工学科 特任助教
2017 年　テンソル・コンサルティング株式会社入社（現在に至る）

小谷　善行（こたに・よしゆき）
1977 年　東京大学大学院工学系研究科博士課程修了，工学博士
1977 年　東京農工大学工学部数理情報工学科 専任講師
1979 年　東京農工大学工学部数理情報工学科 助教授
1994 年　東京農工大学工学部電子情報工学科 教授
2014 年　東京農工大学 名誉教授（現在に至る）

編集担当	太田陽喬（森北出版）
編集責任	藤原祐介（森北出版）
組　版	藤原印刷
印　刷	同
製　本	同

機械学習教本
ⓒ 柴原一友・築地　毅・古宮嘉那子・宮武孝尚・小谷善行　　2019

2019 年 10 月 31 日　第 1 版第 1 刷発行　【本書の無断転載を禁ず】

著　者　柴原一友・築地　毅・古宮嘉那子・宮武孝尚・小谷善行
発行者　森北博巳
発行所　森北出版株式会社
　　　　東京都千代田区富士見 1-4-11（〒 102-0071）
　　　　電話 03-3265-8341／FAX 03-3264-8709
　　　　https://www.morikita.co.jp/
　　　　日本書籍出版協会・自然科学書協会　会員
　　　　JCOPY ＜（一社）出版者著作権管理機構 委託出版物＞

落丁・乱丁本はお取替えいたします.
Printed in Japan／ISBN978-4-627-85451-2

MEMO

MEMO

MEMO